数字社会环境下
老年群体的"数字脱贫"

郝柯羡 著

东南大学出版社
SOUTHEAST UNIVERSITY PRESS
·南京·

内容提要

本书聚焦老年群体"数字脱贫"议题,剖析数字社会中老年群体面临的技能匮乏、信息安全隐患及社交孤立等困境,阐释推动其"数字脱贫"对提升生活质量、促进社会和谐的必要性。本书从数字教育普及、信息安全保障、心理关爱等维度提出对策,结合国内外成功案例,展现多方协同助力老年群体融入数字社会的实践成果,最终对未来工作提出展望与建议,呼吁共建适老化数字环境。本书适合关爱老年群体的学者和研究机构阅读。

图书在版编目(CIP)数据

数字社会环境下老年群体的"数字脱贫" / 郝柯羡著. -- 南京:东南大学出版社,2025.7. -- ISBN 978-7-5766-1861-7

Ⅰ.C913.6-39

中国国家版本馆 CIP 数据核字第 2025W6Q494 号

数字社会环境下老年群体的"数字脱贫"

Shuzi Shehui Huanjing xia Laonian Qunti de "Shuzi Tuopin"

著　　者:郝柯羡
策划编辑:邹　垒
责任编辑:秦艺帆
责任校对:子雪莲
封面设计:余武莉
责任印制:周荣虎
出版发行:东南大学出版社
出 版 人:白云飞
社　　址:南京市四牌楼 2 号　邮编:210096　电话:(025)83793330
网　　址:http://www.seupress.com
电子邮箱:press@seupress.com
经　　销:全国各地新华书店
印　　刷:广东虎彩云印刷有限公司
开　　本:787 mm×1 092 mm　　1/16
印　　张:14
字　　数:298 千字
版 印 次:2025 年 7 月第 1 版第 1 次印刷
书　　号:ISBN 978-7-5766-1861-7
定　　价:68.00 元

本社图书若有印装质量问题,请直接与营销部联系,电话:(025)83791830。

前 言
PREFACE

随着科技的飞速发展,我们已然步入了数字社会。在这个数字化的世界里,信息技术已经渗透到生活的方方面面,然而,对于老年群体来说,他们往往因为种种原因,无法充分享受数字社会带来的便利,成了"数字贫困户"。因此,推动老年群体的"数字脱贫",对于提高他们的生活质量、促进社会的和谐发展具有重要意义。

老年群体在数字社会中面临着多方面的困境。首先,他们往往缺乏基本的数字技能,不会使用智能手机、电脑等数字设备,导致无法享受便捷的在线服务。其次,老年群体在信息安全方面面临较大风险,容易受到网络诈骗等不法行为的侵害。最后,由于社会环境的快速变化,老年群体在适应数字社会的过程中面临着巨大的心理压力。

针对这些问题,我们应该从多个方面入手,推动老年群体的"数字脱贫"。

首先,加强数字教育普及,让老年群体掌握基本的数字技能。可以通过开展数字教育课程、组织志愿者为老年群体提供"一对一"辅导等方式,帮助他们掌握智能手机、电脑等设备的使用方法,提高他们的数字素养。

其次,加强信息安全保障,为老年群体营造一个安全、可靠的网络环境。可以通过加强网络安全监管,打击网络诈骗等不法行为,保护老年群体的合法权益。同时,可以开发适合老年群体的安全软件,帮助他们识别并防范网络风险。

最后,关注老年群体的心理需求,帮助他们更好地适应数字社会。可以通过开展心理辅导活动、建立老年人交流社区等方式,让老年群体在学习数字技能的同时,也能感受到社会的关爱和支持。

总之,推动老年群体的"数字脱贫"是一项长期而艰巨的任务。我们需要从多个方面入手,加强数字教育普及、信息安全保障,关注老年群体的心理需求,为老年群体营造一个更加美好的数字生活环境。只有这样,我们才能真正实现数字社会的包容性和普惠性,让每一位老年人都能够享受到科技带来的福祉。

本书是2024年度陕西省社科著作出版资助项目(2024SKZZ035)和西安交通工程学院资助项目,特别感谢陕西省社会科学界联合会和西安交通工程学院的资助,这些资助使本著作得以顺利出版。另外,为更好、更真实地呈现老年群体在数字社会中面临着多方面的困境,及社会推动老年群体"数字脱贫"的具体做法,本书引用了部分图文。为尊重原创作者的权益,本书所引用的图文均基于学术研究目的进行合理使用。因客观条件限制,虽经多方努力,我仍无法联系到作者本人、核实部分作品权利人信息。若涉及未获授权的使用,请相关作者或权利人看到本书后及时联系我。

郝柯美

2024 年 10 月 22 日

目 录
CONTENTS

第一章 引言 ········· 001
 第一节 数字社会的兴起及对现实生活的影响 ········· 003
 第二节 老年群体在数字社会中的现状与面临的挑战 ········· 010
 第三节 "数字脱贫"对老年群体的意义 ········· 014

第二章 老年群体在数字社会中的困境 ········· 017
 第一节 数字技能缺乏与认知障碍 ········· 019
 第二节 信息安全与风险意识薄弱 ········· 023
 第三节 社交隔离与心理压力 ········· 032

第三章 推动老年群体"数字脱贫"的必要性 ········· 043
 第一节 提高老年群体的生活质量 ········· 045
 第二节 促进社会的和谐发展 ········· 049
 第三节 应对老龄化社会的挑战 ········· 060

第四章 数字教育普及与老年群体的数字技能提升 ········· 075
 第一节 开展数字教育课程与培训 ········· 077
 第二节 组织志愿者与老年群体结对辅导 ········· 095
 第三节 利用媒体与网络平台进行数字知识传播 ········· 114

第五章 信息安全保障与网络环境优化 ········· 121
 第一节 加强网络安全监管与法律法规建设 ········· 125
 第二节 开发适合老年群体的安全软件与工具 ········· 138
 第三节 提高老年群体的信息安全意识与防范能力 ········· 145

第六章 老年群体适应数字社会的心理关爱与技术支持 ········· 155
 第一节 开展心理辅导与咨询服务 ········· 157
 第二节 建立老年人交流社区与网络平台 ········· 168
 第三节 鼓励社会各界关注与支持老年群体的数字融入 ········· 174

第七章　案例分析与成功经验分享 ……………………………………………… 187
　　第一节　国内外成功推动老年群体"数字脱贫"的案例 ……………………… 189
　　第二节　各类组织与机构在推动过程中的角色与贡献 ……………………… 195
　　第三节　老年群体自身在"数字脱贫"过程中的成长与变化 ……………… 202

第八章　结论与展望 ………………………………………………………………… 207

参考文献 ……………………………………………………………………………… 216

第一章 引言

数字社会是指以数字技术为基础、以信息网络为核心、以数据资源为关键、以标准化为特征的新型社会形态。它是人类社会发展的重要里程碑，它对现实生活的方方面面都产生了必然的影响。"数字脱贫"是指通过数字技术赋能，帮助弱势群体提高数字素养，消除"数字鸿沟"，提高其生活质量，实现共同目标。

随着科技的飞速进步，我们逐渐迈入了一个全新的数字社会。数字技术的广泛应用，不仅改变了我们获取、处理信息的方式，更深刻地影响了我们的生活方式、工作方式乃至社交方式。然而，这一变革并非完全均等，老年群体在融入数字社会的过程中面临着诸多挑战，他们的"数字脱贫"成为社会面临的重要课题。

第一节 数字社会的兴起及对现实生活的影响

一、数字社会的兴起

数字社会的兴起,首先带来的是效率的提升。在数字技术的推动下,信息的获取、传播和处理速度都得到了极大的提升。无论是工作还是生活,人们都能更快速地获取所需信息,从而提高工作效率和生活质量。例如:通过搜索引擎,我们可以迅速找到问题的答案;通过电子商务平台,我们可以方便地购物;通过在线支付,我们可以快速完成交易。这些数字技术都为我们的生活带来了极大的便利。

数字社会的兴起,主要经历了以下三个主要阶段:

1. 信息化阶段

信息化阶段,作为科技发展的一个重要里程碑,标志着人类社会从传统的物理世界迈向数字化的虚拟世界。20世纪60年代至80年代,这一时间段的信息化变革无疑为后续的科技繁荣奠定了坚实的基础。

在这个阶段,计算机技术的飞速发展为信息化浪潮提供了强大的动力。从最初的简单计算机到逐渐普及的个人电脑,计算机不仅改变了数据处理的方式,更使得大量信息的存储、传输和处理变得前所未有的便捷。与此同时,互联网的出现更是如虎添翼,使得全球范围内的信息交流变得日益紧密。

在这个信息化浪潮中,政府和企业成为信息技术的先行者和主要受益者。政府部门通过引入信息化系统,提高了行政效率,实现了政务的透明化和公开化。而企业则利用信息技术优化了生产流程、提高了生产效率、降低了成本,从而获得了更大的市场竞争力。

然而,在这个阶段,个人用户对信息技术的使用还比较有限。虽然个人电脑逐渐普及,但大多数人仍然只是将其用于简单的文字处理、计算等功能,对于更高级的应用如网络通信、多媒体处理等还处于摸索阶段。

信息化阶段的到来无疑为人类社会带来了深远的影响。它不仅改变了人们的生活方式和工作方式,更为后续的科技发展奠定了坚实的基础。可以说,没有信息化阶段的铺垫，就没有今天我们所拥有的数字化、智能化世界。

2. 网络化阶段

网络化阶段，无疑是20世纪末至21世纪初最为引人注目的科技变革阶段之一。随着互联网的普及和移动通信技术的迅猛发展，人们的生活、工作乃至思考方式都发生了翻天覆地的变化。

在这个阶段，互联网从最初的科研和教育领域逐渐渗透到社会的各个角落。无论是购物、娱乐还是社交，互联网都成为人们生活中不可或缺的一部分。同时，移动通信技术的快速发展，使得人们可以随时随地接入互联网，不再受限于固定的物理空间。

网络化阶段的到来，极大地推动了信息的流通和共享。人们可以通过网络迅速获取各种信息，了解世界的最新动态。同时，网络成为人们表达自我、交流思想的重要平台。社交媒体、在线论坛等平台的兴起，为人们提供了前所未有的交流机会。

此外，网络化阶段也催生了众多新兴产业的崛起。电子商务、在线教育、远程医疗等领域的发展，不仅为人们提供了更加便捷的服务，也为经济发展注入了新的活力。

然而，网络化阶段也存在一些挑战和问题。网络安全、信息隐私等问题日益凸显，需要人们共同面对和解决。同时，网络上的信息繁杂多样，如何筛选和鉴别真伪成为人们需要面对的重要课题。

3. 数字化阶段

数字化阶段，作为21世纪科技发展的显著标志，标志着人类社会全面迈入了一个由数据驱动的新时代。大数据、人工智能、云计算等新技术的突破和应用，不仅深刻改变了人们的生活方式和工作模式，更在社会经济领域引发了前所未有的变革。

首先，大数据技术的广泛应用为各行各业提供了海量的数据资源和分析工具。政府可以利用大数据进行政策制定和公共服务优化，实现更加精准和高效的社会治理。企业则可以通过大数据分析来洞察市场趋势，优化产品设计，提升运营效率。

其次，人工智能技术的快速发展使得机器具备了更强的学习和处理能力。在制造业中，智能机器人可以完成生产线上的重复性工作，提高生产效率；在服务业中，智能客服可以24小时不间断地为用户提供咨询服务，改善用户体验。此外，人工智能还在医疗、教育、交通等领域发挥着越来越重要的作用。

再次，云计算技术的普及为企业和个人提供了更加灵活和便捷的计算资源。通过云计算，企业可以按需获取计算、存储和网络服务，降低互联网成本，提高业务响应速度。个人用户则可以随时随地访问云端数据和应用，实现跨设备的数据共享和协同工作。

最后，数字化阶段的到来，使得数字经济成为经济发展的重要引擎。以互联网为基础的数字产业快速发展，不仅催生了众多新兴业态和商业模式，也为传统产业注入了新的活力。同时，数字经济还促进了全球范围内的贸易和合作，推动了经济全球化的深入发展。

然而，数字化阶段也存在一些挑战和问题。数据安全、隐私保护、"数字鸿沟"等问题日益凸显，需要政府、企业和个人共同努力解决。此外，数字化技术的快速发展也对人们的就业结构和技能需求产生了深远影响，需要社会各界共同关注和应对。

总之，数字化阶段的到来为人类社会带来了前所未有的机遇和挑战。在未来，数字化将继续深刻影响人们的生活和工作方式，推动社会经济的持续发展。

二、数字社会的兴起对现实生活的影响

数字社会的兴起对我们的生活方式产生了深远的影响。传统的购物方式、交通方式、社交方式都在发生着变化。人们可以通过电子商务平台购买商品，通过在线平台预订出行车票，通过社交媒体与朋友保持联系。这些新兴业态不仅让我们的生活变得更加便捷，也为我们提供了更多的选择和可能性。从经济、文化、教育、医疗到人们的日常生活方式，数字化都在不断地改变和塑造着我们的现实世界。

数字化对现实生活的影响主要体现在以下几个方面：

1. 经济方面

数字社会的兴起无疑为经济结构的转型升级和数字经济的发展注入了强大的动力。在数字社会中，数据资源成为关键要素，现代信息网络作为载体，而信息通信技术则支撑起这一新型经济形态。这一转变不仅改变了传统经济的运作方式，更为经济增长注入了新的活力。

数字经济的蓬勃发展，为经济增长注入了源源不断的动力。通过深度挖掘和分析数据资源，企业能够更精准地把握市场需求，优化产品和服务，从而提高市场竞争力。同时，数字经济也催生了众多新兴业态和商业模式，如电子商务、在线办公等。这些新兴领域不仅为经济增长提供了新的增长点，也为传统产业的转型升级提供了有力支持。

在数字化的推动下，电子商务平台成为人们购物的新宠。无论身处何地，人们只需轻轻一点，就可以浏览到海量的商品信息，随时随地完成购物。平台的便捷性不仅提升了消费者的购物体验，也极大地促进了商家的销售增长。同时，数字化技术还为创业者提供了更加广阔的舞台。直播带货、社交媒体营销等新型商业模式层出不穷，使得创业门槛大大降低。更多有梦想、有创意的人们能够参与到经济活动中来，实现自我价值的同时也为社会创造了更多的财富。

此外，数字化还极大地提高了社会生产力水平。通过应用数字化技术，企业可以实现生产流程的自动化、智能化，提高生产效率和质量。同时，数字化技术还能够促进资源的优化配置，减少浪费和污染，实现可持续发展。

综上所述，数字社会的兴起推动了经济结构的转型升级和数字经济的发展，为经济增长注入了新的活力，提高了社会生产力水平。未来，数字社会将继续引领经济发展的新潮流，为人类社会的进步贡献更多力量。

2. 社会方面

数字社会的兴起不仅在生产、生活和社会治理等领域带来了深刻变革，还进一步渗透到了人们的日常行为、思维模式乃至文化观念之中。这种全方位的影响，使得数字社会成为推动社会进步的重要力量。

在生产领域，数字技术的广泛应用显著提高了生产效率。通过引入智能制造、工业互联网等先进技术，企业能够实现生产过程的自动化和智能化，减少人工干预，提高生产精度和效率。同时，数字技术还能够帮助企业实现资源的优化配置。

在生活领域，数字技术的应用使得人们的生活更加便捷和舒适。通过智能手机、智能家居等设备，人们可以随时随地获取各种信息和服务，如在线购物、外卖点餐、预约挂号等。此外，数字技术还为人们提供了更加丰富多彩的娱乐方式，如网络游戏、在线视频等，满足了人们多样化的精神需求。

在社会治理领域，数字技术的引入为政府治理创新提供了有力支持。通过大数据分析、云计算等技术手段，政府能够更准确地把握社会运行状况，及时发现和解决问题。同时，数字技术还能够提高政府服务的透明度和效率，增强政府与民众之间的互动和沟通，推动社会治理体系的现代化。

此外，社交媒体、即时通信工具等软件的应用使得人们可以更加便捷地进行沟通交流，打破了地域和时间的限制。同时，数字技术的发展促进了信息共享和知识传播，使得人们可以更加容易地获取各种信息和知识，提高了人们的文化素养和综合素质。

3. 文化方面

数字社会的兴起对文化方面的影响是深远且广泛的，它不仅丰富了人民群众的精神文化生活，还促进了文化的繁荣发展，为文化传播开辟了新的渠道和形式。

首先，数字技术为人民群众提供了更多元的精神文化产品和服务。无论是在线阅读、音乐播放、影视观看还是游戏娱乐，数字技术都使得这些文化产品和服务触手可及。人们不再受到地域和时间的限制，可以随时随地享受文化盛宴，极大地提升了精神生活的品质。

其次，数字技术为文化传播提供了更加广阔的平台。传统的文化传播媒体如书籍、报纸、广播和电视等，其传播范围受到一定的局限。而数字技术的出现打破了这些限制，使得文化的传播更加迅速和广泛。通过互联网和社交媒体平台，人们可以轻松地获取和分享各种信息和文化产品，无论是国内还是国外的文化，都可以迅速传播到世界的每一个角落。

最后，数字社会促进了不同文化之间的交流和融合。在数字技术的推动下，各种文化形式和内容得以快速传播和交流，人们可以更加深入地了解和欣赏其他文化，促进了文化的多样性和包容性。这种文化交流和融合，不仅有助于推动文化创新和发展，也为人类社会的进步注入了新的活力。

综上所述，数字社会在文化方面的影响是深远的，它丰富了人民群众的精神文化生活，促进了文化的繁荣发展，为文化传播提供了新的渠道和形式。在未来，数字社会将继续为文化的发展注入新的动力。

4. 教育方面

数字社会的兴起在教育领域产生的影响无疑是革命性的，它正在重塑我们对教育的认知和实践方式。这种变革不仅体现在教育资源的获取和教学方式上，更在于它为学生和教师提供了前所未有的互动和合作机会，推动了教育的民主化和个性化。

首先，在线教育平台打破了传统教育的地域和时间限制。学生不再需要亲自前往学校或教育机构，就能接触到世界各地的优质教育资源。无论是城市的重点学校，还是偏远地区的乡村学校，只要有互联网连接，就能享受到同等的教育机会。这种变化不仅提高了教育的普及率，也促进了教育公平。

其次，数字化技术为教学方式提供了更多的可能性。传统的课堂教学往往受限于黑板、教材和实物展示，而数字化技术则可以将教学内容以更加生动和直观的方式呈现出来。例如，通过虚拟现实技术，学生可以身临其境地探索历史遗址、进行科学实验或观察外太空；通过增强现实技术，教师可以将抽象的概念或现象以具象化的方式展示给学生，帮助他们更好地理解和记忆。

最后，数字社会的兴起推动了教育的个性化发展。传统教育中，教师往往需要根据大多数学生的需求来制订教学计划，难以兼顾每个学生的个体差异。而在线教育平台则可以根据学生的学习进度、兴趣爱好和能力水平，为他们提供定制化的学习资源和路径。这种个性化的教育方式不仅可以提高学生的学习效率，也有助于培养他们的自主学习能力和创新精神。

综上所述，数字社会的兴起给教育领域带来了革命性的变革，它为学生和教师提供了更多的教育资源和教学方式选择，推动了教育的民主化和个性化。在未来，数字社会将继续为教育的发展注入新的活力。

5. 医疗方面

在医疗领域，数字化技术正以其独特的方式推动医疗服务的进步和创新，为人们的健康提供更为全面和高效的保障。

一方面，远程医疗技术的应用极大地拓宽了医疗服务的范围。传统的医疗服务模式受限于地域和医院资源，许多患者往往需要长途跋涉才能得到专家的诊断和治疗。而远程医疗技术通过互联网，使得医生与患者之间可以跨越地域的限制，进行实时的沟通和交流。无论是电话咨询、在线问诊还是远程手术指导，远程医疗技术都为患者提供了更为便捷和高效的医疗服务。这种跨地域的医疗服务模式不仅缓解了看病难、看病贵的问题，也提高了医疗资源的利用效率。

另一方面，大数据和人工智能技术的应用为医疗诊断带来了革命性的变化。传统的医疗诊断往往依赖医生的经验和直觉，而大数据和人工智能技术则可以通过对海量的医疗数据进行分析和挖掘，为医生提供更加精准和高效的诊断支持。通过深度学习和模式识别等技术，人工智能系统可以对医学影像、病理切片等进行自动分析和判断，辅助医生进行疾病的诊断和治疗。这种基于数据的诊断方式不仅可以提高诊断的准确性和可靠性，也可以减少人为因素的干扰和误差。

此外，数字社会为医疗管理提供了更为智能和高效的手段。通过电子病历、医疗信息系统等数字化工具，医疗机构可以实现对患者信息的全面管理和共享，提高医疗服务的协同性和连续性。同时，数字化技术还可以帮助医疗机构进行资源优化和流程改进，提高医疗服务的质量和效率。

数字社会在医疗领域发挥着越来越重要的作用，为医疗服务提供了更为全面和高效的支持。在未来，数字社会将继续推动医疗服务的进步和创新，为人们的健康事业做出更大的贡献。

三、数字社会的发展趋势

数字社会作为当今社会发展的重要方向，正以前所未有的速度向前推进，呈现出诸多引人注目的趋势。

1. 数字技术与社会经济的深度融合

随着数字技术的飞速发展，它与社会、经济、文化等各个领域的融合将更加深入。数字经济，作为这种融合的重要体现，正逐渐成为经济发展的主导力量。通过云计算、大数据、物联网等技术的应用，数字经济正不断推动着传统产业的转型升级，同时也催生出众多新兴业态和模式。

这种深度融合不仅提高了生产效率，还为人们的生活带来了极大的便利。例如，在智能制造领域，通过引入数字化技术，企业可以实现对生产过程的精准控制，提高产品质量和生产效率；在智慧交通领域，借助大数据和人工智能等技术，政府部门可以实现对交通流量的智能调度，缓解城市交通拥堵问题。

2. 人工智能和大数据等新技术的广泛应用

人工智能和大数据作为数字社会的两大核心技术，应用范围越来越广泛。人工智能通过模拟人类的智能行为，可以实现自主学习、决策和优化等功能，为各个领域的发展提供强大的技术支持。大数据则通过对海量数据的收集、分析和挖掘，为决策提供科学依据，推动数字社会的标准化发展。

在医疗领域，人工智能和大数据的应用正改变着传统的诊疗模式。如前文所述，通过利用大数据技术对患者的病理切片、影像等资料进行深度挖掘，医生可以更加精准地诊断疾病；同时，借助人工智能技术，医院可以实现对医疗资源的智能调度和优化配置，提高医疗服务的质量和效率。

在金融领域，人工智能和大数据的应用也日益广泛。通过利用大数据技术对客户的信用记录、消费习惯等信息进行分析，金融机构可以更加精准地评估客户的风险和信用状况，为贷款、投资等决策提供科学依据；同时，借助人工智能技术，政府部门可以实现对金融市场的智能监控和预警，防范金融风险的发生。

3."数字鸿沟"的逐步缩小

"数字鸿沟"是指不同社会群体在获取和使用数字技术方面存在的差距。随着数字技术的普及和应用，这种鸿沟正在逐步缩小。政府和社会各界正努力推动数字技术的普及教育，提高公众的数字素养和技能水平。同时，随着基础设施的不断完善和服务模式的不断创新，数字技术的可及性和可用性也在不断提高。

"数字鸿沟"的缩小意味着更多的人能够享受到数字技术带来的便利和福利。无论是在城市还是在农村，无论是年轻人还是老年人，都可以更加便捷地获取和使用数字技术，享受更加丰富多彩的生活。

所以数字社会将继续发展并呈现出更加深入、广泛和公平的趋势。随着数字技术的不断创新和应用，数字社会将为人们带来更加美好的未来。

四、数字社会发展面临的挑战

数字社会在为我们带来前所未有的便利和机遇的同时，确实也带来了一系列挑战和问题。

1. 网络安全和隐私保护问题

随着数字技术的普及，网络安全和隐私保护问题日益严峻。网络攻击、黑客入侵、数据泄露等事件频繁发生，给个人、企业和国家带来了巨大的损失。

网络安全不仅关乎技术，更涉及法律、道德和社会责任等多个方面。为了保护个人和企业的信息安全，我们需要加强网络安全意识教育，提高公众对网络安全的认识和警惕性。同时，政府和企业需要加强网络安全技术的研发和应用，构建完善的安全防护体系。

隐私保护是另一个重要的问题。在数字社会中，信息的收集、存储和使用变得极为普遍。然而，这些信息往往被滥用或泄露，给我们带来极大的困扰和风险。因此，我们需要推动隐私保护法律法规的执行和强化，规范对信息的收集和使用行为。同时，我们需要增强隐私保护意识，注意保护自己的信息。

2."数字鸿沟"问题

"数字鸿沟"可能导致社会不平等现象加剧，使得一些人无法享受到数字社会带来的便利和机遇。

"数字鸿沟"的产生有多方面的原因，包括经济、教育、文化等。为了缩小"数字鸿沟"，我们需要采取一系列措施。首先，政府需要加大对数字基础设施的投入，提高网络的覆盖率和质量。其次，教育机构需要加强对数字技术的教育和培训，提高公众的数字素养和技能水平。最后，社会各界需要共同努力，推动数字技术的普及和应用，让更多人能够享受到数字社会带来的好处。

3. 其他问题

除了网络安全和隐私保护、"数字鸿沟"等问题外，数字社会的发展还带来了一些其他挑战。例如，在线购物和支付的普及使得我们需要更加警惕网络诈骗和虚假交易；社交媒体的普及则要求我们要更加注意信息的真实性和可信度，避免被虚假信息误导或利用。

面对这些挑战，我们需要保持理性和警惕，学会辨别真伪，保护自己的权益和安全。同时，政府需要加强监管和治理，建立完善的法规和规范，维护数字社会的健康发展和秩序。

综上所述，数字社会的兴起和发展对现实生活产生了深远的影响。它提高了我们的工作效率和生活质量，带来了更多的便利和可能性。数字社会的兴起和发展对现实生活的影响是复杂而多面的，我们应该积极拥抱数字社会的机遇和挑战，加强数字素养教育和技术创新，以更好地适应和应对数字社会的发展趋势。

第二节　老年群体在数字社会中的现状与面临的挑战

根据国家统计局的数据，至 2023 年末，全国 60 岁及以上人口高达 29 697 万人，占全国人口的 21.1%，其中 65 岁及以上人口达 21 676 万人，占全国人口的 15.4%。这意味着我国已经正式步入中度老龄化社会。根据预测，到 2035 年，我国将进入重度老龄化阶段，65岁及以上的老年人将达到3.1亿。

随着数字技术的迅猛发展和广泛应用，我们与数字化社会的联系日益紧密。然而，老年群体在数字社会中的融入程度却相对滞后，并面临着诸多挑战。本节将详细阐述老年群体在数字社会中的现状以及所面临的挑战。

一、老年群体的现状

对于老年群体来说，数字社会的兴起带来了一定的困扰。由于年龄、教育水平、生活习惯等多种因素的影响，许多老年人对数字技术感到陌生和畏惧。他们不知道如何操作智能手机、如何使用电脑、如何上网购物，这使得他们在数字社会中显得尤为孤独。因此，老年群体"数字脱贫"成为重要问题。

数字社会的社交方式也在发生着变化。人们越来越多地通过社交媒体、即时通信工具等进行沟通和交流。然而，很多老年人并不熟悉这些新兴的社交方式，他们可能仍然习惯于传统的面对面交流或电话沟通。这导致他们在社交方面存在一定的障碍，难以与年轻一代保持联系和沟通。

二、老年群体面临的挑战

数字社会已经深入到我们生活的每一个角落，老年群体面临着越来越多的挑战。数字社会的发展面临的挑战主要包括以下几方面：

1. "数字鸿沟"

如前文所述，"数字鸿沟"是指不同群体在数字技术的使用能力和机会方面存在的差距。由于不同地区、不同群体在数字技术的获取和使用上存在差异，导致他们在获取信息、享受服务等方面受到一定的阻碍。这种"数字鸿沟"不仅加剧了社会不平等，也阻碍了数字技术的普惠发展。"数字鸿沟"是一个复杂且多维度的问题，它不仅涉及技术获取和使用的差距，还与社会经济、文化背景、教育水平等多个方面密切相关。

在许多贫困地区，由于基础设施落后、经济条件有限，人们很难获得高质量的互联网接入和数字设备。而在发达国家，虽然基础设施相对完善，但低收入群体可能由于经济压力而无法购买数字设备或使用数字技术。

受教育水平较低的群体可能缺乏使用数字技术的基本技能和知识，这导致他们在数字社会中处于劣势。数字素养教育对于缩小"数字鸿沟"至关重要，它可以帮助人们更好地理解和使用数字技术。

老年群体在使用数字技术方面往往面临更多挑战。他们可能不熟悉新的操作界面、术语或功能，从而无法充分享受数字服务。此外，数字技术的快速发展使得许多服务和信息都转移到了线上。例如，银行、医院、政府机构等都提供了在线服务，但很多老年人却不知道如何使用这些服务，导致他们无法及时获取所需信息或享受相关服务。为老年人提供专门的数字培训和支持，可以帮助他们跨越"数字鸿沟"，更好地融入数字社会。

因此，如何在数字技术的发展中促进公平和包容，值得我们深思。缩小"数字鸿沟"不仅是一个技术问题，更是一个涉及社会公平性和包容性的重要议题。通过综合施策、多方合作，我们可以逐步缩小"数字鸿沟"，让更多老年人享受到数字技术带来的便利和福祉。

2. 网络安全

网络安全是指网络系统的硬件、软件和数据受到保护，不受偶然的或人为的破坏、干扰、误用和泄露。网络安全问题会威胁社会稳定和国家安全，数字社会的发展带来了信息安全和隐私保护的问题，使得网络安全成为现代社会中一个至关重要的议题。随着科技的飞速发展，数字技术已经融入我们生活的方方面面，从购物、社交到工作和娱乐，无处不在。然而，这种便捷和高效也带来了一系列安全问题，需要我们时刻保持警惕。

首先，网络安全的威胁不仅仅局限于个人层面，更直接关系到社会稳定和国家安全。网络攻击、数据泄露、信息篡改等事件，都可能对国家的重要基础设施、机密信息以及公民的个人隐私造成严重损害。因此，加强网络安全建设，对于维护国家安全和社会稳定具有重大意义。

其次，数字社会中的信息安全和隐私保护问题日益凸显。随着大数据、云计算、人工智能等技术的广泛应用，我们的个人信息、行为习惯甚至思想观点都可能被收集和分析。在这个过程中，如何确保信息的合法使用、防止数据滥用和泄露，成为摆在我们面前的重要课题。

对于老年群体来说，他们在享受数字社会带来的便利时，也面临着更大的网络安全风险。由于缺乏数字素养和经验，他们可能不知道如何辨别真伪信息，不知道如何保护个人信息和账户安全。这使得他们更容易成为网络诈骗和信息泄露的受害者，给他们的生活和财产安全带来了极大的威胁。

因此，我们需要采取一系列措施来提高老年群体的网络安全意识。例如，开展网络安全知识普及活动，帮助他们了解网络诈骗的常见手段和防范方法；推广使用安全可靠的软件和工具，提高他们的网络安全防护能力；建立有效的投诉和举报机制，让他们在遇到问题时能够及时寻求帮助。

此外，政府和企业也应该承担起更多的责任。政府需要制定和完善相关法律法规，规范网络信息的收集和使用行为，保护公民的隐私权；企业则应该加强自律，遵守法律法规，确保用户数据的安全和合法使用。

总之，网络安全是一个复杂而紧迫的问题，需要我们从多个层面进行应对和解决。只有全社会的共同努力，才能构建一个安全、可靠、可信赖的数字社会。

3. 伦理问题

数字技术的迅猛发展，无疑为我们的生活带来了极大的便利和创新，但同时也引发了一系列伦理问题。这些问题涉及公平和道德等多个方面，需要我们深入思考和应对，如人工智能的伦理问题等。这些问题需要得到深入解决，才能确保数字社会的健康发展。

数字技术的道德责任问题不容忽视。在数字化时代，信息的传播速度极快，影响力广泛。然而，一些不实信息、恶意攻击等也借助数字技术得以迅速扩散，给社会带来了负面影响。因此，我们需要建立起完善的道德责任机制，明确数字技术在信息传播中的责任和义务，以维护社会的稳定和和谐。

综上所述，数字技术的发展带来了诸多伦理问题，需要我们从多个角度进行深入思考和应对。只有建立起完善的伦理规范监管机制，才能确保数字技术的健康发展，提高社会幸福感。

面对这些挑战，我们需要采取积极的措施来帮助老年群体实现"数字脱贫"。"数字脱贫"不仅仅是要教会老年群体如何使用数字技术，更重要的是要让他们理解数字社会的价值和意义。我们需要通过培训、辅导等方式，帮助他们掌握数字技术的基本操作，同时也要引导他们了解数字社会的各种便利和可能性。只有这样，老年群体才能真正融入数字社会，享受到数字技术带来的红利。

政府和社会组织应该加强对老年群体的数字素养培训，帮助他们掌握基本的数字技术和操作技能。同时，我们还应该推动数字技术的适老化改造，设计更加符合老年群体使用习惯和需求的数字产品和服务。

此外，我们需要关注老年群体的心理需求和社会支持。数字社会的融入不仅仅是一个技术问题，更是一个心理和社会问题。我们需要帮助老年群体建立自信，克服恐惧，同时提供必要的社会支持和帮助。

总之，老年群体在数字社会中面临着诸多挑战和困难。我们需要通过加强培训、推动适老化改造、关注心理需求和社会支持等多种措施来帮助他们实现"数字脱贫"，享受到数字技术带来的红利。

第三节 "数字脱贫"对老年群体的意义

"数字脱贫"对老年群体的意义主要体现在以下几个方面:

一、有助于老年群体更好融入社会

"数字脱贫"对于老年群体更好地融入现代社会具有深远的意义。随着信息技术的迅猛发展,数字化不仅改变了我们的生活方式,更成为现代社会进步的重要标志。然而,老年群体由于多种原因,如年龄增长带来的身体机能下降、教育程度相对较低以及社会环境的变迁等,往往难以跟上数字时代的步伐,面临着所谓的"数字鸿沟"。

"数字鸿沟"不仅意味着老年群体在技术使用上的障碍,还可能导致他们在社交、娱乐、医疗、购物等日常生活中的不便,甚至可能因此被社会边缘化。为了解决这个问题,"数字脱贫"应运而生,"数字脱贫"旨在通过一系列措施,帮助老年群体提升数字素养,掌握数字技术,从而跨越"数字鸿沟",更好地融入现代社会。

"数字脱贫"工作需要注重普及数字技术。这包括开展各类数字技术培训课程,教授老年群体如何使用智能手机、平板电脑等数字设备,以及如何利用互联网进行信息查询、在线支付、视频通话等。通过这些培训,老年群体可以逐步掌握数字技能,享受数字化带来的便捷生活。

"数字脱贫"工作还需要关注提升老年群体的数字素养。这包括培养老年群体的信息安全意识,教他们如何辨别真伪信息、防范网络诈骗;也包括培养老年群体的数字道德观念,让他们了解在数字世界中应该遵守的规则和礼仪。

通过"数字脱贫"工作,我们可以帮助老年群体跨越"数字鸿沟",让他们更好地融入现代社会,让老年群体享受到数字化带来的便利,进而促进社会的和谐与稳定。因此,我们应该高度重视"数字脱贫"工作,为老年群体创造更加美好的未来。

二、有助于提升老年群体的生活质量

"数字脱贫"对于提升老年群体的生活质量具有显著作用。随着数字化技术的深入应用,它已经渗透到我们生活的方方面面,为老年群体带来了前所未有的便利与机遇。

第一，线上购物成为老年群体新的消费方式。通过掌握数字技能，老年群体可以轻松地在电商平台浏览商品、比较价格、下单购买，并享受送货上门的便利服务。这不仅避免了他们外出购物的诸多不便，如体力消耗、交通问题等，还让他们能够随时随地进行购物，满足自己的消费需求。

第二，远程交流让老年群体的社交生活更加丰富。借助数字技术，老年群体可以与远方的朋友、家人进行视频通话、语音聊天，分享彼此的生活点滴。这种跨越地理距离的沟通方式，不仅让老年群体感受到更多的关爱与陪伴，也有助于缓解他们的孤独感，提升他们的心理健康水平。

第三，数字化技术为老年群体获取健康资讯提供了便利。老年群体可以通过互联网了解最新的健康知识、疾病预防方法以及医疗资讯。这有助于他们更好地了解自己的健康状况，预防疾病的发生，并在需要时及时寻求医疗帮助。

除了以上几个方面，数字化技术还在其他方面为老年群体带来了便利。例如，老年群体可以通过智能设备监测自己的身体状况，及时发现异常并采取措施；他们还可以使用数字工具进行娱乐、学习等活动，丰富自己的晚年生活。

总之，"数字脱贫"对于提升老年群体的生活质量具有重要意义。通过学习和使用数字技术，老年群体可以更加方便地进行购物、社交、获取健康资讯等活动，享受更加丰富多彩的晚年生活。我们应该积极推动"数字脱贫"工作，为老年群体创造更加美好的生活环境。

三、有助于保障老年群体的权益

"数字脱贫"不仅帮助老年群体跨越技术障碍，享受数字生活便利，更是保障他们权益的重要一环。在数字化日益深入的今天，网络诈骗、信息泄露等问题层出不穷，老年群体由于对新技术不熟悉或是经验不足，往往成为这些不法分子的目标。因此，"数字脱贫"工作对于保护老年群体的权益显得尤为重要。

首先，"数字脱贫"工作通过培训，提升老年群体的数字素养。老年群体将学习如何识别网络诈骗的常见手段，如何保护自己的信息和账户安全，以及如何应对可能出现的网络风险。这些知识和技能的提升，将大大增强老年群体在网络环境中的自我保护能力，减少他们受到网络诈骗等不法行为侵害的风险。

其次，"数字脱贫"工作有助于老年群体更好地享受社会福利和公共服务。许多政府机构和公共服务部门已经实现了线上服务，如电子医保、在线缴费、养老金领取等。老年群体如果掌握了相应的数字技术，就能更便捷地获取这些服务，确保自己的权益得到及时、有效的保障。

最后，"数字脱贫"有助于老年群体更好地维护自己的合法权益。在数字化时代，信息的传播和获取变得更为便捷，老年群体可以通过网络了解相关法律法规和政策，增强自己的法律意识。同时，他们可以通过网络平台反映自己的诉求和意见，促使相关部门更加重视以解决老年人的问题。

总之，"数字脱贫"不仅有助于老年群体享受数字化带来的便利生活，更有助于保障他们的权益。通过提高老年群体的数字素养和防范意识，我们可以让他们更好地维护自己的权益，避免受到不必要的损失。同时，我们需要认识到"数字脱贫"工作的长期性和复杂性，需要持续投入和努力，为老年群体创造一个更加安全、便捷、美好的数字生活环境。

四、有助于缓解老年群体的相对贫困状态

"数字脱贫"在缓解老年群体相对贫困状态方面发挥着重要作用，其中数字普惠金融作为关键手段，对改善老年群体的经济状况和生活水平具有深远影响。

数字普惠金融是指运用数字技术，特别是互联网、大数据、云计算等现代信息技术，推动普惠金融服务的创新与发展，提高金融服务的覆盖率和可得性。它具有便捷、高效、低成本等特点，能够为广大人民群众，尤其是老年群体等提供更为广泛的金融服务。

数字普惠金融通过线上平台，为老年群体提供更加便捷、灵活的信贷服务。老年群体可以通过手机或电脑等设备，随时随地申请贷款，解决短期资金需求，这有助于缓解老年群体在收入方面的相对贫困状态，提高他们的生活水平。数字普惠金融还为老年群体提供了多样化的投资理财产品，帮助他们实现资产的保值增值。老年群体可以通过购买基金、债券等金融产品，增加收入来源，降低生活风险，这有助于改善老年群体的经济状况，提高他们的生活质量。

数字普惠金融还能够与社会保障体系相结合，为老年群体提供更加全面的保障。通过线上平台，老年群体可以更加方便地了解社会保障政策，申请相关待遇，确保自己的权益得到保障。

数字普惠金融在老年群体中的应用场景日益丰富，包括线上支付、网络购物、投资理财等。这些应用不仅为老年群体提供了便利，也促进了他们的社交和娱乐活动。然而，老年群体在使用数字普惠金融时也面临着一些挑战，如技术门槛高、安全风险大等。因此，我们需要加强老年群体数字素养培训，提高他们的风险防范意识；同时，金融机构应加强监管，确保老年群体金融权益得到保障。

综上所述，"数字脱贫"并非一蹴而就的过程，需要政府、社会、家庭等多方面的共同努力。同时，在推进"数字脱贫"的过程中，需要关注老年群体的个体差异和需求差异，制定针对性的政策和措施，确保他们能够真正享受到数字化带来的红利。

第二章 老年群体在数字社会中的困境

数字社会的发展给人们的生活带来了许多便利，但也导致了一些新的问题，其中老年群体面临的数字困境亟待解决。中国互联网络信息中心发布了第 49 次《中国互联网络发展状况统计报告》，这份报告为我们提供了一个关于中国互联网发展状况的详细视角。

截至 2023 年 12 月，我国网民规模达到 10.32 亿，其中 60 岁及以上网民规模 11.3%。关于随着数字技术的普及，我国网民规模不断扩大，其中老年网民的占比虽然有所上升，但仍然相对较低。这反映出老年群体在融入数字社会的过程中面临着一些困难。这意味着，老年群体较难享受到数字社会带来的便利。

老年群体面临的数字困境主要表现在数字技能缺乏与认知障碍、信息安全与风险意识薄弱、社交隔离与心理压力等方面。随着科技的快速发展，新的数字设备和应用层出不穷，对于老年群体来说，学习和掌握这些新技术可能是一个巨大的挑战。

第一节 数字技能缺乏与认知障碍

一、数字技能缺乏

老年群体数字技能缺乏是一个日益凸显的社会问题。随着数字技术的快速发展和广泛应用,老年群体面临着数字技能不足的窘境。

1. 数字技能缺乏的成因

老年群体在数字社会陷入困境,是多方面因素共同作用的结果,其中主要包括以下因素:

(1)生理因素

老年群体在学习和应用数字技术方面存在困难。随着年龄的增长,视力、听力、记忆力、精力等都会有所下降,这使得他们难以学习和使用新的数字技术。如对于智能手机、平板电脑或笔记本电脑的使用,他们可能不知道如何下载和安装应用程序,如何进行在线支付,或者如何与他人进行视频通话,等等。

数字化经济背景下,通过移动应用、社交媒体、在线评价等工具,人们可以积极参与到数字化服务的各个环节中,数字化服务为人们参与提供了更多的途径和方式。但数字经济的快速发展,对参与数字经济所需要具备的网络素质要求较高,且大多数老年人对购物、看病、导航、政务办理等日常活动,还是习惯实地消费和现场办理。此外,老年群体对于互联网等新兴事物的学习和运用能力也较差,导致其参与数字经济的信心较低,由此造成老年群体在参与数字经济的过程中,积极性和主动性较为缺乏。

(2)心理因素

首先,老年群体在面对新技术时,往往因为习惯了传统的生活方式,对新事物产生抵触情绪。

其次,社会舆论中一些关于老年群体"不懂科技"的刻板印象,也可能加重他们的心理压力。

再次,学习新技术需要付出时间和精力,部分老年人可能认为自己学习能力下降,难以掌握新技能,这种自我认知使他们更不愿意主动学习和尝试。

最后，老年群体由于对数字技术的了解有限，可能无法识别网络诈骗的陷阱。例如，他们可能会轻信陌生人的电话、短信或邮件，泄露个人信息或转账给诈骗者。老年群体在使用社交媒体、网购等平台时，可能不注意保护个人隐私，导致个人信息被泄露。这些信息一旦被不法分子获取，可能用于诈骗或其他非法活动。

(3) 经济因素

部分地区受限于经济条件，难以承担起智能手机、电脑等现代科技设备的购买与使用成本。这不仅影响了当地民众的生活品质，也限制了他们获取信息与知识的途径。特别是老年群体，他们往往缺乏接触和学习数字技术的机会，这在一定程度上加剧了他们在数字时代的边缘化。

许多老年人可能因为种种原因没有自己的智能设备，或者即使有设备，也可能因为不熟悉操作而难以充分利用。更为关键的是，他们可能缺少获得数字技能培训的渠道，这使得他们在面对数字设备时感到迷茫和无助。这样的困境不仅影响了他们的日常生活，也让他们在社交、娱乐等方面受到了限制。

(4) 社会因素

家庭成员的陪伴和帮助不足，社区和社会缺乏针对老年群体的数字技能培训，也是导致老年群体数字陷入困境的重要原因。此外，老年群体受文化水平、认知能力等因素的影响，对于互联网相关新技术接受力、信任度较低，认为互联网使用存在风险，对于互联网存在抵制心理，自身对于信息化的数字产品需求就不足。

2. 数字技能缺乏的现状

老年群体数字技能缺乏的现状表现为他们在学习和应用数字技术方面的困难，缺乏接触和学习数字技术的机会，以及在使用数字技术时存在的安全隐患。为了解决这一问题，社会需要提供更多的数字技能培训和支持服务，帮助老年群体更好地适应数字时代的生活。

老年群体数字困局还体现在以下几个方面：

① 影响日常生活。数字化经济背景下，关于经济的各种信息如就业、金融、购置等都是发布在互联网上，而老年群体由于使用互联网的熟练度较差，会导致经济信息获取不对称，在互联网中诉求表达、权益谋取等方面参与能力不足。老年群体无法使用智能手机支付、网购、预约挂号等，给他们的日常生活带来不便。

② 影响心理健康。老年群体无法通过互联网与家人朋友保持联系，很容易产生孤独感和被社会抛弃的感觉。

③ 影响身体健康。现在缺乏数字技能，很容易受到网络诈骗、信息泄露等行为的侵害，进而影响他们的身体健康。

解决老年群体数字技能缺乏的问题，需要政府、社会、企业和家庭等多方共同努力。政府方面应加大对老年群体数字技能培训的支持力度，制定相关政策，鼓励企业开发适龄产品和服务。社会方面应强调志愿者对老年群体的关爱和帮助，志愿者可以为老年群体提供数字技能培训和帮助。企业方面应积极开发适老化产品和服务，减少宽带等数字技术的基础设施需求。家庭方面应鼓励老年人学习和使用数字技术，帮助他们融入数字社会。解决老年群体数字技能缺乏的问题是一项复杂的系统工程，只有多方共同努力，才能让老年群体更好地享受数字社会带来的便利。

二、认知障碍

认知障碍是指认知功能下降，从而影响日常生活能力。"老年人认知障碍"是指发生在老年期的一组认知功能下降的综合征，其特征是记忆力、思维能力、语言能力、注意力能力、执行能力等认知功能下降，严重者日常生活能力下降，不能独立生活。认知障碍按其严重程度分为轻度认知障碍和痴呆。

"老年人认知障碍"与数字技能缺乏之间存在着密切的关系。研究表明，"老年人认知障碍"是导致数字技能缺乏的重要原因。认知障碍影响学习和使用数字技术的能力，会导致记忆力、思维能力、注意力等下降，这使老年群体难以学习和理解新的数字技术。数字技能缺乏会引发严重认知障碍，会导致老年群体减少与人的互动，降低他们的社交参与度，这可能会引发更严重的认知障碍。

1. 认知障碍的预防和干预

首先，高血压是认知障碍的重要风险因素之一。长期高血压会导致脑血管损伤，进而影响大脑的正常功能。因此，定期监测血压、遵循医生建议进行降压治疗，是预防阿尔茨海默病的重要措施。糖尿病会导致血糖水平不稳定，长期的高血糖会损害神经系统，增加认知障碍的风险。通过饮食控制、药物治疗和定期监测血糖，可以有效控制糖尿病，降低阿尔茨海默病的发生概率。高脂饮食，特别是饱和脂肪和反式脂肪的摄入过多，使阿尔茨海默病的风险增加。选择低脂、高纤维的饮食，增加蔬菜、水果和全谷物的摄入，有助于维护大脑健康。某些营养素，如维生素 B12、叶酸、欧米伽-3 脂肪酸等，对大脑健康至关重要。通过均衡饮食或补充适当的营养，可以满足大脑的营养需求，降低认知障碍的风险。

其次，吸烟和过量饮酒都会损害大脑健康，增加出现认知障碍的风险。戒烟和限制酒精摄入是维护大脑健康的重要措施。除了调整脂肪摄入和补充营养素外，还应关注饮食的整体质量。选择新鲜、多样化的食物，避免过度加工和含糖量高的食物，这样有助于维持大脑的正常功能。适度的体育锻炼可以改善血液循环，促进大脑神经元的生长和连接，有助于预防阿尔茨海默病。建议每周至少进行 150 分钟的中等强度有氧运动，如快走、游泳或骑自行车。规律的作息时间和适量的饮食，有助于维持身体的生物钟稳定，促进大脑的正常代谢和功能。

最后，早期支持和干预可以减缓"老年人认知障碍"的进展。通过进行认知训练活动，如记忆游戏、智力拼图等，可以刺激大脑活动，提高认知储备，有助于延缓阿尔茨海默病的进展。积极参与社交活动，与家人、朋友或社区成员保持联系，有助于减少孤独感，提高生活质量，并可能延缓认知障碍的进展。对于已经出现轻度认知障碍的老年人，提供心理支持和情感关怀，帮助他们应对焦虑和抑郁等问题，有助于改善他们的生活质量。对于已经确诊为阿尔茨海默病的患者，应及时进行专业治疗。药物治疗、物理治疗和心理治疗等综合手段可以减缓疾病的进展速度，并改善患者的生活品质。

总之，认知障碍的预防和干预是一个综合性的过程，需要我们从多个方面入手，关注老年群体的生活习惯、健康状况和心理需求，为他们提供全方位的支持和关怀。

2. 对认知障碍采取的措施

针对老年群体数字技能缺乏和认知障碍问题，建议采取以下措施：

（1）加强对教师数字技能培训

数字技能的普及离不开专业的培训，而教师在这一过程中扮演着至关重要的角色。教师不仅是知识的传播者，更是技能的引导者。因此，加强对教师的数字技能培训，不仅可以帮助他们更好地适应数字化时代的教学需求，还能让他们成为老年群体学习数字技能的引路人。这涉及教师的信息素养培养、数字工具的应用能力培训，以及教学方法的更新等方面。

（2）开发适合的数字产品和服务

随着科技的进步，数字产品和服务日新月异，但并非所有产品都适合老年群体使用。因此，企业需要根据老年群体的实际需求和操作习惯，开发适合的数字产品和服务。这包括简化操作界面、放大字体、增加语音提示等功能，以便老年群体能够更加方便地使用这些产品和服务。同时，降低老年群体使用数字技术的成本是非常重要的，包括硬件设备的价格、软件服务的费用以及网络资费的优惠等。

（3）关注老年群体的心理健康

面对数字技能的缺乏和认知障碍的问题，老年群体可能会感到焦虑、抑郁等。因此，关注他们的心理健康是非常重要的。家庭和社会应该给予老年群体更多的关爱和支持，帮助他们建立积极的心态和自信。同时，也可以开展一些心理健康教育和活动，帮助老年群体更好地理解和应对自己的情感问题。

（4）加强"老年人认知障碍"的预防和干预

认知障碍是老年群体面临的一大健康问题，它不仅影响老年群体的生活质量，还可能导致更严重的后果。因此，加强"老年人认知障碍"的预防和干预是非常必要的。这包括通过宣传教育提高老年群体对认知障碍的认识，让老年群体了解如何预防和治疗认知障碍；同时，要加强医疗机构的诊断能力，确保老年群体能够得到及时、有效的治疗。

综上所述，针对老年群体数字技能缺乏和认知障碍问题，我们需要从多个方面入手，采取综合性的措施来帮助他们更好地适应数字化时代的生活。这不仅是社会责任，更是对老年群体的关爱和尊重。

第二节 信息安全与风险意识薄弱

一、信息安全意识缺乏的现状

老年群体在信息数字社会下的信息安全意识缺乏是一个复杂且需要关注的问题。随着数字化社会的快速发展，老年人越来越多地参与到互联网和智能设备的使用中，但由于缺乏安全信息知识和防范意识，很容易遇到网络诈骗、信息诈骗、个人信息泄露等问题，多种原因使他们往往面临着较高的信息安全风险。

二、信息安全意识缺乏的原因

老年群体在信息数字社会下的信息安全现状较为严峻，需要社会各方面共同努力来改善。提高老年群体的信息安全意识，提供适合他们的信息安全教育和培训，以及设计和推广更加安全、易用的互联网服务和产品。

老年群体信息安全缺乏的原因主要包括以下几个方面：

1. 数字技能缺乏

老年群体在数字时代面临着严峻的网络安全挑战，这主要是由于他们普遍缺乏数字技能和对网络安全风险的识别能力。随着智能设备和互联网服务的普及，老年群体也逐渐加入这个数字化的世界中，但由于操作不熟练或认知能力下降，他们往往成为网络诈骗和信息诈骗的目标。

老年人在使用智能设备和互联网服务时，由于不熟悉操作界面和流程，可能无法准确判断一个网站或应用的安全性。他们可能在不了解的情况下点击恶意链接或下载含有病毒的软件，从而导致个人信息泄露或设备被攻击。此外，老年群体对网络安全的基本概念和术语往往了解不足，这使得他们更难以识别和防范网络风险。

此外，老年群体在面对网络上的各种信息时，不懂得如何正确评估信息的真实性。由于缺乏相关的知识和技能，他们更容易受到虚假信息的影响，被误导或者欺骗。这可能导致他们做出错误的决策，甚至遭受经济损失。

2. 风险意识薄弱

老年群体在信息安全意识方面的普遍薄弱是一个值得社会高度关注的问题。随着信息技术的快速发展，网络诈骗、信息窃取等不法行为日益猖獗，而老年群体由于年龄、受教育程度、社会经验等多方面的因素，往往成为这些不法分子的主要目标。

由于缺乏防范意识，老年群体往往容易轻信他人，难以识别网络诈骗。他们可能对于电子邮件、短信、社交媒体等渠道中的诈骗信息缺乏警惕，容易被虚假信息所迷惑，进而泄露个人信息或进行不当转账等操作。此外，一些老年人还可能因为对新兴技术不了解，而将自己的个人信息随意透露给陌生人，这无疑增加了他们遭受信息泄露和诈骗的风险。

为了保护老年群体的信息安全，我们需要从多个方面入手。

首先，政府和社会应该加强对老年群体的信息安全教育，通过各种渠道向他们普及网络安全知识，提高他们的防范意识和能力。这包括教授他们如何识别网络诈骗、如何保护个人信息、如何设置安全密码等基本技能。

其次，家庭成员和亲友应该给予老年群体更多的关爱和支持，帮助他们了解和应对信息安全问题。他们可以向老年群体介绍一些常见的信息安全风险和应对方法，帮助他们提高警惕性，避免上当受骗。

最后，相关部门应该加强对网络诈骗等不法行为的打击力度，加大对违法者的处罚力度，以维护老年群体的合法权益。企业也应该在产品和服务设计上考虑老年群体的使用习惯和需求，提供更加安全、便捷的服务，降低老年群体遇到信息安全风险的可能性。

3. 社会经验不足

随着科技的日新月异，新型网络诈骗手段层出不穷，而老年群体由于对新技术的接触相对较少，对这些诈骗手段的了解和防范意识相对较弱，因此成为网络诈骗分子的主要目标。

首先，老年群体可能不了解一些基本的网络安全常识，比如如何辨别正规的应用下载渠道。在应用商店中，有些应用可能看似正规，实则暗藏恶意软件，一旦下载并安装，就会窃取个人信息，甚至进行非法转账。因此，老年群体需要学会识别官方应用商店的标识，并避免下载来源不明的应用。

其次，老年群体在设置安全密码和支付验证方面可能存在不足。一些老年人可能使用过于简单的密码，或者将密码泄露给他人，这都会增加账户被盗的风险。同时，对于支付验证，老年群体可能不了解其重要性，或者不知道如何开启和使用，这也为诈骗分子提供了可乘之机。因此，老年群体需要学习如何设置复杂且不易被猜测的密码，并妥善保管个人信息，同时开启支付验证功能，提高账户安全性。

最后，老年群体可能遭遇一些专门针对老年群体的诈骗手段，如冒充亲友、冒充公检法人员等。这些诈骗分子往往利用老年群体的善良，通过伪造身份、编造谎言等手段骗取老年人的钱财。因此，老年群体需要保持警惕，不轻信陌生人的话语，遇到可疑情况及时与家人或警方联系。

4. 家庭陪伴不够

老年群体在遇到信息安全问题时，家庭成员的陪伴与支持显得尤为重要。然而，现实中家庭成员往往因各种原因陪伴不足，导致老年人在遭遇信息安全问题时无法及时得到帮助。这不仅增加了老年群体遭受网络诈骗和信息泄露的风险，也让他们在使用互联网时感到孤立和无助。

三、信息安全的威胁

近年来有报道称，一些不法分子利用老年群体的信任心理和对数字技术的不熟悉，通过冒充银行工作人员或理财顾问，诱导老年群体提供银行账户信息或投资虚假的高回报项目，最终导致老年群体遭受严重的经济损失。还有些人利用老年群体的心理对老年群体进行各种形式的"洗脑"，促使老年群体办卡或购买所谓的营养品。

老年群体信息安全的威胁主要表现在以下几个方面：

1. 财产损失

宽带网络的普及无疑给人们的生活带来了极大的便利，但同时也伴随着一系列的安全隐患。特别是老年群体对新型网络诈骗手段的了解有限，更容易成为网络诈骗的受害者。

网络诈骗的手法层出不穷，不法分子常常利用老年群体对亲友的关心和信任，冒充亲友发送求助信息，诱导老年群体转账。或者通过伪造医疗账单，制造虚假的紧急情况，让老年群体在恐慌中做出错误的决策。这些诈骗行为会导致老年群体的财产损失。

除了网络诈骗，老年群体在浏览互联网时还可能受到虚假广告、伪科学信息或误导性新闻的影响。这些信息往往具有很强的迷惑性，由于老年群体信息鉴别能力相对较弱，可能无法准确判断其真实性。一旦受到这些信息的影响，他们可能会做出错误的决策，购买无效甚至有害的产品进而造成财产损失。

2. 个人信息泄露

老年群体在使用互联网服务时，对于个人信息的保护往往缺乏足够的认识与警觉：

可能不了解如何保护自己的信息，如姓名、地址、电话号码等；不经意间在不明来源的网站泄露了姓名、地址、电话号码等敏感信息；在未采取加密措施的网络环境下进行在线交易，从而给不法分子提供了可乘之机。例如，一些老年人可能会在不明来源的网站上填写个人信息，或者在未加密的网络环境下进行在线购物，导致个人信息被不法分子获取。

老年群体在下载和安装应用程序时可能不够谨慎，容易误点恶意链接或下载带有病毒的软件。这些恶意软件可能会窃取他们的个人信息，或者对他们的设备进行远程控制，造成进一步的损失。一旦个人信息泄露，老年群体将面临极大的风险。不法分子可能会利用这些信息进行身份盗窃、信用诈骗等不法活动，给老年群体的生活带来极大的困扰和损失。

因此，需要加强对老年群体的网络安全教育，提高他们的信息安全意识。同时，互联网服务提供者也应承担起社会责任，为老年群体提供更加安全、便捷的服务，确保他们的个人信息得到充分保护。只有这样，我们才能为老年群体营造一个安全、放心的网络环境。

3. 危害身体健康

随着科技的快速发展，越来越多的老年群体开始融入数字时代，积极使用社交媒体平台与亲友交流。然而，与此同时，他们在使用社交媒体时也面临着一些潜在的风险和挑战。

一方面，老年群体在社交媒体上过度分享个人信息是一个潜在的风险。他们可能会分享家庭住址、旅行计划等敏感信息，这些信息一旦被不法分子获取，就可能给他们带来严重的后果。例如，不法分子可能会利用这些信息进行入室盗窃或实施其他犯罪行为。

另一方面，老年群体在社交媒体上可能面临受到精神压力和心理创伤的风险。他们可能会受到网络欺凌、恶意评论或虚假信息的困扰，这些负面影响可能对他们的心理健康产生不良影响。长期的精神压力可能导致老年群体出现焦虑、抑郁等心理问题，影响他们的身体健康。

因此，我们需要认识到老年群体在使用社交媒体时可能面临的这些风险和挑战。除了提供具体的问题解决方法和措施外，我们还应该加强对老年群体的网络安全教育。同时，社交媒体平台应该加强监管和审核，确保老年群体的身心健康。

总之，老年群体在使用社交媒体时面临着多方面的风险和挑战，我们需要从多个方面入手，共同为老年群体营造一个安全、健康的网络环境。

四、信息安全的风险意识

提升老年群体信息安全意识，需要多方共同努力，可以从以下几个方面入手采取措施：

1. 开展针对性的信息安全教育活动

组织讲座和培训是提升老年群体信息安全意识的重要途径。这些活动不仅可以帮助老年群体了解网络诈骗的常见手法,还能教会他们如何保护个人信息、识别恶意软件等实用技能。通过专家的讲解和互动环节,老年群体可以更深入地了解信息安全知识,提高防范能力。

在制作宣传材料方面,我们可以根据老年群体的阅读习惯和喜好,设计易于理解的信息安全宣传册、海报或视频。这些材料可以采用图文结合的方式,用生动的案例和简洁的语言向老年群体传递信息安全的重要性和具体做法。同时,我们可以利用社区公告栏、微信群等渠道,定期发布信息安全提示和警示信息,提醒老年群体时刻保持警惕。

政府也应加大宣传力度,利用官方平台向老年群体普及信息安全知识。可以结合居委会、村委会等基层组织,开展实地宣传活动,向老年群体发放宣传资料、播放宣传视频等。同时,在电视台、微信、抖音等媒体平台上,可以制作针对老年群体的信息安全教育节目或短视频,以更加生动、有趣的方式向老年群体传递信息安全知识。具体如图 2-1 所示。

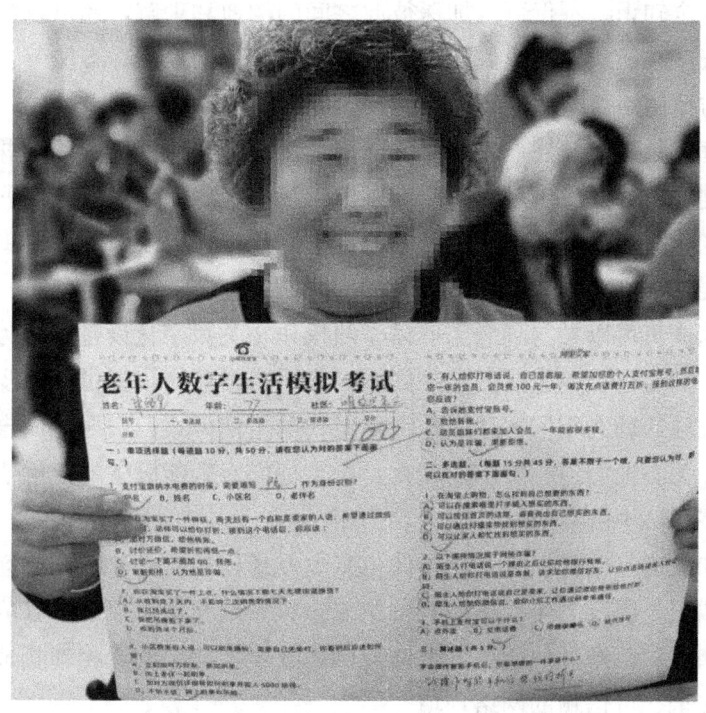

图 2-1　老年群体参与数字生活模拟考试图

通过多方面的宣传和教育工作,我们可以提高老年群体在数字社会中的安全意识和技能水平,让他们更好地享受数字化带来的便利和乐趣。这不仅有助于保障老年群体的合法权益，还能推动社会的数字化进程更加健康、有序地发展。

2. 利用社区和家庭的力量

社区宣传在提升老年群体信息安全意识方面起着至关重要的作用。社区作为老年群体日常生活的重要场所，是传递信息安全知识、宣传网络安全风险的重要渠道。在社区公告栏、活动中心等显眼位置张贴信息安全提示，可以时刻提醒老年群体在使用互联网时保持警惕，注意保护个人信息和防范网络诈骗。

这些信息安全提示可以包括网络安全常识、防诈骗技巧、个人信息保护方法等，可以用简洁明了的语言和生动的图示进行展示，以便老年群体能够轻松理解和记忆。社区还可以根据最新的网络安全形势和老年群体的需求定期更新提示内容，确保信息的时效性和针对性。

除了张贴提示外，社区还可以组织相关的讲座、培训或宣传活动，邀请专家或志愿者为老年群体讲解网络安全知识，提供实际操作指导和答疑解惑。这些活动可以增进老年群体与社区之间的互动和交流，帮助他们更好地了解网络安全问题。

家庭互动在提升老年群体信息安全意识方面也具有重要作用。家庭成员与老年群体共同学习信息安全知识，不仅可以加深彼此之间的沟通和理解，还可以帮助老年群体更好地掌握网络安全技能。家庭成员还可以传授一些实用的技巧、方法等，提醒他们在日常生活中注意防范网络风险。

同时，家庭成员可以关注老年群体的网络使用情况，帮助他们识别并避免一些潜在的安全风险。例如，家庭成员可以定期检查电子设备，确保其没有安装恶意软件或存在安全隐患；在老年群体遇到网络安全问题时，家庭成员可以及时给予帮助和支持，避免他们受到不必要的损失。

此外，家庭成员可以参与到老年群体学习操作相关数字化设备中，为他们配备适合的数字化设备，满足他们的生活需求。同时，家庭成员还应该提供情感支持，用积极的情绪、耐心地教导帮助老年群体适应数字化时代的生活方式，引导他们自主学习各种产品的使用方法，关心他们内心情感的变化，减少他们对智能设备的抵触心理，从而提高老年群体在数字经济中的参与信心。

社区宣传和家庭互动是提升老年群体信息安全意识的有效途径。社区宣传可以广泛传递网络安全知识，提醒老年群体注意网络安全；家庭互动可以加深家庭成员与老年群体之间的沟通和理解，帮助他们更好地掌握网络安全技能。两者相辅相成，共同为老年群体营造一个安全、可信赖的网络环境。

3. 提供实用的工具和服务

研制适合老年群体的手机软件，为老年群体推荐并安装可靠的杀毒软件、防火墙等安全软件，帮助他们抵御恶意软件的攻击。企业应该承担社会责任，增加研发投入，降低产品生产成本，积极推动智慧健康养老产品的研制，使老年群体能够使用经济、实惠的产品。同时，企业应该在平衡社会效益和经济效益的基础上积极参与物联网智慧健康养老服务体系建设，降低老年群体融入数字化时代的门槛。另一方面，企业在应用软件设计方面更应关注老年群体的需求，根据老年群体的思维方式、行为习惯和身体机能等进行产品设计。如在用户体验方面，为老年群体设计简洁易用的界面，方便老年群体快速掌握操作方法。为老年群体设计纯净模式，减少对老年用户的广告投放，添加方言语音识别功能，以满足老年群体的多样化，如图 2-2 所示。此外，企业还应简化操作流程，针对老年群体的使用习惯，优化互联网服务和应用的操作流程，减少因操作不当导致的安全风险。

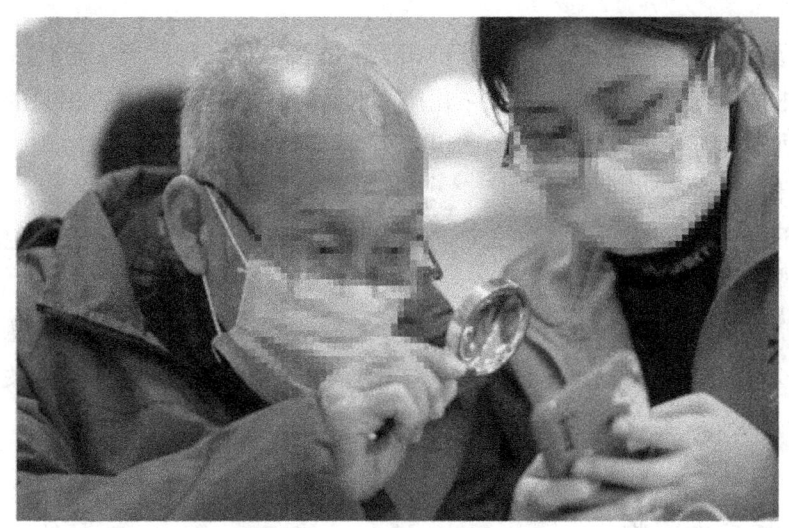

图 2-2　社区工作人员指导老年人正确操作手机软件

4. 建立反馈和互助机制

设立咨询热线是一种高效且贴心的服务方式，对老年群体在信息安全方面遇到的问题和困惑，提供了及时、专业的解答和帮助。这一举措不仅体现了社会对老年群体的关心和尊重，也反映了信息化时代对老年群体的友好型服务。

咨询热线不仅是一个简单的电话服务，它更是一个信息交流的桥梁和解决问题的平台。通过热线，老年群体可以随时向专业的信息安全人员咨询各类问题，比如如何设置复杂的密码、如何识别网络诈骗、如何保护个人信息等。专业人员会根据老年群体的实际情况和需求，提供个性化的指导和建议，帮助他们更好地应对网络安全挑战。

咨询热线也是一个收集问题和反馈的重要渠道。通过热线，服务提供者可以了解到老年群体在使用互联网过程中遇到的各种问题和困难，从而不断优化服务内容和方式，提高服务质量和效率。

建立互助小组是另一种促进老年群体信息安全意识提升的有效方式。老年群体自发组织的信息安全互助小组，不仅可以提供一个交流和分享的平台，还可以增强他们的归属感和团队精神。在小组中，他们可以相互分享自己的经验和知识，也可以相互求助和解决问题。这种互助机制不仅有助于老年群体更快地掌握信息安全技能，还可以增强他们的风险意识，提高防范能力。

互助小组还可以开展一些有趣的活动和比赛，比如信息安全知识竞赛、防诈骗技能演练等，以更加生动、有趣的方式提高老年群体的信息安全意识和技能。这些活动不仅可以激发老年群体的学习热情，还可以增进他们之间的友谊和信任。

5. 加强监管和打击力度

制定并颁布与老年群体数字权益保护相关的法律条文，保障老年群体在参与数字生活时的相关权益，增强老年群体对数字化产品与服务的信任度。完善相关的法律法规和行政规范，加强对老年群体数字权益的保护力度。普及网络安全法律法规，让老年群体了解网络犯罪的严重后果和法律责任。

此外，还要打击网络犯罪，加大对网络犯罪的打击力度，严厉惩处侵犯老年群体信息安全的犯罪行为。

以上措施的综合实施，可以有效提升老年群体在信息安全方面的风险意识，降低他们在数字社会中的安全风险。同时，也需要社会各方面的共同努力和持续关注，为老年群体营造一个更加安全、便捷的数字生活环境。

五、信息安全防护

信息安全防护旨在保护个人和组织的信息资产免受未经授权的访问、使用、泄露、破坏或修改。

信息安全防护措施是指为保护信息系统安全而采取的技术或管理手段，以下是内容要点：

① 密码设置。用户可以对手机或电脑设置复杂且独特的密码，并定期更换。避免使用容易猜测的密码，如生日、名字等。

② 更新和备份。用户及时更新操作系统、应用程序和浏览器，消除已知的安全漏洞。同时，定期备份重要的数据，以防止数据丢失或被恶意软件加密。

③ 防火墙和安全软件。用户应安装并启用防火墙，以监控和控制网络流量，阻止潜在的入侵者。使用防病毒软件、反间谍软件等安全工具，检测和清除恶意软件。

④ 电子邮件和恶意网站防护。用户应小心处理电子邮件，避免打开来自未知发件人的附件或点击不明链接。同时，使用安全浏览器，并避免访问可能存在风险的网站。

⑤ 物理安全。用户需保护好存储重要信息的物理设备，如手机、电脑、服务器等。

确保这些设备在安全的环境中,避免未经授权的访问。

⑥ 无线网络安全。对于无线网络,确保使用强密码保护,并启用加密功能。同时,限制无线网络的访问范围,防止未经授权的设备连接。

⑦ 定期培训和意识提升。定期为社区老年群体提供信息安全培训,提高他们对信息安全的认识和防范意识。

⑧ 访问控制和权限管理。实施严格的访问控制策略,确保只有授权的人员才能访问敏感信息。对于不同的用户,根据其职责和需求分配适当的权限。

⑨ 日志记录和监控。记录和分析系统日志,以便及时发现和响应潜在的安全威胁。同时,使用监控工具来检测异常活动或潜在的攻击行为。

信息安全防护是一个持续的过程,需要定期评估和调整策略,以适应不断变化的安全威胁和技术环境。信息安全防护不仅仅是技术层面的问题,还需要从组织文化、政策和流程等多个方面进行综合防护。要做到对老年群体有效提醒或保护,如告知不要在网上透露身份证号码、银行卡号、密码等个人信息;不要轻易相信网上发布的信息,尤其是涉及金钱交易的信息;不要点击陌生人发来的电子邮件,也不要下载来源不明的软件;在电脑和手机上安装安全软件,及时更新病毒库;如遇到信息安全问题,及时向家人、好友或有关部门求助。还要从整个社会的层面着手,营造老年群体参与数字经济的氛围。具体而言,一是丰富针对老年群体特殊需要的数字化产品与服务。二是在现有的数字化产品如应用软件、智能家居等在制作和设计的过程中,创新技术,不断完善针对老年群体的功能和界面设计。鼓励老年群体主动学习,增强参与数字社会的信心。

六、案例

环球网刊登了一篇关于为什么"受伤"的总是老年人的报道(https://capital.huanqiu.com/article/49XjDfr2kpP)。通过分析不难发现老年人频现"数字陷阱"体现在以下几点:

一是诈骗套路翻新,老年人成主要目标。不法分子借短视频、直播平台,用"T细胞棉被""量子能量鞋"等伪科学概念包装普通商品,通过"正能量"视频获取信任后高价售卖。例如标价5 980元的棉被宣称能改善体质,实测无效果;量子鞋内仅藏纽扣却谎称有保健功能;利用老年人对商品信息的不敏感,线上线下联动推销"真货假优惠"。如王大爷被忽悠以2 980元购买老旧智能马桶盖,实则同款线上标价虚高,新款仅2 000元左右;部分机构偷换金融概念,将保险产品伪装成储蓄理财,利用老年人对金融知识的欠缺实施"类诈骗"。

二是老年人易受骗。年龄增长导致老年人的认知能力下降,使得他们对新兴技术和金融概念缺乏辨别力,且独居老人信息闭塞,易被"信息差"收割;63%的老年人与配偶同住,14%独居,骗子通过高频关怀(例如,比子女更频繁地上门)填补情感空缺,甚至被老年人视为"干亲";低学历老人易因低价诱惑受骗,高知老人则因虚荣心被"专属话术"攻陷(如"只有您能理解"),老年人的心理弱点被利用,且90%的老年人受骗后因"好面子"隐瞒家人。

破局经验与行动建议是:家庭与社会协同防护,子女需加强对老年人的情感陪伴,关注其消费与投资动向,帮助设置手机防沉迷、拦截骚扰电话;社区可建立"老年人风险评估站",联合法律机构提供维权援助,如北京设立"家庭法律服务站";创新反诈宣传形式,针对老年群体的特点,采用短视频、情景剧等通俗形式揭露骗局(如北京"老友帮"系列短视频),避免生硬说教;重点提醒,不轻易点击陌生链接、不向陌生账户转账、购买高价商品前与子女沟通;平台与监管责任强化,短视频平台应完善老年人防沉迷机制,对"银发向"直播间加强内容审核,拦截伪科学营销。

此外,监管部门需严厉打击"类诈骗"擦边球行为,加大对虚假宣传、价格欺诈的处罚力度。守护老年人权益需从"心"出发,既要有技术防范的"硬措施",也要有情感关怀的"软着陆"。全社会共同织密反诈防护网,才能让老年人真正跨越"数字鸿沟",远离"数字陷阱"。

第三节 社交隔离与心理压力

一、老年群体社交隔离的现状

老年群体的社交隔离,如同一个沉默的漩涡,悄然吞噬着老年人的生活色彩。在心理学上,它被称作"社交孤立",描述的是老年群体与社会之间几乎完全断裂的联系。与短暂的孤独感不同,社交隔离更像是一种慢性的心理创伤,它在无声无息中侵蚀着老年群体的精神世界,如图2-3所示。随着年龄的增长,老年群体与社会联系逐渐减少,容易出现社交隔离。某调查显示,2021年,我国空巢项目参与率达到55.8%,其中,农村空巢项目参与率更高,达到60.6%。

在中国这个有着深厚家庭观念和文化传统的国度,社交隔离问题尤为引人关注。随着时代的变迁,越来越多的老年人因为各种原因,如退休、子女离家、身体机能下降等,逐渐失去了与社会的紧密联系。他们可能长时间独处,缺乏与他人的交流和互动,甚至在日常生活中都难以见到几张熟悉的面孔。

这种社交隔离状态对老年群体的身心健康造成了极大的威胁。他们可能会感到深深的孤独和无助，内心充满了失落和空虚。长期下来，这种心理状态可能导致一系列的身体问题，如睡眠质量下降、食欲缺乏、免疫力减弱等。更严重的是，社交隔离还可能增加老年群体患心脏病、中风和阿尔茨海默病等疾病的风险。

图 2-3　老年群体的社交隔离

因此，我们需要对老年群体的社交隔离问题给予更多的关注和重视。我们应该鼓励老年群体积极参与社交活动，与家人、朋友和邻居保持联系。同时，社区和机构可以组织一些适合老年群体的活动，如健身操、书法班、旅游团等，为他们提供更多的社交机会和平台。

此外，我们还可以通过科技手段来减轻老年群体的社交隔离感。例如，利用智能手机、平板电脑等设备，让老年群体能够随时随地与远方的亲友进行视频通话；或者通过一些社交平台，让老年群体能够结识新朋友，分享生活中的点滴。

总之，老年群体的社交隔离是一个需要我们共同面对和解决的问题。只有当我们真正关注老年群体的需求，努力为他们创造一个温馨、包容的社交环境时，他们才能真正享受到晚年生活的幸福和快乐。让我们一起行动起来，为构建更加和谐、美好的社会贡献自己的力量。

二、造成社交隔离的原因

在日新月异、科技迅猛发展的数字社会浪潮中，老年群体正面临前所未有的社交隔离挑战。这种隔离不仅仅是一种物理空间上的距离，更是一种心理、文化和情感上的疏远，对老年群体的生活质量、身心健康以及社会参与造成了深远的影响。

老年群体产生社交隔离的原因是多方面的，主要包括以下几个方面：

首先，技术鸿沟是老年群体在数字社会中遇到的首要难题。随着科技的飞速发展，互联网、智能手机、人工智能等新技术层出不穷，它们以便捷、高效的特点深刻改变着人们的生活方式。然而，对于许多老年人来说，这些新技术却像是一道难以逾越的鸿沟。他们可能由于年龄、教育背景、学习能力等多方面的限制，难以快速掌握这些新技术，从而无法享受到数字社会带来的便利。这种技术上的障碍，使得老年群体在数字世界中显得无所适从，他们无法与年轻一代进行有效沟通，也难以融入主流社会。

其次，社交方式的转变加剧了老年群体的社会隔离。在传统社会中，老年群体的社交活动主要依赖于面对面的交流和互动，他们通过邻里之间的串门、茶话会、棋牌娱乐等方式，建立起紧密的人际关系网络。然而，在数字社会中，人们的社交方式逐渐转向线上，通过社交媒体、即时通信工具等方式进行交流和沟通。这种社交方式的转变，使得老年群体感到孤独。他们可能不熟悉如何在虚拟世界中建立和维护人际关系，也难以适应这种新的社交模式。这种不适应和无力感，进一步加剧了老年群体的社交隔离。

最后，社会结构和家庭结构的变化对老年群体的社会隔离产生了深刻影响。随着城市化进程的加速和人口流动的增加，许多老年人被迫离开熟悉的环境和亲人，进入陌生的社区生活。他们需要面对着语言不通、文化差异、生活习惯不同等问题，难以融入新的社区环境。同时，随着家庭结构的小型化和核心化，很多老年人无法与子女或其他亲属保持紧密的联系。子女们可能因为工作、学习等原因，无法经常陪伴在老人身边，导致老年群体在情感上感到孤独和无助，如图 2-4 所示。

图 2-4　独居老人（孤独、无助）

这种社交隔离对老年群体的身心健康产生了极大的负面影响。长期的社交隔离可能导致老年群体出现抑郁、焦虑等心理问题，甚至影响到他们的身体健康。同时，社交隔离也会降低老年群体的社会参与度，使他们失去对生活的热情和动力，进一步加剧他们的孤独感和无助感。

因此，我们需要采取一系列措施来缓解老年群体的社交隔离现象。

首先，政府和社会组织应该加强对老年群体的数字化教育和培训，帮助他们掌握基本的数字技能和知识，以便更好地融入数字社会。这包括开设专门的培训课程、提供学习资源和辅导等，让老年群体能够逐步适应数字社会的生活方式。

其次，我们应该倡导多元化的社交方式，鼓励老年群体通过线上线下多种方式参与社交活动。可以组织各种形式的社区活动、文化娱乐活动等，为老年群体提供更多的社交机会和平台。同时，可以利用社交媒体等线上平台，建立老年人之间的社交网络，让他们能够随时随地与他人进行交流和互动。

最后，我们应该加强社区建设和服务，为老年群体创造一个温馨、和谐的生活环境。可以加强社区基础设施建设、提供便利的生活服务等，让老年群体能够享受到更好的生活品质。同时，社区也可以加强对老年群体的关注和关怀，定期组织探访、慰问等活动，让老年群体感受到社会的温暖和关爱。

综上所述，老年群体在数字社会下出现社交隔离的原因是多方面的，既有技术上的障碍，也有社交方式转变和社会结构变化的影响。我们需要从多个方面入手，采取有效措施来缓解这一问题，让老年群体能够更好地融入社会、享受晚年生活。同时，我们应该关注老年群体的身心健康和社会参与度，为他们创造一个更加友好、包容的社会环境。

三、社交隔离造成的影响

在数字化浪潮席卷的今天，老年群体面临着前所未有的社交挑战。这种挑战不仅来自物理空间的隔离，更来自心灵深处的孤独与无助。社交隔离容易造成以下几方面的影响：

1. 身体健康

从身体健康层面来看，社交隔离对老年群体造成的影响是深远且多方面的。这种无形的枷锁不仅剥夺了老年群体与他人交流互动的机会，还直接导致了他们身体机能的逐渐衰退。长期缺乏社交活动和运动，使得他们的肌肉力量减弱，骨骼密度降低，这些生理变化使他们的身体更加脆弱，如图2-5所示。

更为严重的是，社交隔离会影响老年群体的免疫系统。由于长期缺乏与外界的接触，老年群体的免疫力会逐渐下降，这使得他们更容易受到疾病的侵袭。心血管疾病、糖尿病等慢性疾病的发生率在老年群体群中显著上升。这些疾病不仅会影响他们的生活质量，还可能引发一系列的并发症，如心脏病、中风、失明等，对他们的生命健康构成严重威胁。

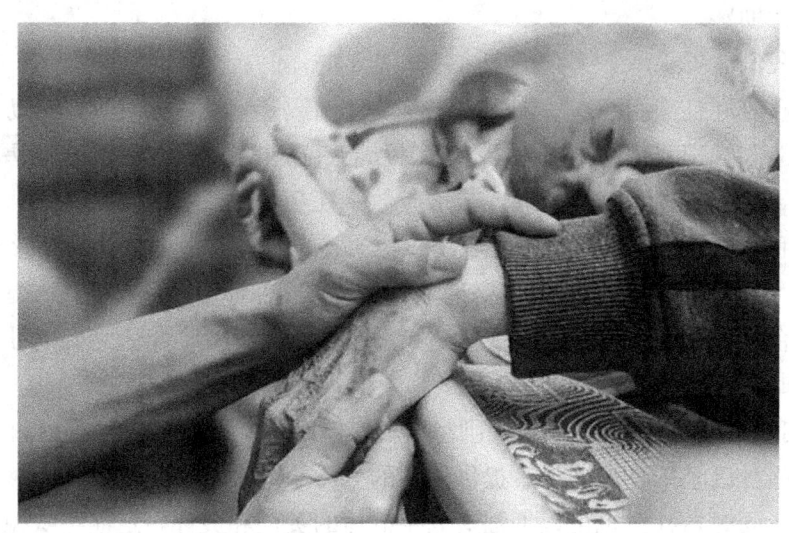

图 2-5　社交隔离对老年群体的影响

此外，社交隔离还会对老年群体的心理健康产生负面影响。长期的孤独和寂寞可能导致他们出现抑郁、焦虑等心理问题，这些问题反过来又会进一步加剧他们的身体疾病。因此，社交隔离对老年群体的影响是一个恶性循环，需要引起我们的高度重视。

为了缓解社交隔离对老年群体身体健康的负面影响，我们需要采取积极的措施。首先，加强社区建设，为老年群体提供更多的社交机会和活动场所。其次，鼓励家庭成员与他们保持密切联系，给予他们更多的关爱和陪伴。最后，政府和社会组织应积极参与，推动相关政策的制定和实施，为老年群体创造一个更加友好、包容的社会环境。

2. 心理健康

从心理健康层面来看，社交隔离对老年群体的影响更为深远。长期缺乏社交互动和情感支持，使得老年群体的内心世界变得荒芜而凄凉。他们可能感到生活失去了意义和价值，对未来充满了迷茫和不安。这种心理状态不仅影响他们的日常生活，还可能引发一系列心理问题，如抑郁、焦虑等。这些心理问题如同隐形的枷锁，束缚着老年群体的心灵，让他们无法享受生活的美好与乐趣。

社交隔离还会对老年群体的认知能力产生负面影响。大脑如同一块肌肉，需要不断的锻炼和刺激才能保持活跃和敏锐。然而，长期处于社会隔离状态的老年群体，由于缺乏足够的社交刺激和认知挑战，他们的认知能力往往会下降，这可能表现为记忆力减退、思维迟缓，甚至出现迷路、忘记日常事务等严重情况。这不仅影响了老年群体的生活质量，也让他们更加难以融入社会。

更令人担忧的是，社交隔离往往会形成一个恶性循环。身体健康状况的恶化可能导致老年群体更加不愿意参与社交活动，从而加剧了他们的社交隔离程度；而心理健康问题的加重则可能使他们在社交场合中感到更加不自在和焦虑，进一步削弱了他们的社交能力。这种恶性循环使得老年群体在社交隔离的泥潭中越陷越深，难以自拔。

为了打破这一恶性循环，我们需要从多个方面入手。

首先，政府和社会组织应加大对老年群体的关爱和支持力度，建立完善的社区服务体系，为老年群体提供丰富多彩的社交和文化活动。这包括组织各类兴趣小组、开展文化娱乐活动、举办健康讲座等，让老年群体能够有更多的机会与他人交流、互动，从而缓解他们的孤独感。

其次，家庭成员应积极参与到老年群体的生活中来，给予他们更多的关爱和陪伴。子女可以通过电话、视频等方式与老年群体保持联系，分享生活中的点滴；也可以定期回家探望，陪伴他们度过愉快的时光。这种亲情的陪伴不仅能够缓解老年群体的孤独感，还能够增强他们的心理安全感。

最后，我们应充分利用科技手段来缓解老年群体的社交隔离问题。例如，开发适合老年群体使用的社交软件、智能家居等，让他们能够更加方便地与他人进行交流和互动。通过这些科技产品，老年群体可以跨越地理空间的限制，与远方的亲朋好友保持联系；也可以在家中享受智能化的服务，提高生活的便捷性和舒适度。

西安某社区的张奶奶是一位80岁的独居老人，由于子女都在外地工作，她很少有机会与家人团聚。由于年龄和身体的原因，她很少出门，几乎整天都待在家里。这种长期的独处让张奶奶感到孤独和无助，她的身体状况也逐渐恶化。由于缺乏足够的社交互动和身体活动，她的肌肉逐渐萎缩，骨骼变得脆弱，免疫力也逐渐下降。不久，她被诊断出患有心血管疾病和糖尿病，需要长期服用药物。

在心理健康方面，张奶奶的情况也同样令人担忧。由于长期缺乏与外界的交流，她的内心世界变得荒芜而凄凉。她经常感到生活失去了意义和价值，对未来充满了迷茫和不安。这种心理状态导致她出现了抑郁和焦虑的症状，她变得不愿意与人交流，甚至出现了自杀的念头。

更严重的是，张奶奶的认知能力也出现了明显的下降。由于长期处于社交隔离状态，她的大脑缺乏足够的刺激和挑战，记忆力逐渐减退，思维也变得迟缓。她经常忘记一些日常事务，甚至有时会出现迷路的情况。

幸运的是，社区工作者发现了张奶奶的情况，并采取了积极的措施来帮助她。他们组织了一些适合老年人的社交和文化活动，鼓励张奶奶参加。同时，他们还安排了志愿者定期上门探访，与张奶奶聊天、陪她散步，让她感受到社会的关爱和温暖。

经过一段时间的努力，张奶奶的情况有了明显的改善。她的身体状况逐渐好转，心理状态也变得积极乐观。她开始主动与人交流，参与社区的活动，重新找回了生活的乐趣和意义。

这个案例生动地说明了社交隔离对老年群体身心健康的严重影响。长期的孤独和无助不仅会导致身体机能的下降和心理健康问题的出现，还会影响老年群体的认知能力和生活质量。因此，我们需要从多个方面入手，采取有效措施来缓解老年群体的社会隔离问题，让他们能够更好地融入社会、享受晚年生活。

通过加强社区服务体系的建设、鼓励家庭成员参与以及利用科技手段提供便利等方式，我们可以为老年群体创造更多的社交机会和互动平台，让他们感受到社会的关爱和温暖。我们还应加强对老年群体的关注和研究，深入了解他们的需求和困境，为他们提供更加精准、有效的支持和帮助。只有这样，我们才能共同构建一个更加友好、包容的社会环境，让每一位老年人都能够安享晚年时光。

四、老年群体心理压力的现状

当今社会高度数字化，老年群体面临着多重心理压力，这些压力不仅源于社会环境的变化，更与他们的生理、心理以及社会角色转变密切相关。老年群体在面对日新月异的数字社会时，所承受的心理压力可谓复杂而沉重。社交隔离和心理压力相辅相成、互相影响，更容易造成恶性循环。他们不仅要面对生理机能下降带来的种种不便，还要努力适应这个快速变化的数字时代，其中的挑战和困惑可想而知。老年群体在面临生活变化、身体状况下降等问题时，容易产生心理压力。根据《中国心理健康发展报告（2021—2022）》，2020年，我国老年群体抑郁症检出率达25.2%，其中，重度抑郁症检出率占3.2%。

首先，从社会环境变迁的角度来看，数字社会的快速发展给老年群体带来了前所未有的挑战。随着信息技术的日新月异，智能化、网络化成为社会发展的新趋势。然而，对于大多数老年人来说，他们往往难以适应这种快速变化。在数字社会的大潮中，许多老年人感到力不从心。他们或许对智能手机、电脑等现代科技设备感到陌生，甚至恐惧。与此同时，他们在生活中越来越依赖这些设备，如网上购物、在线支付、视频通话等。这种矛盾让许多老年人感到焦虑和无助。他们不熟悉智能手机、电脑等数字设备的使用方法，难以融入数字社会。这种技术上的障碍导致他们在获取信息、与人交流等方面遇到困难，进而产生心理压力。

其次，从生理变化的角度来看，老年群体面临着身体机能下降的问题。随着年龄的增长，老年群体的身体机能逐渐衰退，可能出现视力下降、听力减退、行动不便等问题。这些生理变化不仅影响他们的日常生活，还可能导致他们在社交、娱乐等方面受到限制，从而产生孤独感和无助感。这种孤独和无助进一步加剧了他们的心理压力。

再者，从心理变化的角度来看，老年群体面临着角色转变的困扰。随着年龄的增长，他们从原来的工作岗位、家庭角色中退下来，进入退休状态。这种角色转变可能导致他们失去原有的社会地位和认同感，产生自我价值的怀疑和迷茫。同时，他们还可能面临家庭结构的变化，如子女离家、配偶去世等，这些变化都可能引发他们焦虑和抑郁的情绪。

最后，社会对待老年群体的态度在一定程度上影响了他们的心理压力。在某些情况下，老年群体可能被视为社会的负担，而非宝贵的资源。这种负面态度可能导致他们在社会中受到忽视和排斥，进一步加剧了他们的心理压力。

五、造成心理压力的原因

老年群体心理压力原因是多方面的，主要包括以下几个方面：

1. 技术因素

在技术层面，现代设备的智能化、功能丰富化使得操作变得更为复杂。老年群体可能由于生活习惯或者学习能力的限制，难以快速适应和掌握这些新设备的使用方法。例如，智能手机、智能电视、智能家居等，虽然为生活带来了便利，但对于不熟悉技术操作的老年群体来说，却可能成为一种负担。他们可能不知道如何通过手机进行视频通话，或者如何操作智能家居设备。这种技术上的障碍可能导致老年群体感到孤立和无助。

随着时代的进步，社会观念、生活方式、价值观念等都在不断变化。老年群体可能无法跟上这种变化的步伐，感到自己与时代脱节。他们可能无法理解年轻人的生活方式和价值观，无法融入新的社会环境。这种代际差异可能导致老年群体在社会交往中感到困惑和不安。

对此，我们可以从多个方面入手。首先，可以增加老年群体的技术教育培训，帮助他们掌握现代设备的使用方法。社区、家庭等都可以为老年群体提供相关的培训和支持。其次，社会应该更加关注老年群体的心理需求，为他们创造一个友好、包容的社会环境。我们可以鼓励年轻人与老年人进行更多的交流和互动，帮助他们理解彼此的差异，消除代际隔阂。最后，政府和社会组织可以提供更多的服务和支持，帮助老年群体更好地适应社会的变化。

2. 生理因素

生理因素在老年群体情绪变化中扮演着重要的角色。随着年龄的增长，人体的各个系统都会经历不同程度的衰退，这种生理变化不仅影响老年群体的身体健康，还可能导致他们情绪上的波动。

首先，老年群体的神经系统功能会随着年龄的增长而逐渐减弱。神经递质如多巴胺、血清素等的减少可能导致老年群体更容易出现疲劳、失眠、记忆力减退等问题，这些问题可能进一步引发焦虑、抑郁等情绪障碍。

其次，老年群体的内分泌系统会发生变化。例如，更年期的女性可能会出现雌激素水平下降的现象,这可能导致情绪波动、易怒、抑郁等。此外,甲状腺激素、肾上腺素等激素的分泌也可能受到影响,从而影响老年群体的情绪状态。

最后,老年群体的身体疾病和疼痛是导致情绪变化的重要因素。慢性疼痛、关节炎、心脏病等疾病可能使他们感到身体不适,进而影响他们的心情和情绪。长期的身体不适和疼痛可能导致老年群体产生焦虑、抑郁等负面情绪。

针对这些生理因素导致的心理问题,老年群体可以通过一些方式进行调整和改善。例如,保持规律的作息时间、适度的运动和锻炼有助于改善神经系统的功能;均衡的饮食和适当的营养补充有助于调节内分泌系统的平衡;寻求医疗帮助和治疗可以缓解身体疾病和疼痛带来的困扰。

同时,社会和心理支持是非常重要的。家人和朋友的理解、关心和支持可以帮助老年群体更好地应对情绪问题;心理咨询和治疗也可以提供专业的帮助和指导,帮助老年群体调整情绪状态,提高生活质量。

3. 社会因素

社会因素在老年群体心理压力的增加中起到了不可忽视的作用。随着社会的快速发展,老年群体面临着诸多新的挑战和困扰,这些因素直接或间接地影响着他们的心理健康。

首先,社会环境的变化对老年群体产生了深远的影响。随着科技的不断进步和社会结构的调整,老年群体的生活方式、社交圈子等都发生了巨大的变化。他们可能不再适应新的社会环境,感到自己与社会的脱节,从而增加了心理压力。

其次,家庭结构的变化是导致老年群体心理压力增加的重要因素之一。随着计划生育政策的实施和现代化进程的推进,家庭结构逐渐趋于小型化,核心家庭成为主流。这种变化使得老年群体与子女之间的亲密关系受到挑战,他们可能有更多的孤独感和失落感。此外,子女因工作、生活等原因可能无法经常陪伴在老人身边,这也进一步加剧了老年群体的孤独感和心理压力。图 2-6 为老年群体"抱团取暖"场景。

最后,一些生活变化如退休、离家等会对老年群体的心理产生影响。退休意味着从长期的工作中解脱出来,虽然带来了更多的自由时间,但也可能导致老年群体产生失落感,自我价值感的降低。离家则可能让老年群体面临新的生活环境和社会关系,使其需要适应新的生活方式和社交圈子,这也可能带来一定的心理压力。

为了缓解这些社会因素带来的心理压力,我们可以从多个方面入手。首先,社会应该加强对老年群体的关注和照顾,提供更多的社会支持和服务。例如,可以建立更多的老年活动中心、提供心理咨询和疏导服务等。其次,家庭成员应该更多地关心和理解老年群体,尽量陪伴在他们身边,给予他们情感上的支持和关爱。最后,老年群体自身应该积极调整心态,保持乐观向上的精神状态,多参与社会活动和锻炼身体,以缓解心理压力。

图 2-6　老年群体"抱团取暖"

六、应采取的措施

老年群体在数字社会下面临着多重心理问题。老年群体在面对心理压力时，需要采取以下一系列积极有效的策略来应对和缓解这些压力：

第一，建立积极的心态和自信至关重要。老年群体需要意识到年龄只是生命的一个标识，并不代表能力和价值的下降。他们应该保持积极的心态，相信自己仍然有能力去学习和成长。同时，他们应该学会接受自己的不完美和局限性，不要过分苛求自己。通过培养乐观、自信的态度，老年群体可以更好地面对生活中的挑战和压力。我们也应该关注他们的心理健康，帮助他们建立积极的心态，增强自信心和适应能力。

第二，老年群体需要保持社交活动，积极建立人际关系。通过与家人、朋友、邻居等保持联系，分享彼此的生活和心情，老年群体可以感受到关爱和支持。此外，参加社区活动、志愿者工作等也是扩大社交圈子、结交新朋友的好途径。通过与他人互动和交流，老年群体可以减轻孤独感，缓解心理压力。

第三，老年群体可以通过培养兴趣爱好来丰富自己的生活。无论是绘画、书法、园艺还是阅读、听音乐等，都可以让他们找到生活的乐趣和意义。这些兴趣爱好不仅可以转移他们的注意力，减轻心理压力，还可以提高他们的生活质量，让他们更加充实和满足。

第四，老年群体可以寻求专业的心理咨询的帮助。当面对较大的心理压力时，他们可以选择与心理咨询师或心理医生进行沟通和交流。这些专业人士可以帮助他们识别和处理负面情绪，提供有效的应对策略和建议。通过专业的心理咨询，老年群体可以更好地了解自己的内心需求，找到适合自己的应对方式，如图2-7所示。

图 2-7　专业心理咨询人员与老人亲切交谈

第五，老年群体也需要关注自己的身体健康。保持健康的生活方式，如合理饮食、适量运动、规律作息等，可以提高他们的身体素质和免疫力，减少疾病的发生。身体健康是应对心理压力的基础，只有拥有健康的身体，才能更好地面对生活中的挑战。

老年群体在面对数字社会时所产生的心理压力是多方面的、复杂的。我们需要从多个角度出发，为他们提供全方位的支持和帮助，让他们能够在这个时代中安享晚年。这些措施的实施需要政府、社会组织和家庭等多方面的共同努力，例如：政府为他们提供简单易用的科技设备，或者开设专门针对老年群体的科技培训课程；社会加强对老年群体的关注和关怀，为他们提供更多的支持和帮助；志愿者参加社区活动、志愿服务等，扩大他们的社交圈子。只有我们共同关注老年群体的需求和困境，为他们提供必要的支持和帮助，才能真正缓解他们的心理压力。老年群体在面对心理压力时，需要建立积极的心态和自信，保持社交活动，积极建立人际关系，培养兴趣爱好，寻求专业的心理咨询和支持，并关注自己的身体健康。这些策略可以帮助老年群体更好地应对和缓解心理压力，享受幸福、健康的晚年生活。同时，社会也应该为老年群体提供更多的支持和帮助，共同创造一个更加友好、包容的社会环境。

第三章 推动老年群体『数字脱贫』的必要性

目前，一方面，我国养老金发放面临困难。少子化导致劳动年龄人口减少，人口老龄化使得享受养老金的人数激增，使养老金的收支压力增大。另一方面，医疗保障的可持续压力较大。老年群体的医疗费用高昂，而医保报销比例有限，大病仍需自付高额费用，这对依靠养老金生活的老年群体构成了沉重的经济负担。此外，老年群体在精神生活方面也面临孤独感和缺失感的问题，退休后与社会脱节，以及子女独立，都让他们失去了主要的生活和社交圈子。

第一节 提高老年群体的生活质量

一、提高老年群体生活质量的重要性

在"数字脱贫"的背景下,提高老年群体的生活质量显得尤为关键,主要原因有以下几点:

① 老年群体是社会的重要组成部分,他们为社会做出了巨大的贡献。随着年龄的增长,他们的身体机能和认知能力逐渐下降,面临更多的健康和生活挑战。因此,提高他们的生活质量是对他们过去付出的一种回报,也是社会尊重和关爱老年群体的体现。

② 数字技术的普及和应用为老年人提供了更多的机会和可能性。然而,由于老年群体普遍存在的"数字鸿沟"问题,他们往往无法充分享受数字技术带来的便利。因此,提高老年群体的生活质量,需要特别关注他们在数字技术使用方面的困难和需求,帮助他们跨越"数字鸿沟",享受"数字红利",从而实现"数字脱贫"。

③ 提高老年群体的生活质量有助于促进社会的和谐与稳定。老年群体是社会的稳定器,他们的生活质量直接影响到社会的整体氛围和稳定程度。如果老年群体的生活质量得不到保障和提升,可能会引发一系列社会问题,从而影响社会的和谐与稳定。

④ 提高老年群体的生活质量是推动社会文明进步的重要体现。随着社会的进步和发展,我们应该更加关注老年群体的需求和权益,让他们在晚年能够过上幸福、安康的生活。这不仅是社会文明进步的标志,也是我们对未来社会的期许和追求。

在"数字脱贫"的背景下,提高老年群体的生活质量显得尤为关键。这不仅是对老年群体过去付出的回报和尊重,也是推动社会和谐稳定、文明进步的重要举措。我们应该积极采取措施,帮助老年群体跨越"数字鸿沟",提高他们的生活质量。

二、提高老年群体生活质量的方法

数字化技术的普及和应用,为老年群体提供了更多的便利和可能性,使他们能够更好地融入社会,享受更高质量的生活。以下是一些具体的方法和实例:

首先,通过数字技能培训帮助老年群体掌握基本的数字操作能力,从而使其更方便

地获取信息、交流沟通。例如,许多社区和公益组织会定期举办数字技能培训班,教授老年群体如何使用智能手机、平板电脑等设备,如图 3-1 所示。在这些培训中,老年群体可以学习如何上网浏览新闻、如何使用社交媒体与家人朋友保持联系,甚至如何通过视频通话与远在他乡的亲人见面。这些技能可以让老年群体的生活更加便捷,也增强他们的社交能力,减少孤独感。

图 3-1　数字技能培训教授老年人如何使用智能手机

其次,通过数字化服务为老年群体提供更加便捷的生活体验。例如,在线购物平台的普及,使得老年群体可以足不出户地购买日常所需品。通过简单的操作,他们就能选购到心仪的商品,并享受送货上门的服务。此外,通过数字化医疗服务的发展,为老年群体提供更加便捷的医疗保健途径。通过在线预约挂号、远程医疗咨询等服务,老年群体可以避免长时间排队等待,及时获得专业的医疗建议和治疗。

再次,通过数字化娱乐为老年群体带来更多获得乐趣和享受的渠道。老年群体可以通过数字设备观看电影、听音乐、阅读电子书等,丰富自己的精神生活。同时,他们还可以通过在线游戏、在线社交等方式,结交新朋友,拓展社交圈子。这些数字化的娱乐方式,不仅让老年群体的生活更加多姿多彩,还有助于提高他们的生活满意度和幸福感。

最后,通过数字化技术为老年群体提供更多的安全保障。例如,智能家居系统的应用,可以让老年群体通过智能手机或语音助手控制家中的灯光、空调等设备,提高居住的舒适度。同时,智能安防系统可以实时监测家中的安全状况,一旦发生异常情况,及时发出警报并通知家人或相关部门。这些技术的应用,可以为老年群体的生活提供更多的便利和安全保障。

总之，通过数字技能培训、数字化服务、数字化娱乐以及数字化技术，我们可以显著提高老年群体的生活质量。然而，这仅仅是一个开始，随着科技的不断发展和社会对老年群体的关注度不断提高，我们相信未来还会有更多的创新和突破，为老年群体创造更加美好的生活。

在这个过程中，我们需要关注到老年群体的个体差异和需求。每个老年人的生活经历、健康状况、兴趣爱好都不相同，因此我们需要根据他们的实际情况提供个性化的服务和支持。我们还应注重老年群体的情感需求，让他们在享受数字化生活的同时感受到社会的关爱和温暖。

通过全社会的参与和努力，我们一定能够为老年群体创造一个更加美好、更加包容的数字化生活环境，实现老年群体的"数字脱贫"，让他们在数字化时代中享受到更高质量的生活。

三、提高老年群体生活质量的意义

在"数字脱贫"的背景下，提高老年群体的生活质量不仅关乎他们的福祉，也是社会进步和文明发展的重要体现。详细来说，这一举措的意义体现在以下几个方面：

首先，提高老年群体的生活质量有助于消除"数字鸿沟"，使他们能够充分享受数字化带来的便利。随着数字技术的普及，许多服务都实现了数字化，如在线购物、远程医疗、智能家居等，如图 3-2 所示。然而，由于老年群体普遍存在的数字技能不足和认知障碍等问题，他们往往无法充分利用这些服务。因此，提高老年群体的生活质量，需要特别关注他们在数字技术使用方面的困难和需求，通过培训和指导帮助他们掌握基本的数字技能，使他们能够更好地融入数字社会，享受数字红利。

其次，提高老年群体的生活质量有助于缓解老龄化带来的社会压力。随着老年人口比例的增加，社会面临着养老、医疗等多方面的压力。提高老年群体的生活质量可以减少他们的医疗需求，降低医疗支出；同时也可以通过社区活动、文化娱乐等方式丰富老年群体的精神生活，减轻他们的孤独感和心理压力，从而减轻社会的整体负担。

最后，提高老年群体的生活质量能够促进社会和谐与稳定。老年群体是社会的宝贵财富，他们有着丰富的经验和智慧。提高他们的生活质量可以让他们更好地发挥余热，为社会做出贡献。同时，老年群体的幸福和安康会影响到家庭的和谐和社会的稳定。一个关爱老年群体、尊重老年群体的社会，必然是一个更加和谐、更加稳定的社会。

举例来说：

西安某社区通过实施数字化养老项目，为老年群体提供了更加便捷和高效的服务。项目包括建设智慧养老平台，提供线上健康咨询、预约挂号、远程监护等服务；推广智能穿戴设备，实时监测老年群体的身体状况，及时发现并处理其健康问题；开展数字技能培训,帮助老年群体掌握智能手机、平板电脑等设备的基本操作,使他们能够独立完成网购、在线社交等活动。这些举措不仅提高了老年群体的生活质量,也让他们感受到了社会的关爱和温暖。

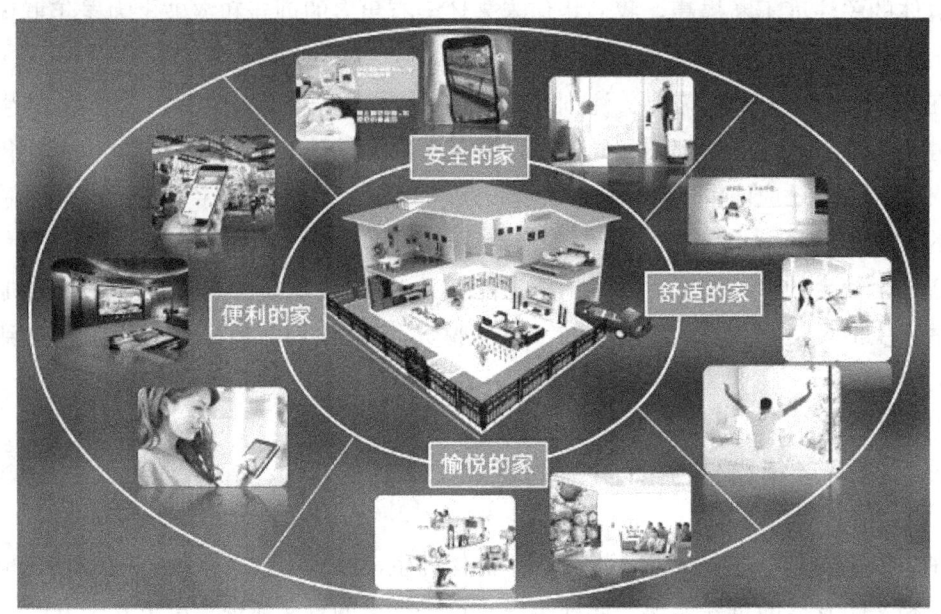

图 3-2　智能家居

还有一个老年群体使用数字技术成功的例子来自上海市的"数字伙伴计划"。

有一位张先生,他通过学习和适应数字技术,成功地提高了自己的生活质量。

张先生之前对智能手机和互联网应用几乎一无所知,然而,在参加了社区组织的数字技能培训课程后,他逐渐掌握了智能手机的基本操作和一些常用软件的使用方法。现在,张先生已经能够熟练使用智能手机在线购物。他通过电商平台购买日常用品,不再需要亲自去商店,节省了时间和精力。同时,他学会了使用社交软件与远在外地的亲友保持联系,分享生活中的点滴,缓解了孤独感。此外,张先生还利用数字技术改善了自己的健康状况。他通过一款健康管理软件记录自己的饮食、运动和睡眠情况,并根据软件提供的建议进行调整。这使他的身体状况得到了明显的改善,也增强了他对自我健康的管理能力。

张先生的例子表明,老年群体完全有能力学习和使用数字技术,并从中受益。通过提供适当的培训和支持,我们可以帮助更多的老年人跨越"数字鸿沟",享受数字技术带来的便利和乐趣。这不仅有助于提高老年群体的生活质量,也有助于构建一个更加包容和友好的数字化社会。

所以,在"数字脱贫"的背景下,提高老年群体的生活质量具有深远的意义。我们应该积极采取措施,推动数字技术与养老服务的深度融合,为老年群体提供更加优质、更加便捷的服务，让他们在晚年能够过上幸福、安康的生活。

第二节 促进社会的和谐发展

一、促进社会和谐发展的目的

首先，老年群体的"数字脱贫"有助于社会文化的传承与发展。老年群体是社会历史和文化的重要载体，拥有丰富的经验和智慧。数字技术的普及和应用，可以使老年群体更便捷地记录和分享自己的故事、经验和知识，为年轻一代提供宝贵的精神财富。这种跨代际的文化传承和交流有助于增强文化认同感和社会凝聚力，推动社会的和谐发展。

其次，老年群体的"数字脱贫"有利于构建更加包容的社会环境。在数字化时代，数字技术已经渗透到社会的各个领域，成为人们日常生活的重要组成部分。如果老年群体无法适应和使用数字技术，他们将面临被边缘化的风险。通过推动老年群体"数字脱贫"，我们可以消除这种数字排斥现象，让老年群体也能享受到数字化带来的便利和福祉。这将有助于构建一个更加包容、平等和友好的社会环境，促进社会的和谐发展。

最后，老年群体的"数字脱贫"有助于推动社会经济的可持续发展。随着老年人口比例的增加，老年群体的消费需求和消费能力也在不断提升。通过数字技术的应用，我们可以为老年群体提供更加精准、个性化的产品和服务，满足他们的多元化需求。这将有助于激发老年群体的消费潜力，为经济发展注入新的动力。同时，老年群体的"数字脱贫"也将带动相关产业的发展和创新，为社会经济的可持续发展提供有力支撑。

总之，推动老年群体"数字脱贫"不仅有助于消除"数字鸿沟"、增进社会凝聚力和向心力、实现社会公平和正义，还有助于社会文化的传承与发展、构建更加包容的社会环境以及推动社会经济的可持续发展。因此，我们应该积极采取措施，推动老年群体的"数字脱贫"进程，为社会的和谐发展作出更大的贡献。

二、促进社会和谐发展的措施

通过推动老年群体"数字脱贫"促进社会的和谐发展，需要采取一系列具体措施和方法。这些措施旨在帮助老年人更好地融入数字社会,享受数字技术带来的便利,同时增强社会的包容性和凝聚力。以下是一些具体的措施或方法:

1. 加强老年数字教育与培训

加强老年数字教育与培训是应对当前数字化社会挑战的重要举措之一,如图 3-3 所示。随着科技的快速发展,数字技能已经成为现代社会生活的基本需求,而老年群体作为社会的重要群体,也需要跟上时代的步伐,掌握基本的数字技能。

图 3-3 某老年数字教育与培训

(1) 设立专门的老年数字教育中心

设立专门的老年数字教育中心是一个非常有意义的举措。这样的教育中心可以为老年群体提供一个集中学习和交流的平台,通过专业的教师团队和优质的教学资源,为老年群体提供系统、全面的数字技能培训。这些培训课程可以包括基础智能设备操作、常用软件使用、网络安全知识等内容,旨在帮助老年群体掌握基本的数字技能,提高他们在数字化社会中的生活质量和幸福感。

老年数字教育中心的建立还可以促进老年群体之间的社交互动,丰富他们的精神文化生活。在数字教育中心,老年群体不仅可以学习新的技能,还可以结交志同道合的朋友,一起探讨数字生活的种种话题,分享彼此的经验和感受。这种社交互动不仅可以缓解老年群体的孤独感和心理压力,还可以丰富他们的精神文化生活,提升他们的幸福感和归属感。

此外,老年数字教育与培训还需要注重因材施教和个性化服务。老年人的学习需求和兴趣爱好各不相同,因此,数字教育中心应该根据老年人的实际情况和需求,提供个性化的教学方案和服务。例如,对于操作基础薄弱的老年人,可以提供更加基础、详细的培训课程；对于已经具备一定数字技能的老年人，可以提供更加深入、专业的进阶课程。

最后，老年数字教育与培训还需要与社会各界合作，共同推动数字化社会的包容性和普惠性。政府、企业、社会组织等都可以为老年数字教育提供支持和帮助，例如提供资金支持、提供教学资源、组织志愿服务等。只有社会各界共同努力，才能为老年群体创造一个更加友好、包容的数字化社会。

通过设立专门的老年数字教育中心，提供系统、全面的数字技能培训，我们可以帮助老年群体更好地适应数字化社会的生活方式，享受数字化社会带来的便利和快乐。

（2）社区、老年大学

老年数字教育在当今社会显得愈发重要，它不仅是帮助老年群体跟上时代步伐的关键，更是提升他们生活质量的有效途径。除了设立专门的老年数字教育中心，通过社区、老年大学等开展定期的数字技能培训活动，以及鼓励家庭成员和志愿者参与老年数字教育，都是切实可行的方案，如图3-4所示。

图3-4 某老年大学

首先，社区和老年大学作为老年群体日常生活中的重要场所，具有开展数字技能培训的天然优势。这些平台可以根据老年群体的学习需求和兴趣，制订多样化的教学课程，如智能手机操作、互联网购物、视频通话等实用课程。通过互动式教学和实操演练，老年群体可以在轻松愉快的氛围中学习并掌握数字技术。同时，社区和老年大学可以邀请数字技能较为熟练的老年人担任助教或学员代表，发挥他们的榜样作用，带动更多老年人参与学习。

其次,家庭成员和志愿者的参与对于老年数字教育至关重要。他们可以在日常生活中为老年群体提供数字技能的辅导和帮助,耐心解答他们在学习过程中遇到的问题。此外,家庭成员和志愿者还可以与老年人共同探索数字世界的新奇事物,如一起观看网络视频、参与在线游戏等,从而增进彼此的感情。这种家庭和社会的共同支持氛围,有助于激发老年群体学习数字技能的兴趣和动力。

再次,老年数字教育需要关注老年群体的个体差异和学习特点。不同的老年人具有不同的学习需求和接受能力,因此在教学过程中需要因材施教,注重个性化教学。例如,对于计算机基础薄弱的老年人,可以从最基础的操作开始教起;对于已经具备一定数字技能的老年人,可以提供更高层次的进阶课程。

最后,老年数字教育需要与社会发展相协调。随着科技的不断进步和社会环境的不断变化,老年群体的数字技能需求也会发生相应的变化。因此,老年数字教育需要与时俱进,不断更新教学内容和方式,以适应老年群体的实际需求。

通过社区、老年大学等开展数字技能培训活动,以及鼓励家庭成员和志愿者参与老年数字教育,都是提升老年群体数字技能的有效途径。这些措施不仅能够帮助老年群体更好地适应数字化社会的生活方式,还能够提升他们的生活质量和幸福感。

2. 优化数字服务与应用

优化数字服务与应用对于提升老年群体的生活质量和社会参与度具有重要意义。随着科技的快速发展,数字服务已经渗透到我们生活的方方面面,但由于老年群体可能缺乏相关的技术知识和经验,他们使用数字服务时可能会面临一些困难。因此,针对老年群体的需求优化数字服务与应用显得尤为重要。

首先,开发适合老年群体的数字服务应用是关键。应用应该考虑到老年群体的视觉、听觉和操作能力等方面的特点,提供大字版界面、语音导航等功能,简化操作流程,降低使用难度。例如,可以开发一些专门为老年群体设计的智能手机应用,注重用户体验,提供清晰、简洁的界面和友好的提示信息,让他们能够轻松地进行社交、购物、健康管理等活动。

其次,在公共服务领域推广数字支付和数字认证时,需要考虑到老年群体的需求。虽然数字支付和数字认证带来了很多便利,但对于一些老年人来说,他们可能更习惯使用传统的支付方式和服务方式。因此,在推广数字服务的同时,应该保留传统服务方式,为老年群体提供多种选择。例如,医疗机构可以提供数字挂号和支付服务,同时也需要保留窗口挂号和现金支付方式,以满足老年群体的不同需求。

最后,建立老年群体数字服务平台是一个有效的措施。这个平台可以提供一站式服务,包括信息咨询、在线办事、互动交流等功能,方便老年群体获取各类服务信息。通过这个平台,老年群体可以轻松地了解政策、查询社保、预约服务等,避免烦琐的线下办理流程。同时，这个平台可以作为老年群体学习数字技能的重要途径，提供一些基础的数字课程和培训资源，帮助他们提升数字素养。

总之，优化数字服务与应用是提升老年群体生活质量和社会参与度的重要举措。通过开发适合老年群体的数字服务应用、保留传统服务方式以及建立老年群体数字服务平台等措施，我们可以为老年群体创造一个更加友好、便捷的数字环境，让他们能够更好地享受数字化带来的便利和乐趣。

3. 加强数字素养宣传与推广

加强数字素养宣传与推广，对于提高老年群体对数字技术的认识和接受度，激发他们学习数字技术的兴趣和积极性，以及推动整个社会的数字化进程，都具有非常重要的意义。

首先，通过媒体、社区宣传等渠道普及数字素养知识，可以帮助老年群体了解数字技术的基本概念、应用范围和优势。媒体是信息传播的重要平台，可以通过电视、广播、报纸、网络等多种形式，向老年群体传递数字技术的相关信息。社区是老年群体生活的重要场所，可以通过宣传、讲座、培训等方式，向老年群体普及数字素养知识，提高他们对数字技术的接受度。

其次，举办数字素养大赛、数字生活体验等活动，可以让老年群体在实践中学习和掌握数字技术。这些活动不仅可以让老年群体亲身感受数字技术的便捷和乐趣，还可以让他们在比赛中互相学习、交流心得，激发他们学习数字技术的兴趣和积极性。通过参与这些活动，老年群体可以更好地了解和掌握数字技术，提升数字素养水平。

最后，树立榜样，表彰在数字技术应用方面取得突出成绩的老年人，可以发挥示范引领作用。榜样的成功经验和学习成果，可以激励更多的老年人积极学习数字技术，提升他们的数字素养水平。同时，榜样可以为其他老年人提供学习指导和帮助，促进数字素养在老年群体中的普及。

此外，我们需要关注老年群体在数字素养提升过程中可能遇到的困难和挑战。由于年龄、教育背景等因素的限制，一些老年人可能在学习数字技术时存在较大的困难。因此，我们需要为他们提供更多的支持和帮助，如开设专门的培训课程、提供个性化的学习方案等，以帮助他们更好地掌握数字技术，提高他们的数字素养水平。

总之，加强数字素养宣传与推广是提高老年人数字素养水平的有效途径。通过普及数字素养知识、举办相关活动、树立榜样等方式，我们可以激发老年群体学习数字技术的兴趣，提高他们学习的积极性，推动整个社会的数字化进程。

4. 完善数字基础设施与网络安全保障

完善数字基础设施与网络安全保障对于老年群体更好地融入数字社会、享受数字红利具有重要意义。

（1）加强公共场所的数字基础设施建设

在公共场所加强数字基础设施建设，不仅能方便老年群体使用数字技术，还能提升整个社会的数字化水平。公园、广场、图书馆等老年群体常去的公共场所提供免费Wi-Fi服务，能够让他们随时随地上网、查阅信息、与他人交流。在公共场所增设电子显示屏，将其用于展示新闻、天气预报、健康知识等信息，方便老年群体获取实用信息。针对老年群体的生理特点，建设无障碍设施，如无障碍通道、大字版标识等，让他们能够更加方便地使用数字设备。

（2）建立网络安全保障机制

网络安全风险是老年群体使用数字技术时面临的重要问题。建立网络安全保障机制，可以从以下几个方面着手：

① 网络安全教育是提升老年群体网络安全意识的基础。通过举办讲座、发放宣传资料等方式，我们可以向老年群体普及网络安全基本知识，让他们了解网络诈骗的常见手段，学会如何保护个人信息、识别网络陷阱等。同时，可以邀请网络安全专家为老年授课，通过案例分析、互动问答等形式，让老年群体更加深入地了解网络安全的重要性。此外，网络安全教育可以结合老年群体的生活习惯和兴趣，设计更具针对性的教育内容。例如，针对老年群体喜欢使用社交媒体的特点，重点讲解如何设置隐私保护、避免泄露个人信息等；针对老年群体喜欢购物的特点，提醒他们注意网络购物的安全事项，避免上当受骗。

② 网络安全监测是及时发现和处理网络安全事件的关键环节。针对老年人的网络使用情况，我们可以建立专门的网络安全监测机制，对老年群体的网络行为进行实时监测和分析。通过分析老年群体的网络行为数据，我们可以检测出异常的网络活动，如频繁的转账操作、异常的登录行为等，从而及时提醒老年群体注意安全。同时，网络安全监测机制可以与相关部门进行联动，建立信息共享和协作机制。当发现老年群体信息安全存在风险或遭遇网络诈骗时，我们可以迅速与公安、电信等部门进行沟通和协调，共同打击网络犯罪行为，保障老年群体的网络安全。

③ 网络安全服务是帮助老年群体解决网络安全问题的重要途径。网络安全服务可以为老年群体提供网络安全咨询、技术支持等服务，帮助他们解决在使用数字技术过程中遇到的安全问题。例如，当遇到疑似网络诈骗的电话或信息时，老年群体可以拨打网络安全咨询热线进行咨询；当遇到电脑病毒或系统问题时，老年群体可以寻求技术支持人员的帮助。此外，还可以为老年群体提供网络安全培训和指导服务，帮助他们掌握一些基本的网络安全技能和操作方法。例如，如何设置复杂的密码、如何定期更新软件和操作系统、如何备份重要数据等。掌握这些技能和方法，将有助于提高老年人的网络安全防范能力。

（3）定期对平台检查和维护

老年数字教育中心、数字服务平台等是老年群体学习、使用数字技术的重要场所和工具。定期对它们进行安全检查和升级维护，可以确保老年群体使用的数字应用安全稳定。

① 安全检查。安全检查是确保老年数字教育中心、数字服务平台等安全稳定运行的重要环节。这包括硬件设备的运行状态检查以及软件系统的安全性评估。在硬件设备方面，需要定期检查设备的运行状态、网络设备的连通性、存储设备的数据完整性等。同时，需要关注设备的散热、电源供应等基础设施，确保它们能够稳定运行，避免硬件故障导致的服务中断或数据丢失。在软件系统方面，除了对操作系统、数据库、应用程序等进行常规的安全漏洞扫描和风险评估外，还需要关注系统的访问权限管理、日志审计等方面。通过合理配置权限、定期审查日志等方式，可以及时发现并处理潜在的安全风险。此外，安全检查还需要结合老年群体的使用习惯和需求进行定制化设计。例如，针对老年群体可能存在的操作不当或误操作情况，加强对相关功能的测试和验证，确保它们的安全性和易用性。

② 升级维护。随着技术的不断发展和老年群体需求的变化，老年数字教育中心、数字服务平台等也需要不断进行升级维护。这包括软件系统的版本更新、功能扩展以及硬件设备的升级换代。在软件系统方面，需要根据最新的安全漏洞和攻击手段进行及时的版本更新和补丁修复。同时，可以根据老年群体的反馈和需求，对系统进行功能扩展和优化，提升用户体验和服务质量。在硬件设备方面，需要关注新型硬件设备的性能提升和成本优化情况，适时进行升级换代。采用更高效的处理器、更大容量的存储设备等，可以提升系统的处理能力和数据存储能力，满足老年群体日益增长的需求。

③ 建立应急响应机制。应急响应机制是应对突发安全事件的重要保障。针对老年数字教育中心、数字服务平台等可能出现的突发情况，需要建立完善的应急响应机制。

首先，需要制订详细的应急预案，明确在发生安全事件时的处置流程和责任人。预案应包括事件识别、报告、处置、恢复等各个环节，确保在事件发生时能够迅速响应并有效处理。

其次，需要建立专业的应急响应团队，负责处理安全事件并进行后续的分析和总结。团队成员应具备丰富的安全知识和实践经验，能够迅速定位问题并采取相应的措施进行处置。

最后，需要加强与其他相关部门的沟通与协作，形成合力应对安全事件。例如，可以与公安、电信等部门建立信息共享和协作机制，共同打击网络犯罪行为，保障老年群体的网络安全。

总之，完善数字基础设施与网络安全保障是提升老年群体数字素养、推动他们融入数字社会的重要措施。通过加强基础设施建设、建立网络安全保障机制以及定期进行安全检查和升级维护，我们可以为老年群体创造一个更加安全、便捷的数字环境。

5. 推动跨代际数字交流与融合

推动跨代际数字交流与融合在当今数字化社会中显得尤为重要，它不仅能够消除

"数字鸿沟"，促进代际间的和谐共处，还能够推动社会的创新与发展。

（1）跨代际数字交流活动的多元化与深入化

跨代际数字交流活动不仅仅是简单的聚会或分享会，它应该是一个多元化、深入化的交流过程。除了数字家庭日和数字技能分享会，我们还可以探索更多的交流形式，如数字故事会、数字艺术展览、数字游戏竞赛等。这些活动不仅可以增进老年群体与年轻群体之间的情感联系，还能够促进他们对数字技术的深入了解和应用。

此外，跨代际数字交流活动也应该注重内容的丰富性和深度。我们可以邀请专家、学者或行业领袖来分享他们在数字技术领域的经验和见解，为老年群体提供更广阔的视野。同时，我们可以组织一些具有挑战性的数字任务或项目，让老年人和年轻人共同合作，共同解决问题，从而培养他们的协作精神和创新能力。

（2）老年群体数字内容创作的意义与价值

鼓励老年群体参与数字内容创作和分享，不仅可以展现他们的数字生活风采，还能够带来一系列积极的影响。首先，数字内容创作可以激发老年群体的创造力和创新精神，让他们找到新的乐趣和成就感。其次，通过分享自己的故事、经验和智慧，老年群体可以成为年轻一代的导师和引路人，传递正能量和价值观。最后，老年群体的数字内容创作也可以为社会提供丰富的文化资源和历史记忆，为后人留下宝贵的遗产。

为了更好地支持老年群体参与数字内容创作，我们可以提供相关的培训和教育资源，帮助他们掌握基本的数字技能和创作工具。同时，我们可以建立一些平台或社区，让老年群体能够更方便地展示自己的作品，与他人交流互动。

（3）数字体验区在跨代际交流中的独特作用

在学校、社区等场所设立的数字体验区，为年轻群体提供了一个了解和体验老年群体数字生活的窗口。通过亲身体验老年群体的数字设备和应用，年轻群体可以更加深入地了解老年群体在使用数字技术时可能遇到的困难和挑战，从而更加关心和尊重他们的数字需求。

数字体验区不仅可以展示老年群体的数字设备和应用，还可以设置一些互动环节和任务，让年轻群体能够亲自操作、体验和学习。这样可以将数字体验区当作一个交流平台，让老年群体和年轻群体能够共同分享经验、交流想法，增进相互之间的理解和尊重。

总之，推动跨代际数字交流与融合是具有重要意义和价值的工作。通过开展多元化的跨代际数字交流活动、鼓励老年群体参与数字内容创作和分享以及设立数字体验区等措施，我们可以促进老年群体与年轻群体之间的数字交流与互动，消除"数字鸿沟"，增进不同群体间的理解和尊重，共同构建更加和谐与包容的数字化社会。

通过这些具体措施和方法的实施，我们可以有效地推动老年群体的"数字脱贫"，帮助他们更好地融入数字社会，享受数字技术带来的便利。同时，这有助于增强社会的包容性和凝聚力，促进社会的和谐发展。

三、案例

1. 智慧养老社区项目

在西安的某个社区，政府和社会组织携手打造了一个创新性的智慧养老社区项目，为老年人提供了全方位的数字化服务，如图3-5所示，让他们在享受现代科技便利的同时，也感受到社区和家人的关爱。

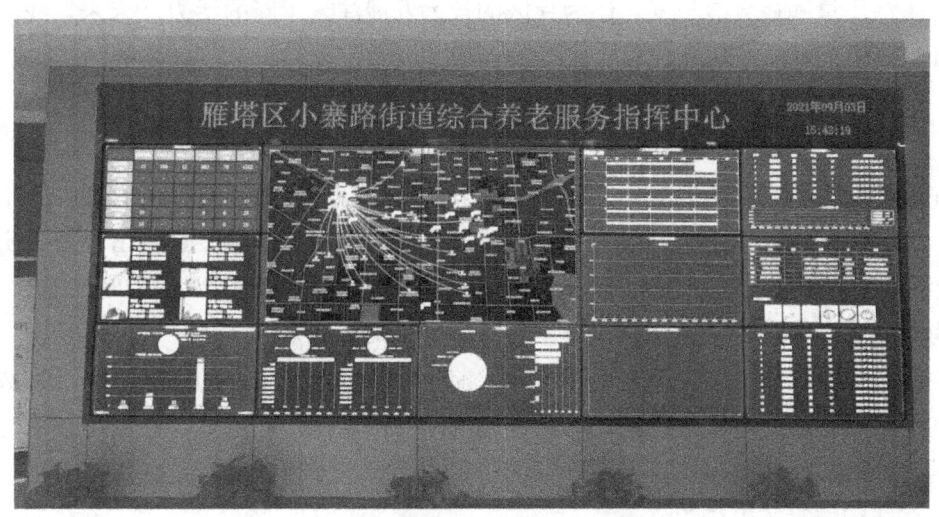

图3-5 西安雁塔区养老服务指挥中心

该项目启动后，得到了社区居民的热烈响应和积极参与。据统计，社区目前已有超过50%的老年人成为该项目的受益者。

在健康监测方面，该项目为每位老年人配备了智能手环。这些手环不仅能够实时监测老年人的心率、血压等生理指标，还能够记录他们的睡眠质量和日常活动量。数据显示，通过智能手环的监测，社区中老年人高血压、心脏病等慢性疾病的发病率下降了15%。同时，手环具备跌倒检测功能，一旦发生跌倒事件，系统会立即启动紧急救援程序，通知家人或社区工作人员前来救助。据统计，自项目实施以来，已成功避免了5起老年人跌倒引发的意外事件。

在智能家居控制方面，该项目为有老年人的家庭安装了智能照明、智能空调等设备。老年人可以通过手机或平板电脑轻松控制这些设备，实现一键开关、定时开关等功能。这不仅提高了老年人的生活质量，还降低了他们的生活成本。调查数据显示，参与项目的老年人在使用智能家居设备后，家庭电费支出平均降低了18%。

在线社交也是该项目的一大亮点。老年人可以通过手机或平板电脑与亲友进行视频通话、语音聊天等在线交流，分享生活点滴，缓解孤独感。数据显示，参与项目的老年人中,有85%的人表示通过在线社交功能,他们与家人和朋友的联系更加紧密,心情也更加愉悦。

除了以上具体服务外,该项目还注重数据分析和个性化服务。通过对老年人的健康数据、生活习惯等进行分析,项目能够为每位老年人提供个性化的服务方案。例如,对于高血压患者,项目会定期推送健康饮食建议和运动计划;对于独居老人,项目会加强安全监测和紧急救援服务。

总的来说,西安某社区的智慧养老社区项目为老年人提供了全方位的数字化服务,让他们在享受现代科技便利的同时,也感受到社区和家人的关爱。该项目不仅提高了老年人的生活质量和社会参与度,还为社区的长远发展注入了新的活力。未来,我们期待更多社区能够借鉴这一成功经验,推动养老服务的数字化转型和创新发展。

2. 老年数字教育中心

在西北地区的广袤土地上,一座专门为老年群体打造的数字教育中心如一颗璀璨的明珠,为这片土地上的老年群体带来了前所未有的数字教育体验。这座由政府投资建设的老年数字教育中心,不仅为老年群体提供了免费的计算机基础课程和常用软件培训,还成为他们融入数字社会、享受智慧生活的重要桥梁。

中心自建立以来,便吸引了众多老年人前来学习。他们中有的是从未接触过数字设备的初学者,有的是对数字技能充满好奇和渴望的探索者。在这里,他们不仅学习到了基本的计算机操作知识,还掌握了如何使用智能手机、平板电脑等设备进行上网、查找信息、在线购物等实用技能。

学员王大爷是中心里的佼佼者。他原本对电脑一窍不通,但通过在中心的学习,他不仅熟练掌握了电脑的基本操作,还学会了使用微信与家人视频通话、在淘宝上购物等。如今,王大爷已经成为家里的数字导师,帮助子女和孙辈解决数字设备使用中的问题。他说:"以前总觉得电脑、手机这些东西离我们老年人很远,现在才知道它们其实很方便,让我们的生活变得更加丰富多彩。"

除了王大爷,中心还培养了许多像他一样掌握了数字技能的老年人。这些老年人通过在中心的学习,不仅提升了自己的数字素养,还更加自信地参与到数字生活中来。他们可以在网上查找健康养生知识、浏览新闻资讯、与亲朋好友保持联系,享受数字技术带来的便利和快乐。

老年数字教育中心的成功,不仅体现在老年群体的数字技能提升上,还体现在家庭关系变得更加和谐融洽上。许多学员表示,学习数字技能后,他们与子女和孙辈的交流更加频繁和深入,家庭关系也因此变得更加亲密。一位学员感慨地说:"以前和孩子们聊天总是觉得没什么可说的,现在我们可以一起聊聊网上的新鲜事,分享彼此的生活点滴,感觉更加亲近了。"

此外,老年数字教育中心还通过举办各类数字技能竞赛和展示活动,为学员们提供了一个展示自己学习成果的平台。这些活动不仅激发了学员们的学习热情，还让他们感受到了数字技能带来的成就感和自豪感。

总的来说，老年数字教育中心为老年群体跨越"数字鸿沟"、享受智慧生活提供了有力的支持。它不仅提升了老年群体的数字素养和社会参与度，还促进了家庭关系的和谐融洽。未来，我们期待更多地区能够借鉴这一成功经验，为老年群体提供更多的数字教育机会和资源，让他们在数字时代中享受更加美好的生活。

3. 跨代际数字交流项目

在快速发展的数字化时代，老年人和年轻人之间往往存在着"数字鸿沟"，这不仅影响了老年人的生活质量，也阻碍了代际间的有效沟通。为了打破这一隔阂，重庆某社区推出了一项创新的跨代际数字交流项目，旨在通过数字技能培训和交流活动，促进老年人和年轻人之间的理解和沟通，如图3-6所示。

图 3-6　某社区跨代数字交流项目

该项目启动以来，吸引了众多老年人和年轻人的积极参与。培训过程中，老年人和年轻人被分为若干小组，每组由几位老年人和几位年轻人组成，进行结对学习和交流。

在培训初期，老年人表现出了对数字技术的浓厚兴趣和好奇心。他们认真听讲，积极提问，努力掌握电脑、手机等设备的基本操作。年轻人则耐心细致地解答老年人的问题，帮助他们逐步熟悉数字世界。

随着培训的深入，老年人和年轻人之间的交流愈发频繁和深入。老年人向年轻人分享自己的生活经验和智慧，讲述过去的故事和人生感悟。年轻人则向老年人展示数字技术的魅力，教他们如何上网查找信息、使用社交媒体、进行在线购物等。

在这种互动中，老年人和年轻人都收获颇丰。老年人不仅学会了使用数字技术，还感受到了年轻人的活力和创新精神，对年轻人的生活方式和价值观有了更深入的了解。年轻人则通过与老年人的交流，更加尊重和理解老年人的需求和挑战，学会了倾听和关心长辈。

除了数字技能培训，该项目还组织了一系列丰富多彩的交流活动。比如，举办数字技能竞赛，让老年人和年轻人一起组队参赛，共同挑战数字难题；开展数字生活分享会，让老年人和年轻人分享自己的数字生活体验和感悟；组织代际互动游戏，让老年人和年轻人在轻松愉快的氛围中互相了解，增进友谊。

这些活动不仅让老年人和年轻人有了更多接触和交流的机会，也让他们更加深入地了解了彼此的世界。许多参与者表示，通过这个项目，他们不仅学会了数字技能，还收获了珍贵的友谊和人生经验。

总的来说，跨代际数字交流项目为老年人和年轻人搭建了一座数字桥梁，促进了代际间的和谐与理解。这个项目不仅有助于老年群体跨越"数字鸿沟"，享受数字生活带来的便利和快乐，也让年轻人更加尊重和关心老年人，传承和发扬尊老爱幼的优良传统。

通过这些活动，老年人和年轻人之间的隔阂逐渐消除，社区的氛围变得更加包容和开放。这种跨代际的交流与合作，对于促进社会的和谐发展具有重要意义。

这些案例表明，推动老年群体"数字脱贫"不仅可以提升老年群体的生活质量，还能够促进社会的和谐发展。通过实施加强数字教育与培训、优化数字服务与应用、加强数字素养宣传与推广等措施，我们可以为老年群体创造一个更加友好、包容的数字环境，让他们更好地享受数字生活带来的便利和乐趣。

第三节　应对老龄化社会的挑战

一、老龄化社会面临的挑战

老龄化社会的挑战具有多元性和复杂性，涵盖了社会、经济、文化等多个方面，如图 3-7 所示。

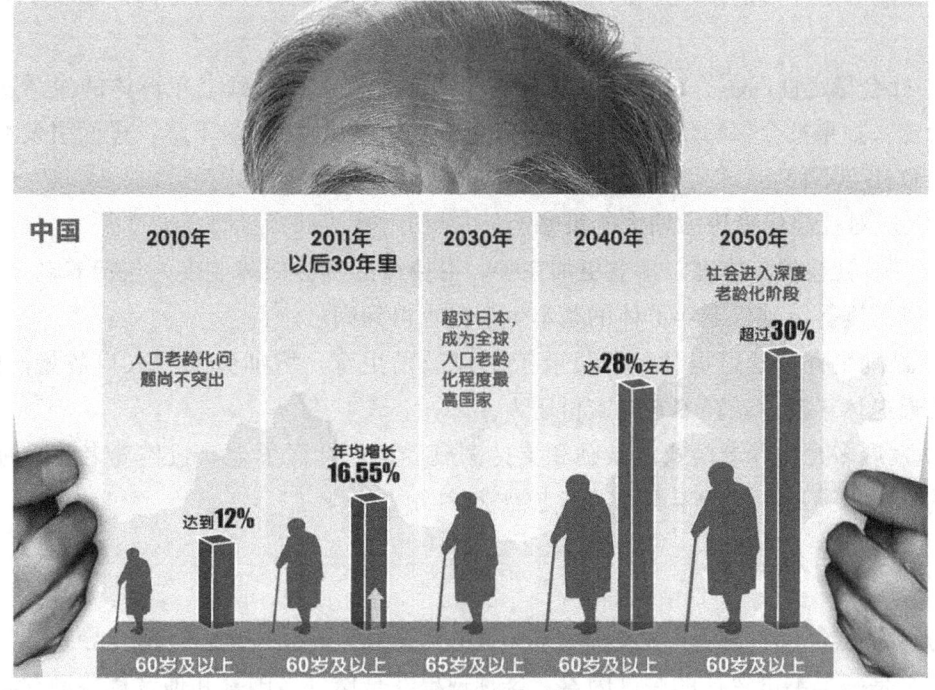

图 3-7　老龄化社会发展图

1. 社会保障压力增大

社会保障压力增大是一个全球性的挑战,尤其在老年人口比例不断增加的背景下,各国政府都需要认真面对和解决这一问题。

(1) 社会保障压力增大的原因

① 人口老龄化。随着医疗技术的进步和生活水平的提高,人们的寿命不断延长,老年人口比例逐渐增加。这导致需要享受社会保障的人口数量增多,进而加大了社会保障的压力。

② 家庭结构变化。传统的大家庭结构逐渐被小家庭或核心家庭取代,子女数量减少,家庭养老功能逐渐弱化。这使得更多的老年人需要依靠社会保障制度来维持生活。

③ 经济发展与就业压力。在经济发展的同时,也伴随着就业压力的增加。部分劳动者可能因为失业、低收入等原因无法充分缴纳社会保障费用,进而影响到社会保障基金的可持续性。

(2) 社会保障压力增大的影响

① 养老金支付压力。随着老年人口的增加,养老金支付压力逐渐增大。政府需要投入更多的资源来满足老年人的养老金需求,这可能导致财政负担加重。

② 医疗保障需求增长。老年群体的医疗保障需求相对较高,随着年龄的增长,各

种慢性疾病和老年病的发病率逐渐增加。这要求医疗保障制度具备更高的覆盖率和保障水平。

③ 社会稳定性问题。社会保障制度的完善与否直接关系到老年群体的生活质量和社会稳定。如果社会保障压力过大，可能导致老年群体生活质量下降，进而引发社会不满，导致社会不稳定。

（3）应对社会保障压力增大的策略

① 完善社会保障制度。建立更加完善、可持续的社会保障制度，包括养老金制度、医疗保障制度等，确保老年群体的基本生活需求得到满足。

② 鼓励生育与延迟退休。通过政策手段鼓励生育，增加劳动力人口数量；同时，逐步推迟退休年龄，减轻养老金支付压力。

③ 发展多元化养老模式。鼓励和支持家庭养老、社区养老、机构养老等多种养老模式的发展，满足不同老年群体的养老需求。

2. 劳动力供给不足

劳动力供给不足是一个由多重因素导致的复杂现象，其中人口老龄化导致的年轻劳动力减少是一个不可忽视的关键因素。这种现象在全球许多国家和地区都普遍存在，并对劳动力市场的供需平衡、企业的运营以及经济的持续发展产生了深远的影响。

从劳动力市场的角度来看，老龄化导致的年轻劳动力减少使得劳动力市场的供需关系发生了显著变化。一方面，随着老年人口的增加和退休潮的到来，退出劳动力市场的人数不断上升；另一方面，由于生育率下降导致年轻一代人口数量的减少，新进入劳动力市场的年轻劳动力无法满足市场需求。这种供需失衡导致了劳动力市场的紧张状态，使得企业在招聘过程中面临诸多困难。

在制造业和服务业等劳动密集型行业，劳动力短缺的问题尤为突出。这些行业通常需要大量的劳动力来支撑生产和服务活动，但由于劳动力供给不足，企业往往难以招到足够的员工。这不仅影响了企业的运营效率，还可能导致生产成本的上升。为了应对这一问题，一些企业不得不提高工资待遇以吸引更多的劳动力，这无疑增加了企业的运营成本。

此外，劳动力供给不足还可能对经济的持续发展产生制约作用。在经济全球化的背景下，劳动力市场的稳定与否直接关系到企业的竞争力和国家的经济发展。如果劳动力供给长期不足，企业的生产能力和创新能力将受到限制，进而影响到整个产业链的竞争力。同时，劳动力短缺也可能导致社会不稳定因素的增加，对经济发展产生负面影响。

3. 医疗服务需求增加

医疗服务需求增加是一个复杂而紧迫的社会问题，特别是在老龄化趋势日益明显的今天。老年群体由于身体机能的下降和免疫力的减弱，更容易患上慢性疾病，对医疗服务的需求也自然更高。图 3-8 为 2014—2023 年我国 45 岁以上老花眼患者数量现状图，因此，医疗系统必须适应这一变化，提供更为全面、细致的服务，以满足老年群体的特殊需求。

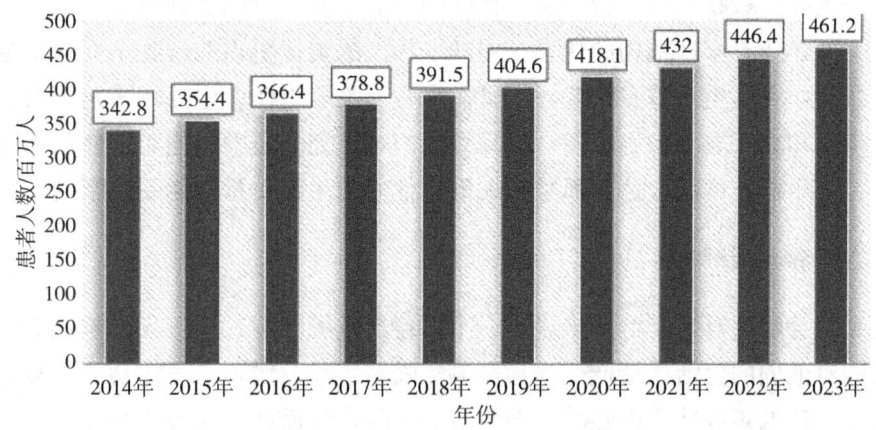

图 3-8　2014—2023 年我国 45 岁以上老花眼患者数量现状

为了满足老年群体对医疗服务的高需求，医疗系统需要进行多方面的改革和升级。首先，定期体检是预防疾病的关键措施，医疗系统应该为老年群体提供定期、全面的体检服务，及时发现并处理潜在的健康问题。其次，慢性病管理是面向老年群体的医疗服务的重要组成部分，包括疾病监测、药物治疗、生活方式指导等，需要医疗人员具备专业的知识和技能。此外，康复护理也是老年群体医疗服务的重要一环，对于患有疾病或行动不便的老年群体，提供合适的康复护理可以帮助他们恢复身体功能，提高生活质量。

然而，在一些地区，由于医疗资源紧张，老年群体可能需要长时间等待医疗服务，这给他们的健康带来了潜在风险。为了解决这个问题，政府和社会各界需要共同努力，增加医疗资源的投入，优化医疗资源配置。例如，可以增加医院和诊所的数量，提高医疗设施的质量和管理水平，同时多培养和引进医疗人员，以确保医疗服务的充足性和高效性。

此外，除了传统的医疗服务模式，还可以积极探索和利用新的技术手段，如远程医疗和互联网医疗，为老年群体提供更加便捷、高效的医疗服务。这些新兴技术不仅可以突破地域限制，让老年群体在家就能享受到专业的医疗服务，还可以提高医疗服务的覆盖率和可及性，降低医疗成本，缓解医疗资源紧张的问题。

4. 家庭结构变化

家庭结构的变化是当代社会不可忽视的现象，传统的大家庭结构逐渐解体，核心家庭成为主流。这种变化对家庭关系、责任分配以及老年群体养老等方面都产生了深远的影响。

一方面，大家庭结构的解体意味着家庭成员之间的亲密关系可能受到挑战。在大家庭中，祖父母、父母和子女等多代人共同生活，彼此之间的情感联系紧密。然而，随着核心家庭的兴起，家庭成员数量减少，代际的交流和互动可能受到限制。

另一方面，随着家庭结构的变化，照顾老年人的责任更多地落到子女或少数家庭成员身上。然而，现代生活节奏快速，子女们常常面临着工作、生活等多重压力。他们可能需要在事业和家庭之间做出权衡，这导致他们难以充分照顾到老年群体的需求。在这种情况下，老年群体可能会感到孤独和无助，他们的生活质量可能受到影响。

5. 文化和社会隔离

文化和社会隔离对老年群体来说是一个日益严重的问题，这不仅影响他们的心理健康，还可能对他们的生活质量产生深远影响。随着年龄的增长，身体功能的衰退和社会角色的转变，使老年群体会面临与社会脱节的风险，从而产生孤独感和无助感。

首先，身体原因是老年群体与社会脱节的一个重要因素。随着年龄的增长，老年群体可能会面临各种健康问题，如视力下降、听力减退、行动不便等，这些都会限制他们参与社会活动的能力。他们可能无法像过去那样轻松地走出家门，与朋友和邻居交流，从而导致社交活动减少。

其次，社会角色的转变可能导致老年群体感到孤独和无助。在退休或失去工作能力后，老年群体可能不再承担过去的职业角色，这会使他们感到失去了一部分自我价值实现的途径和社会地位。同时，家庭成员的忙碌和工作压力可能使他们无法给予老年群体足够的关注和陪伴，进一步加剧了老年群体的孤独感。

最后，在一些社区，缺少适合老年群体的文化活动和社交场所也是导致他们感到被边缘化的原因之一。老年群体可能渴望参与各种文化活动，如书法、绘画、舞蹈、音乐等，以丰富自己的生活，但缺乏合适的场所和机会。同时，社交场所的缺乏使他们难以结识新朋友，扩大社交圈子。

6. 长期护理需求上升

随着老年人口的持续增加，长期护理的需求也日益凸显，这涵盖了从居家护理、康复中心护理、养老院护理等多种形式。然而，与这一需求相对应的，却是许多地区长期护理体系的不完善。

首先，服务质量不高是长期护理体系面临的一大挑战。由于护理人员的专业素养、护理设施的完善程度以及管理水平的差异，不同地区、不同机构的护理服务质量参差不齐。这不仅影响了老年群体的护理体验，也可能对他们的健康产生不良影响。因此，提升护理服务的专业性和标准化水平，是完善长期护理体系的关键一环。

其次，费用高昂是制约长期护理发展的一个重要因素。对于许多家庭来说，长期护理的费用是一个沉重的负担。这不仅包括直接的护理费用，还可能涉及与护理相关的其他费用，如交通、住宿等。因此，降低长期护理的费用，提高护理服务的可负担性，是满足老年群体长期护理需求的重要保障。

最后，长期护理体系的不完善还体现在服务形式的单一性上。虽然多种形式的护理服务已经存在，但在实际操作中，往往存在服务模式单一、缺乏个性化选择的问题。老年人的身体状况、生活习惯、家庭情况等都存在差异，因此，他们需要的护理服务也应具有个性化和差异化的特点。

以上这些挑战并不是孤立的，而是相互交织、相互影响的。因此，应对老龄化社会的挑战需要综合考虑多个方面，制定综合性的政策和措施。例如，通过改革养老金制度、提高劳动力素质、优化医疗资源配置、加强家庭支持、丰富老年群体的文化生活等方式，来应对老龄化带来的各种挑战。

二、应对老龄化社会挑战的意义

推动老年群体"数字脱贫"对于应对老龄化社会的挑战具有重要意义。随着人口老龄化趋势的加剧，我们面临着诸多挑战，包括但不限于社会养老压力增大、劳动力供给不足、社会服务需求增加以及家庭养老压力加大等。数字技术的普及和应用，为应对这些挑战提供了新的路径和可能性。

首先，通过推动老年群体的"数字脱贫"，我们能够更好地解决社会养老压力增大的问题。数字技术可以推动建立智慧养老系统，实现老年群体健康状况的实时监测和预警，提高养老服务的质量和效率。同时，线上医疗咨询、远程康复指导等服务也能够缓解医疗资源的紧张状况，为老年群体提供更加便捷和高效的医疗服务。

其次，数字技术能够缓解劳动力供给不足的问题。通过培训，老年群体可以在一定程度上参与到远程工作、电子商务等领域中，从而延长劳动年限，减轻社会劳动力供给的压力。此外，老年群体还可以利用数字技术为社区、企业等提供咨询、教育等服务，发挥他们的经验和智慧。

再次，推动老年群体"数字脱贫"有助于满足日益增多的社会服务需求。随着老年群体的增多，他们对于文化娱乐、社交互动等方面的需求也在不断增加。数字技术可以为老年群体提供多样化的文化娱乐产品和社交平台，满足他们的精神需求。同时，数字技术还可以应用于社区服务中，如智能安防、环境监测等，提升社区服务的水平和质量。

最后，数字技术的普及和应用可以减轻家庭养老的压力。数字技术可以帮助家庭成员更好地照顾老年人，如通过智能家居设备实现远程监控和照顾、通过在线医疗咨询解决老年人的健康问题。这可以减轻家庭成员的负担，使他们能够更好地平衡工作和照顾老人。

推动老年群体"数字脱贫"能够应对老龄化社会的挑战，包括缓解社会养老压力、解决劳动力供给不足问题、满足社会服务需求以及减轻家庭养老压力等。因此，我们应该积极采取措施，推动老年群体数字素养的提升和数字技术的应用，以应对老龄化社会带来的挑战。

三、应对老龄化社会挑战的措施

老龄化社会不仅带来了人口结构的变化，更引发了一系列社会、经济和文化方面的问题。在这样的背景下，数字技术的普及和应用为老年群体提供了更多便利和机会，也为社会的和谐发展注入了新的动力。

第一，提升老年群体的数字素养至关重要。通过组织数字教育和培训活动，我们可以帮助老年群体掌握基本的计算机操作和互联网应用技能。这些技能将使他们能够更好地利用数字资源，享受数字化服务，提高生活质量。同时，数字素养的提升有助于老年群体更好地融入社会，与他人进行交流和互动，减少孤独感。

第二，推动数字技术在老年群体生活中的应用同样重要。例如，开发适合老年群体使用的智能手机和平板电脑应用，提供便捷的在线购物、社交娱乐等功能。通过智能家居设备的安装和使用，老年群体可以实现远程控制家电、安全监控等功能，提高居家生活的便利性和安全性。此外，数字技术在医疗健康领域的应用可以为老年群体提供更加精准和高效的医疗服务，如远程健康监测、在线医疗咨询等。

这些措施的实施不仅有助于改善老年群体的个人生活，更对整个社会产生积极影响。首先，老年群体的数字素养提升将促进代际间的数字交流和融合，增强社会的凝聚力和向心力。其次，数字技术的应用将减轻社会养老压力，提高养老服务的质量和效率，为社会创造更多的经济价值。最后，这些措施还将推动数字产业的发展和创新，为社会经济的可持续发展注入新的动力。

在实施这些措施的过程中，我们还需要注意一些关键问题。首先，要确保数字教育和培训活动的内容符合老年群体的实际需求和学习特点，以提高学习效果。其次，要关注老年群体的数字安全问题，加强网络安全教育和防护措施的落实，保护老年群体的合法权益。最后，需要加强跨部门的协作和资源整合，形成合力，共同推动老年人数字素养的提升和数字技术的应用。

如图3-9所示，老年群体的娱乐方式和兴趣爱好丰富多样，培养老年群体的兴趣爱好也尤为重要，具体如下所示：

① 跳舞。跳舞是一种既能锻炼身体又能结交新朋友的娱乐方式。跳舞有助于老年群体保持身体灵活，增强心肺功能，同时也能在舞蹈中感受到乐趣和成就感。

② 听音乐。听音乐能够放松身心，缓解压力，提高艺术鉴赏能力。老年群体可以选择自己喜欢的音乐类型，通过听音乐来享受美好的时光。

③ 阅读。阅读能够开阔眼界，增强文化素养和记忆力。老年群体可以选择阅读一些经典文学作品、历史传记或健康养生类书籍，丰富自己的精神世界。

④ 旅游。旅游是一种既能开阔视野又能锻炼身体的娱乐方式。老年群体可以选择一些风景优美、气候宜人的地方进行旅游，感受大自然的魅力，结交新朋友，增加人生经验。

图 3-9　老年群体的娱乐方式和兴趣爱好

⑤ 种花种菜。这是一种非常减压的爱好，能体验收获的喜悦。通过亲手种植和照料植物，老年群体可以感受到生活的美好和自然的和谐。

⑥ 做手工。手工活动能够锻炼老年群体的手部灵活性，增强创造力和想象力。编织、剪纸、陶艺等都是老年群体可以选择的手工活动。

⑦ 看电影。看电影为老年群体带来视觉与听觉的盛宴，能够丰富他们的娱乐生活。

⑧ 棋艺。围棋、象棋活动能够锻炼大脑，提高思维能力，也为老年群体提供了一个社交的平台。

除了以上列举的例子，老年群体还可以根据自己的兴趣和喜好选择其他娱乐方式，如唱歌、书法、绘画、摄影等。这些活动都能够丰富老年群体的精神生活，提高他们的生活质量。

积极采取措施推动老年群体数字素养的提升和数字技术的应用是应对老龄化社会挑战的重要途径。提升老年群体的数字素养和将数字技术应用于他们的生活，可以为老年群体创造更加便捷、安全、幸福的生活环境，同时推动社会的和谐发展和经济的持续繁荣。

四、案例

1."银龄乐享E时代"老年数字教育项目

随着科技的飞速发展，数字化生活已逐渐成为现代社会的常态。然而，许多老年人由于数字素养不足，难以享受到数字化时代带来的便捷与高效。为此，上海市嘉定区菊园新区社区学院发起了"银龄乐享E时代"老年数字教育项目，如图3-10所示，旨在通过线下趣味数字教育科普课堂的形式，帮助老年群体提升数字素养，融入数字化时代。

图 3-10　老年数字教育项目现场

该项目自启动以来，受到了广大老年人的热烈欢迎。学院特别组建了一支专业助教团队，他们不仅具备丰富的数字教学经验，还对老年群体的需求和学习特点有着深入的了解。同时，学院还积极动员青年社工和大学生志愿者参与其中，他们为老年群体提供了细致入微的数字技能培训，帮助老年群体逐步掌握数字化生活的基本技能。

在培训过程中，助教团队和志愿者们针对老年群体可能遇到的难点和困惑，进行了耐心细致的讲解和演示。他们通过图文并茂的课件、生动有趣的实例以及实际操作演示，让老年群体在轻松愉快的氛围中逐步掌握了智能手机使用、网络购物、在线支付等数字化技能。同时，他们特别强调了网络安全的重要性，教授老年群体如何识别和防范网络诈骗，保护自己的合法权益。

通过参与"银龄乐享 E 时代"项目，老年群体不仅掌握了实用的数字技能，还增强了对现代社会的适应能力。他们学会了如何通过网络与家人朋友保持联系、如何在线查找健康养生知识、如何享受数字化服务带来的便利。这些技能的提升让老年群体的生活变得更加丰富多彩，也让他们在数字化时代中感受到了更多的快乐和自信。

此外，该项目还促进了老年群体之间的交流和互动。在课堂上，老年群体相互学习、分享经验，形成了一种积极向上的学习氛围。他们互相交流和帮助，不仅提高了自己的数字素养，还增进了彼此的友谊。这种社交互动不仅丰富了老年群体的精神生活，还让他们感受到了社区的温暖和关怀。

值得一提的是，"银龄乐享 E 时代"项目还注重与家庭和社会的联动。学院积极与老年群体的家庭成员沟通，鼓励他们参与老年群体的数字学习过程，共同解决老年群体在数字化生活中遇到的问题。同时，学院与社区、企业等合作，为老年群体提供更多的数字化服务资源，如免费 Wi-Fi、在线医疗咨询等，让老年群体能够更加享受便捷的数字化服务。

总的来说，"银龄乐享 E 时代"老年数字教育项目是一个成功的尝试，它通过线下趣味数字教育科普课堂的形式，有效地提升了老年群体的数字素养和应用数字技术的能力。该项目不仅让老年群体享受到了数字化时代的便捷与高效，还促进了他们与社会的融合与交流。未来，我们期待看到更多类似的项目在更多地区推广实施，为更多老年群体带来数字化时代的福祉。同时，我们希望社会各界能够共同努力，为老年群体营造一个更加友好、包容的数字化生活环境，让他们能够更好地融入现代社会，享受幸福晚年。

2. 数字化转型助力老年生活便捷化

随着老龄化社会的深入发展，如何为老年群体提供更为便捷、高效的服务成了一个重要议题。在这一背景下，上海市松江区推出了"为老服务一键通"平台，通过数字化技术为老年群体提供了一站式的服务，极大地便利了他们的日常生活。

"为老服务一键通"平台有电视端、电话端和自助终端等多种渠道，为老年群体提供了多样化的服务接入方式。无论是通过遥控器在电视上进行简单操作，还是拨打服务热线电话，甚至是前往附近的自助终端机，老年群体都能够轻松享受到平台提供的各项服务。

平台的服务内容丰富多样，涵盖了老年群体日常生活中的多个方面。通过预约挂号功能，老年群体在家中就能完成医院的挂号手续，避免了排队等待的烦琐过程；打车服务则解决了老年群体出行不便的问题，让他们能够随时随地安全便捷地到达目的地；紧急救援功能更是在老年群体遇到突发状况时提供了及时的帮助，保障了他们的生命安全；政策咨询功能则让老年群体能够随时了解到最新的政策信息，维护自己的合法权益。

为了实现服务的快速响应和精准推送，"为老服务一键通"平台与区卫健委、交通等部门进行了深入对接。通过数据共享和协同工作，平台能够及时了解老年群体的需求，为他们提供个性化的服务方案。同时，平台采用了先进的数据分析技术，对老年群体的服务使用情况进行跟踪和分析，为服务优化提供了有力的数据支持。

"为老服务一键通"平台的推出，不仅极大地便利了老年群体的日常生活，还推动了养老服务的数字化转型。通过数字化技术的应用，平台实现了服务的智能化、个性化和高效化，提高了服务质量和效率。同时，平台还促进了政府部门、社会组织和老年群体之间的沟通和协作，形成了一种新型的养老服务生态。图3-11为志愿者为老人讲解平台使用方法。

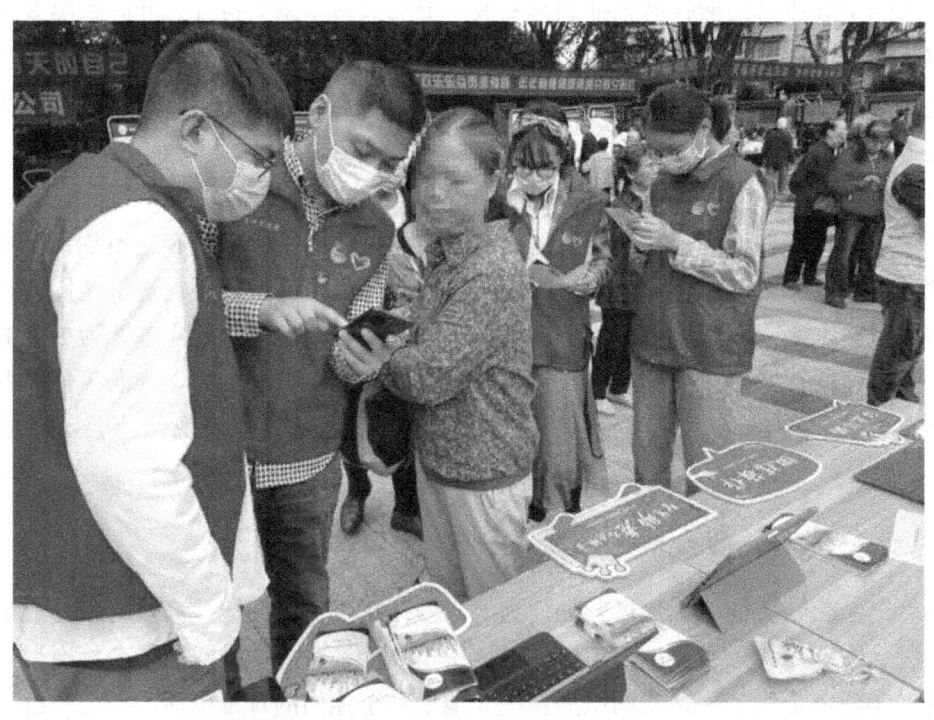

图3-11　志愿者为老人讲解平台使用方法现场

总的来说，上海市松江区"为老服务一键通"平台是一个成功的数字化转型案例，它通过数字化技术为老年群体提供了一站式的便捷服务，解决了他们在就医、出行等方面的难题，推动了养老服务的现代化和智能化。这一案例为其他地区提供了有益的借鉴和启示,相信在未来会有更多的数字化养老服务平台涌现,为老年群体的生活带来更多的便利和幸福。

3. 掌握数字技能,享受现代化生活便利

在数字化浪潮席卷而来的今天,智能手机、电脑和互联网已经成为人们生活中不可或缺的一部分。然而,对于许多老年人来说,这些新兴技术像是一道难以逾越的鸿沟,阻碍着他们享受现代化生活的便利。为了解决这个问题,一些社区纷纷开设专门的数字技能培训课程,帮助老年群体掌握数字技能,融入智能生活。

这些社区数字技能培训课程通常由经验丰富的社区工作人员精心组织。他们深入了解老年群体的学习特点和需求,制订了一系列针对性强、易于理解的课程。课程从基础知识开始,逐步引导老年群体了解智能手机、电脑和互联网的基本操作,包括如何发送短信、拨打电话、浏览网页、搜索信息等。同时,课程还注重实践操作,让老年群体在实际操作中逐渐掌握数字技能。

通过参加这些课程,老年群体逐渐克服了数字技能的障碍,学会了使用数字设备与家人保持联系、在线购物、支付账单以及获取各种信息。他们不再因为不懂操作而错过与亲友的视频通话,也不再因为不熟悉支付流程而错过心仪的商品。更重要的是,他们通过数字技能的学习,拓宽了视野,丰富了生活,提高了生活质量和社会参与度。

这些社区数字技能培训课程不仅让老年群体受益,对社区的整体发展也产生了积极影响。老年群体的数字技能提升,使得他们能够更好地融入社区生活,与其他居民进行更广泛的交流和互动。同时,这也为社区提供了一种新的服务模式,即通过数字化手段为老年群体提供更加便捷、高效的服务。

在西安某社区,李奶奶曾是数字技能的"门外汉"。她常常因为不会使用智能手机而感到困扰,无法与家人进行视频通话,也无法享受在线购物的便利。然而,自从参加了社区的数字技能培训课程后,李奶奶的生活发生了翻天覆地的变化。

在课程中,李奶奶学会了如何操作智能手机,包括发送短信、拨打电话、浏览网页等。更重要的是,她还学会了如何使用微信与家人进行视频通话。现在,她可以随时与远在外地的孙子、孙女进行面对面交流,分享生活的点滴,感受亲情的温暖。

此外,李奶奶还学会了在线购物和支付账单。她不再需要前往商场或银行,只需轻轻一点,就能购买到心仪的商品,完成各种费用的支付。这不仅节省了她的时间和精力,还让她感受到了数字化生活带来的便捷和高效。

除了李奶奶,该社区还有许多老年人通过数字技能培训课程受益。他们学会了使用电脑进行文字处理、图片编辑等操作,也学会了利用互联网获取各种信息,丰富自己的精神生活。这些老年人不仅在数字技能上取得了显著的进步,在心态上还变得更加年轻、开放和自信。

社区数字技能培训课程将继续发挥重要作用。随着科技的不断发展,新的数字技能

将不断涌现，老年群体需要不断更新自己的知识和技能。因此，社区需要不断完善和优化数字技能培训课程，为老年群体提供更加全面、深入的学习体验。同时，社区还可以积极与其他机构合作，共同推动老年群体数字素养的提升，为老龄化社会带来更加美好的明天。

总之，社区数字技能培训课程为老年群体跨越"数字鸿沟"、拥抱智能生活提供了有力支持。通过学习这些课程，老年群体不仅能够掌握数字技能，享受现代化生活的便利，还能够拓宽视野、丰富生活，提高生活质量和社会参与度。相信在不久的将来，会有越来越多的老年人通过数字技能培训课程，走进智能生活的新时代。

4. 跨越"数字鸿沟"，拥抱智能生活

在信息化、数字化浪潮中，老年群体往往被边缘化，难以享受到现代科技带来的便利。为了帮助他们跨越"数字鸿沟"，融入智能生活，某社区启动了"数字伙伴计划"。该计划提供智能技术设备和培训，不仅关注老年群体的基本数字技能培养，还注重他们在日常生活中的实际应用能力，如图 3-12 所示。

图 3-12　"数字伙伴计划"示意图

该计划实施以来，受到了老年群体的热烈欢迎。据统计，已有超过 1 500 名老年人参与了该计划，其中超过45%的参与者表示，培训使他们的数字技能得到了显著提升。

在培训过程中，工作人员首先为老年群体提供了智能手机、平板电脑等智能设备，并详细讲解了设备的基本操作和功能。接着，通过一系列生动的案例和实践操作，老年群体学会了如何使用这些设备进行健康监测、与家人远程沟通等。

张爷爷是一位独居老人，以前总是因为不会使用智能手机而感到孤独和无助。参加"数字伙伴计划"后，他不仅学会了如何使用微信与家人视频通话，还学会了使用智能手环监测自己的健康状况。现在，他可以随时与远在外地的子女保持联系，分享生活的点滴，同时能够及时了解自己的身体状况，做好健康管理。

除了个人层面的改变，该计划还对整个社区产生了积极的影响。通过学习和应用数字技能，老年群体更加积极地参与社区活动，与其他居民的交流也更加频繁和深入。这不仅增强了社区的凝聚力和活力，也为社区的发展注入了新的动力。

此外，该计划还注重数据的收集和分析。通过对参与者的学习进度、使用频率等数据进行跟踪和分析，工作人员能够及时了解老年群体的学习需求和困难，进一步优化培训内容和方式。同时，这些数据为社区提供了有价值的参考信息，为未来的服务和活动提供了更精准的方向。

总的来说，"数字伙伴计划"是一个成功的尝试，它通过提供智能技术设备和培训，帮助老年群体跨越了"数字鸿沟"，让他们能够享受数字化生活的便利。未来，该计划将继续扩大规模，优化服务，为更多老年人带来福祉。同时，我们期待更多的社区和机构能够加入这一行列，共同推动老年群体数字素养的提升和社会的发展进步。

这些案例展示了如何通过提升老年群体的数字素养和数字技术，来有效应对老龄化社会带来的挑战。这些措施不仅提升了老年群体的生活质量，也促进了社会的和谐发展。随着数字技术的不断进步和普及，未来将有更多创新和有效的解决方案出现，以更好地满足老年群体的需求。

老年群体的"数字脱贫"不仅是一个技术层面的任务，更是一个涉及社会、文化、心理、经济等多个维度的综合工程。它旨在帮助老年群体克服在数字化时代所面临的种种挑战，使他们能够更好地融入这个日新月异的时代，享受到科技带来的福祉。

从社会层面来看，老年群体的"数字脱贫"是社会文明进步的重要标志。在信息化、智能化的时代背景下，数字技能已成为现代生活的基本素养。老年群体作为社会的重要成员，数字素养水平直接关系到社会的整体进步。通过推动老年群体的"数字脱贫"，我们可以减少社会的"数字鸿沟"，促进社会的包容性和公平性，构建一个更加和谐、包容的社会环境。

从文化层面来看，老年群体的"数字脱贫"有助于传承和弘扬传统文化。老年群体往往承载着丰富的历史和文化记忆，他们是传统文化的重要传承者。掌握数字技能，老年群体可以更加便捷地与他人分享和交流自己的文化经验和智慧，将传统文化发扬光大。同时，他们可以通过数字化平台了解和学习其他文化，拓宽自己的文化视野，丰富自己的精神生活。

从心理层面来看，老年群体的"数字脱贫"有助于提升他们的自尊和自信。在数字化时代，掌握数字技能已经成为一种新的社会能力。通过学习和实践，老年群体可以逐渐克服对数字设备的陌生感和恐惧感，提高自己的数字素养水平。这将使他们更加自信，增强他们的社会参与感和归属感，减少孤独感和社交隔离。

从经济层面来看，老年群体的"数字脱贫"也具有重要意义。随着电子商务、在线支付等数字化服务的普及，掌握数字技能的老年群体可以更加便捷地进行网上购物、支付等，提高生活质量。同时，他们可以通过数字平台参与各种经济活动，增加收入来源，提升经济独立性。

为了实现老年群体的"数字脱贫"，我们需要从多个方面入手。

首先，政府应加大对老年数字教育的投入力度，提供多样化的数字技能培训课程和资源，确保老年群体能够享受到优质的数字教育服务。同时，政府应建立健全数字助老服务体系，为老年群体提供便捷的数字设备操作指导和支持，解决他们在使用过程中遇到的问题。

其次，社会各界应积极参与老年"数字脱贫"工作。企业可以开发适合老年群体使用的数字产品和服务，提供更加友好的用户界面和操作流程。社区可以组织志愿者开展数字助老活动，为老年群体提供一对一的辅导和帮助。媒体可以加强宣传，普及数字知识和技能，提高老年群体的数字素养意识。

再次，家庭应在老年群体"数字脱贫"中发挥重要作用。子女应耐心教授父母使用数字设备，帮助他们逐步适应数字化生活。家庭成员可以共同学习数字技能，互相支持和帮助，共同享受数字化生活带来的便利和乐趣。

最后，在推动老年群体"数字脱贫"的过程中，我们应关注老年群体的个体差异和需求。每个老年人的生活背景、教育程度、兴趣爱好都有所不同，因此我们需要根据他们的实际情况制订个性化的"数字脱贫"方案。同时，我们应注重老年群体的情感需求，让他们在享受数字化生活的同时感受到社会的关爱和温暖。

总之，老年群体的"数字脱贫"是一个充满挑战和机遇的任务。通过全社会的共同努力和持续探索，我们一定能够找到更加有效的途径和方法，帮助老年群体跨越"数字鸿沟"，让他们享受到数字化社会带来的美好生活。这不仅是对老年群体的关爱和尊重，更是社会文明进步和和谐发展的重要体现。

第四章 数字教育普及与老年群体的数字技能提升

　　数字教育普及与老年群体的数字技能提升是当今社会发展的重要议题。随着信息技术的快速发展，数字化已经渗透到生活的方方面面，而老年群体作为社会的重要组成部分，其数字技能的提升对于提高其生活质量和促使其融入数字化社会具有重要意义。

　　数字教育普及是提升老年群体数字技能的关键途径。数字教育是指通过计算机、网络以及多媒体等技术手段，运用教育理论和方法，将教育内容、教学过程和教学管理数字化，实现教育的信息化、网络化和智能化。这种教育方式不仅为年轻人提供了便捷的学习途径，也为老年群体提供了一个全新的学习平台。通过数字教育，老年群体可以接触最新的科技知识和应用技能，从而提升自己的数字素养。

在数字教育普及的过程中,针对老年群体的特点和需求,需要制订专门的教学计划和内容。老年群体在学习数字技能时,可能会面临身体机能下降、记忆力减退等挑战,因此,教学内容需要简洁明了、易于理解,教学方式需要灵活多样、注重实践。同时,数字教育需要关注老年群体的心理健康,鼓励他们积极参与学习,增强他们的自信心和自尊心,帮助他们更好地融入数字社会。

数字教育普及需要社会各界的共同努力。政府可以出台相关政策,支持数字教育的发展,为老年群体提供更多的学习资源和机会。学校、社区等组织可以开展各种形式的数字教育活动,如开设数字技能培训班、举办数字生活讲座等,帮助老年群体掌握基本的数字技能。此外,企业和社会组织可以发挥自身优势,为老年群体提供个性化的数字教育服务,如开发适合老年群体使用的智能设备和应用软件等。

老年群体数字技能的提升不仅能让他们更好地享受数字生活带来的便利,还能促进他们的社会参与和交往。数字技能的掌握使老年群体可以更加便捷地获取信息、交流思想、分享经验,增强与社会的联系和互动。同时,数字技能的提升有助于老年群体提高自我保护能力,防范网络诈骗等风险。具体有开展数字教育课程与培训、组织志愿者与老年群体结对辅导、利用媒体与网络平台进行数字知识传播三种途径或方法。

第一节 开展数字教育课程与培训

数字教育课程与培训是一种利用数字技术和互联网平台进行在线学习和远程教学的教育形式。它突破了传统教育的地域限制和时间限制,让学生可以随时随地通过互联网进行学习,并提供了丰富多彩的学习资源,包括图书、视频、音频、动画、虚拟实验等,以满足学生不同的学习需求。

一、数字教育课程与培训的内容

数字教育课程与培训的内容主要包括以下三个方面:

1. 数字技术知识培训

数字技术知识培训是数字教育课程与培训的基础,它涵盖了互联网基础知识、办公软件应用、网络安全知识以及多媒体应用等多个方面。数字技术知识培训是数字教育课程与培训不可或缺的一环,旨在为学生奠定扎实的数字技术基础。数字教育课程与培训不仅深入讲解互联网基础知识,还会通过案例分析、模拟操作等方式,让学生直观感受网络世界的魅力与挑战。图 4-1 为某数字技术知识培训现场为老年人培训智能手机的使用方法及注意事项。

图 4-1　某数字技术知识培训现场

首先,互联网基础知识是数字技术知识培训的核心内容之一。学生需要了解互联网的基本概念等,以便能够熟练地使用互联网进行信息检索、在线交流和学习。

其次,办公软件应用是数字技术知识培训的重要组成部分。学生需要掌握常用办公软件(如 Word、Excel、PowerPoint 等)的基本操作和功能,以便能够高效地处理文档、制作报表和演示幻灯片。

再次,网络安全知识是数字技术知识培训不可或缺的一部分。随着网络技术的快速发展,网络安全问题日益突出。学生需要了解网络安全的基本概念、常见的网络攻击手段以及防范措施,以提高自己的网络安全意识和防护能力。

最后,多媒体应用是数字技术知识培训的一个重要方面。学生需要学习多媒体的基本概念、数字音频和视频处理技术,以及多媒体制作工具的使用,以便能够制作出高质量的多媒体作品。

2. 数字素养培训

数字素养培训是数字教育课程与培训的重要组成部分,它旨在培养信息获取与评价能力、创新思维以及数字技术解决问题的能力。

首先,信息获取与评价能力是必备的数字素养之一。学生需要学会利用互联网进行信息检索,并对所获取的信息进行筛选、分析和评价。学生需要了解如何判断信息的真伪、准确性和可信度，以便能够做出明智的决策。

其次，创新思维是数字素养培训的核心目标之一。学生需要培养自己的创新意识和创新能力，学会运用数字技术解决问题、提出新的观点和方法。学生可以通过参与创新项目、开展实践活动等方式来锻炼自己的创新思维。

最后，数字技术解决问题的能力是数字素养培训的重要内容。学生需要学会运用数字技术解决实际问题，如利用数据分析工具进行数据处理和分析、利用编程技术解决自动化问题等。通过实际操作和案例演练，学生可以提升自己的实际应用能力和解决问题的能力。

3. 实际操作培训

实际操作培训是数字教育课程与培训的关键环节，它基于实际案例和数字技术解决方案的演练，让学生亲自动手操作，提升他们的实际应用能力和解决问题的能力。

在实际操作培训中，学生将接触到真实的案例和问题，并需要运用所学的数字技术和知识来解决这些问题。通过实际操作，学生可以深入了解数字技术的实际应用场景，掌握数字技术的操作技巧和方法。

同时，实际操作培训可以帮助学生更好地理解和掌握数字技术实际操作方案的设计思路和实施过程。学生可以参与到实际项目中，通过团队协作和实践探索，不断提升自己的实践能力和团队协作能力。

此外，实际操作培训还可以提供反馈和评估的机会。学生可以在实际操作中发现问题和不足，并及时进行调整和改进。同时，教师可以根据实际操作表现进行评估和指导，帮助学生更好地掌握数字技术，提升数字素养。

数字技术知识培训、数字素养培训和实际操作培训是数字教育课程与培训的重要组成部分。通过这三个方面的培训，学生可以全面提升数字技术应用能力和数字素养水平。同时，教师要不断优化和完善培训的内容和方法，以适应数字时代的快速发展和变化。

二、数字教育采取的措施

针对老年群体，结合数字教育课程及培训的内容，我们在实施过程中应采取以下策略，确保他们能够有效、愉快地学习并应用数字技术。

首先，理论讲授是老年群体数字教育的基础环节。由于老年群体在学习新知识时可能面临记忆力和理解力的挑战，我们应深入浅出，通过课堂教学和讲座等形式，耐心细致地讲解数字技术的基础知识。我们还可以运用生动的案例和贴近生活的实例，让老年群体更容易理解和接受。同时，我们可以采用图文并茂的教材，以视觉化的方式辅助老年群体理解复杂的概念和操作步骤。

其次，实践操作是老年群体数字教育的关键环节。老年群体往往更注重实际应用，因此，我们应该结合实际案例和老年群体面临的实际问题，进行数字技术应用的实际操作演练。例如，我们可以教授老年群体如何使用智能手机进行视频通话、如何在线购物和支付、如何使用社交媒体与家人朋友保持联系等。通过实际操作，老年群体可以亲身体验数字技术的便利和乐趣，从而更加愿意学习和应用。

最后，小组讨论与合作学习是提升老年群体学习效果的有效途径。老年人往往具有丰富的社会经验和人生智慧，通过小组讨论和合作学习，他们可以相互分享经验、交流心得，共同解决问题。这不仅可以培养老年群体的团队合作能力和创新思维，还有助于他们更深入地理解和应用所学知识。同时，小组讨论可以激发老年群体的学习热情，让他们在轻松愉快的氛围中相互学习、相互帮助。

在实施过程中，我们应充分考虑老年群体的特点和需求。例如，我们可以设置灵活的学习时间和地点，以方便老年群体参加课程；我们还可以提供个性化的学习辅导，依据老年群体的不同需求和水平进行有针对性的教学；我们还可以定期举办学习成果展示活动，让老年群体能够展示自己的学习成果和进步，增强学习的自信心和成就感。

针对老年群体的数字教育课程及培训应综合考虑他们的学习特点、需求和能力，通过理论讲授、实践操作和小组讨论等多种方式，帮助他们掌握数字技术知识、提升数字素养，享受数字时代的便利和乐趣。

三、数字教育的注意事项

为了确保老年群体在数字化社会中能够有效地参与数字教育课程与培训，并真正从中受益，我们在实施过程中需要特别注意以下几点，以确保教学的合理性和可行性，同时提升教学质量和管理水平。

第一，我们要充分考虑数字化教学资源的特点，确保教学计划的合理性和可行性。老年群体在学习数字技术时，往往更偏好直观、简洁、易于理解的教学内容。因此，我们在制订教学计划时，应尽量选择符合老年群体学习习惯的数字化教学资源，如简洁明了的教程视频、图文并茂的操作指南等。同时，我们要根据老年群体的学习能力，合理安排教学进度和难度，确保他们能够跟上教学节奏，掌握所学知识。

第二，我们要根据实际教学需求选择合适的数字化教学资源，并确保其可用性和可靠性。在选择数字化教学资源时，我们应关注资源的适用性和质量，确保其能够满足老年群体的学习需求。同时，我们要关注资源的更新和维护情况，确保资源能够及时更新、修复错误，并始终保持可用性。此外，我们还要加强对数字化教学资源的备份和安全管理，以防止数据丢失或泄露等风险。

第三，我们要提高数字化教学设备的利用率。我们应充分利用现有的数字化教学设备，如智能教室、多媒体设备等，为老年群体提供优质的学习环境。通过合理利用这些设备，我们可以将复杂的数字技术知识以更加直观、生动的方式呈现给老年群体，提升他们的学习兴趣和效果。

第四，我们要优化数字化教学过程。在教学过程中，我们应采用多种教学方法和手段，如案例分析、互动讨论等，以激发老年群体的学习热情和参与度。我们还应关注老年群体的学习反馈，及时给予指导和帮助，确保他们能够顺利掌握所学知识。

第五，我们要加强数字化教学管理，确保数字化教学规范开展。我们应建立完善的数字化教学管理制度，明确各项工作的责任和要求。同时，我们要加强对数字化教学质量的监督和评估，及时发现问题并改进。此外，我们还要加强对数字化教学人员的培训和管理，提升他们的专业素养和教学能力。

通过实施这些措施，我们能为老年群体打造一个更加优质、高效的数字教育环境，让他们在数字化社会中更加自信、自如地生活和学习。

四、数字教育的优缺点

数字教育课程与培训作为一种借助现代科技手段实现的新型教育模式，已经逐渐受到越来越多人的青睐。然而，这种教育模式并非完美无缺，它既有显著的优点，也存在一些不可忽视的缺点。下面我们将详细分析数字教育课程与培训的优缺点。

1. 优点

（1）灵活性与便捷性

对于许多老年人来说，他们可能已经形成了固定的生活作息，或是需要照顾孙辈等，这使得他们时间非常有限。数字教育课程与培训的灵活性与便捷性恰恰能够满足这一需求。他们不再需要为上课而长途跋涉，或是调整自己的日常安排。只要有网络连接，他们就可以在家中、公园或是任何他们喜欢的地方进行学习。这种学习方式极大地提高了老年群体的学习体验，让他们能够在轻松自在的环境中吸收新知识。老年群体线下学习场景如图 4-2 所示。

此外，数字教育课程通常有回放、暂停等功能，这对于老年群体来说尤为重要。他们可以根据自己的节奏进行学习，遇到不懂的地方可以随时暂停思考或回放学习，确保每一个知识点都能得到充分的理解和掌握。

（2）个性化学习

老年群体在学习上的需求是多元化的，他们可能希望学习养生保健、计算机操作、外语交流等多种技能。数字教育平台通过大数据分析和人工智能技术，能够精准地把握每位学习者的学习偏好和需求，为他们推荐合适的课程和学习资源。这种个性化的学习方式不仅提高了学习效率，也增强了学习的乐趣和动力。

同时，数字教育平台提供了多种学习方式供老年群体选择，如视频教程、在线测

图 4-2 老年群体线下学习场景

试、互动游戏等。这些多样化的学习方式使得学习变得更加生动有趣,让老年群体在学习中找到乐趣和成就感。

(3) 互动与协作

老年群体同样渴望与他人交流、分享经验。数字教育平台上的互动与协作功能为他们提供了这样的机会。通过在线讨论、小组合作等方式,他们可以与其他学习者一起探讨问题、分享心得,形成学习共同体。这种互动与协作不仅能够增强学习效果,还能够培养老年人的社交能力和合作精神。

此外,一些数字教育平台还设有专门的社区或论坛,供学习者交流心得、分享资源。老年群体可以在这里结识志同道合的朋友,共同度过愉快的学习时光。

(4) 成本效益

对于许多老年人来说,经济因素是他们在选择学习方式时需要考虑的重要因素。数字教育课程与培训通常有较低的成本,这使得更多老年人能够有机会接触到优质的教育资源。与此同时,数字教育平台经常推出各种优惠活动和免费资源,进一步降低了老年群体的学习成本。这种成本效益的优势使得数字教育成为老年群体学习新知识、提升技能的重要途径。

数字教育课程与培训在老年群体中的实施展现出了其独特的优势。通过提供灵活便捷的学习方式、个性化的学习体验、互动协作的学习环境以及成本效益的优势,数字教育为老年群体打开了一扇通往知识世界的大门,让他们在晚年生活中继续学习、成长和享受生活的乐趣。

2. 缺点

(1) 技术依赖

老年人在使用互联网和电子设备时，往往面临着操作不熟练、理解能力有限等问题。因此，数字教育课程与培训在老年群体中的实施，需要特别关注技术依赖的问题。一方面，课程提供者应确保平台的稳定性和易用性，提供清晰的操作指南和客服支持，帮助老年群体解决在使用过程中遇到的问题。另一方面，社区、家庭等也可以提供必要的技术支持和帮助，让老年群体能够顺利地使用数字教育平台进行学习。

随着技术的不断进步，一些针对老年群体的智能化、简化的设备和应用也在不断涌现。这些技术和工具能够降低老年群体操作的技术门槛，让他们更容易适应数字化社会。因此，在推广数字教育时，应充分考虑老年群体的技术水平和需求，选择适合他们的设备和工具。

(2) 自律性不足

自律性对于任何年龄段的学习者来说都是重要的品质。然而，老年群体在学习过程中可能更容易受到外部因素的干扰，导致自律性不足。为了解决这个问题，数字教育平台可以设计一些激励机制和提醒功能，帮助老年群体保持学习的动力和专注力。例如，可以设置学习进度提醒、奖励机制等，让老年群体在学习过程中获得成就感和满足感。

此外，家庭成员和社会组织也可以发挥重要作用，鼓励和支持老年群体坚持学习。他们可以陪伴老年群体一起学习，提供学习上的帮助和支持；也可以定期组织学习分享会等活动，让老年群体感受到学习的乐趣和价值。

(3) 社交隔离

老年群体在数字教育过程中可能会感到孤独，缺乏社交互动。为了缓解这一问题，数字教育平台应设计丰富的社交功能，如在线讨论区、学习小组等，让老年群体能够与其他学习者进行交流和互动。同时，平台还可以组织线上活动，如学习交流会、线上讲座等，为老年群体提供社交的机会和平台。

此外，社区和家庭也可以为老年群体创造社交环境。例如，社区可以建立学习中心或组织学习小组，让老年群体在集体学习的环境中感受到归属感和互动的乐趣；家庭成员也可以参与学习，分享学习心得和体验，增进彼此之间的情感联系。

(4) 课程质量不稳定

数字教育市场中课程质量参差不齐，老年群体在选择课程时应慎重。他们可以通过查看课程的评价、师资力量、教学内容等来评估课程的质量。同时，一些权威的认证机构或组织也可以为老年群体提供课程质量的参考依据。

为了提升数字教育的质量，课程提供平台应加强对课程内容的研发和更新，确保课程内容符合老年群体的学习需求和兴趣。同时，他们还应提供优质的客户服务和学习支持，及时解决老年群体在学习过程中遇到的问题和困惑。

随着数字化社会的不断发展,数字教育将成为老年群体学习新知识、提升技能的重要途径。通过解决技术依赖、自律性不足、社交隔离以及课程质量不稳定等问题,我们可以为老年群体创造一个更加友好、高效的数字教育环境,让他们在晚年生活中继续学习,享受生活的乐趣。

综上所述,数字教育课程与培训具有显著的优点和潜在的缺点。在选择这种学习方式时,老年群体需要综合考虑自己的需求和条件,以便充分利用其优势并克服其不足。同时,数字教育平台应不断完善和优化自身功能和服务,以提高老年群体的学习体验和效果。

五、数字教育实施方案

针对老年群体开展数字教育课程与培训,我们不仅需要关注课程内容和教学方式,还需要从多个维度出发,打造全方位、立体化的教育体系。

1. 优化课程设计

(1) 课程内容的生活化

将数字教育课程内容与老年群体的日常生活紧密结合,是实现有效学习和激发学习兴趣的关键所在。为此,我们可以根据老年群体的实际需求和兴趣爱好,设计一系列与日常生活息息相关的数字应用课程。图4-3为志愿者现场教老年人使用智能手机。

图4-3 智能手机老年教育课堂场景

第一，旅游课程可以涵盖如何使用数字地图进行导航、如何在线预订酒店和机票以及如何利用智能手机拍摄旅行中的美景等内容。通过学习这些技能，老年群体可以更加便捷地规划和管理自己的旅行，享受更加愉快的旅行体验。

第二，烹饪课程可以涵盖如何使用数字菜谱查找和学习新的菜品制作方法、如何利用智能家电进行精准烹饪，以及如何通过在线视频学习烹饪技巧等。这样的课程不仅能够让老年群体在烹饪过程中享受数字技术的便利，还能够提升他们的烹饪技能，丰富饮食生活。

第三，健身课程可以与数字教育相结合。我们可以教授老年群体如何使用智能手环、智能手表等设备监测自己的健康状况，如何在线查找和学习适合自己的健身操和瑜伽课程，以及如何利用数字平台记录和分享自己的健身成果。这些课程能够使老年群体更好地管理自己的健康，提升身体素质。

除此之外，我们还可以根据老年群体的兴趣和需求，设计更多与日常生活相关的数字应用课程。例如，数字摄影课程可以教授老年群体如何拍摄和编辑照片，记录生活中的美好瞬间；在线旅行规划课程可以帮助老年群体规划自己的旅行路线和行程，享受更加丰富的旅行体验；电子阅读课程可以引导老年群体利用电子书和阅读应用进行阅读，丰富他们的精神世界。

通过设计这些与日常生活紧密相关的数字应用课程，我们不仅可以帮助老年群体掌握基础的数字技能，还能够让他们在实际应用中感受到数字技能对生活的实际帮助和提升。这样的课程内容既实用又有趣，能够激发老年群体的学习热情和积极性，使他们更加愿意参与数字教育活动，享受数字化带来的便利和乐趣。

（2）课程的进阶性与层次性

老年群体在学习数字技能时，学习进度和能力差异显著，这就要求我们在设计数字教育课程时，充分考虑到这一点，为不同层次的老年人提供具有进阶性和层次性的课程，如图 4-4 所示。

我们可以设计基础入门课程，面向那些从未接触过数字设备或技能较低的老年人。这些课程应注重于基础操作、界面认识和常用功能的掌握，帮助他们逐步熟悉数字设备，培养基本的数字素养。

随着老年群体对基础技能的了解进一步加深，我们可以设计中级进阶课程。这些课程可以涵盖更复杂的功能和应用，如社交媒体的使用、在线购物的流程、电子地图的导航等。通过学习中级课程，老年群体将能够更深入地利用数字技能来丰富自己的日常生活。

对于已经掌握中级技能的老年群体，我们可以设置高级精通课程。这些课程可以涉及更高级的功能和应用，如数字图像处理、视频剪辑、在线课程学习等。高级课程旨在帮助老年群体进一步提升数字技能，满足他们在学习、娱乐和社交等方面的需求。

此外，为了鼓励老年群体不断学习和探索，我们还可以设置进阶挑战课程和荣誉认

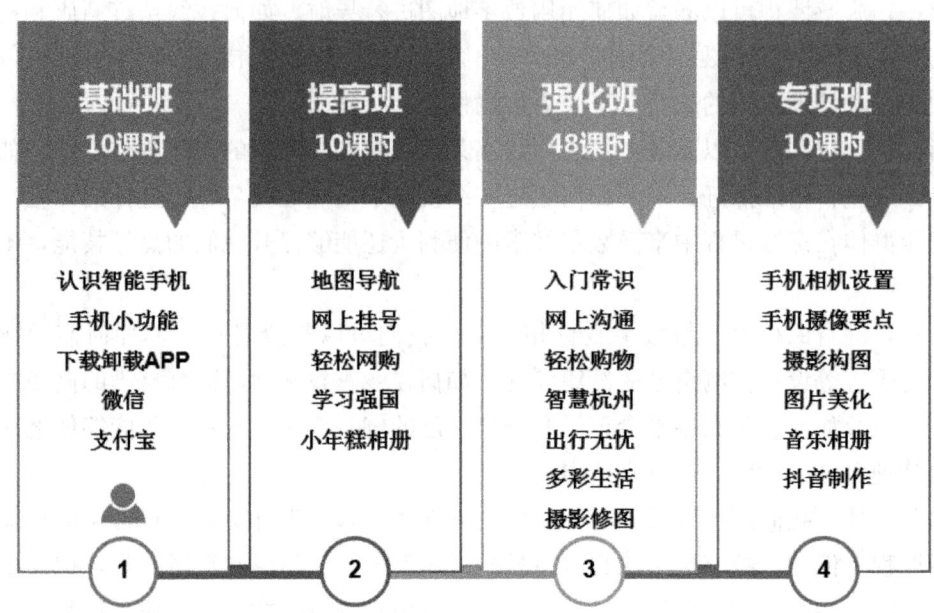

图 4-4　进阶性和层次性课程设置

证制度。进阶挑战课程可以为那些渴望进一步提升技能的老年人提供更具挑战性的学习任务。完成这些任务的老年人可以获得相应的荣誉认证，这不仅是对他们学习成果的肯定，也是对他们学习热情的激励。

通过设计具有进阶性和层次性的课程，我们可以满足老年群体在学习数字技能方面的不同需求，让他们在轻松愉快的氛围中逐步提升数字技能，享受数字化带来的便利和乐趣。同时，这有助于增强老年群体的学习动力和自信心，使他们更加积极地参与数字教育活动。

2. 创新教学方式

(1) 多媒体教学资源的利用

在老年数字教育课程中，多媒体教学资源的应用可以极大地丰富教学内容，提高教学效果。除了传统的视频教程和图文并茂的课件，我们还可以探索更多形式的多媒体资源。

首先，可以制作一些互动性强的教学视频，结合动画、实景演示和讲解，使老年群体更直观地了解操作步骤和技巧。这些视频可以针对老年群体的学习特点和需求进行定制，确保内容简洁明了，易于理解。图 4-5 为老年群体视频讲解现场。

其次，我们可以利用音频资源，如播客、有声教程等，为老年群体提供多样化的学习方式。这些资源可以让他们在忙碌或休息的时候进行学习，提高学习的灵活性和便捷性。

图 4-5 为老年群体视频讲解现场

最后，我们还可以结合老年群体的兴趣，利用社交媒体和短视频平台等，分享一些与数字技能相关的有趣内容，如老年人使用智能设备的趣闻、数字技能在生活中的实际应用案例等。这些内容不仅可以激发老年群体的学习兴趣，还可以让他们感受到数字技能带来的乐趣和价值。

通过充分利用多媒体教学资源，我们可以为老年群体打造一个更加生动、有趣且实用的数字教育环境，帮助他们更好地掌握数字技能。

（2）游戏化学习元素的引入

游戏化学习是一种富有创新性的教学方法，它能够通过设置任务挑战、积分奖励等方式，激发学习者的兴趣和积极性。在老年数字教育课程中，引入游戏化学习元素可以大大提高学习效果。

首先，我们可以设计一些有趣的任务挑战，如数字拼图、技能闯关等，让老年群体在完成任务的过程中掌握数字技能。这些任务可以根据老年群体的学习进度和能力进行难度调整，确保既具有挑战性又不过于困难。

其次，我们可以设立积分奖励制度，对老年群体在学习过程中的表现和进步给予积分奖励。这些积分可以用于兑换一些实用的小礼品或解锁更多的学习资源，从而激发老年群体的学习动力。

最后，我们可以组织一些线上或线下的数字技能竞赛活动，让老年群体在竞赛中展示自己的学习成果和风采。这些活动不仅可以提高老年群体的学习兴趣和自信心，还可以促进他们之间的交流和合作。

通过引入游戏化学习元素，我们可以为老年群体创造一个轻松、有趣且富有挑战性的数字教育环境，让他们在享受游戏乐趣的同时掌握数字技能。这种教学方法不仅能够提高学习效果，还能够增强老年群体的学习体验和幸福感。

3. 提供个性化辅导

（1）学员档案的建立

学员档案的建立是老年数字教育中的一项重要工作，它不仅有助于教师了解每位学员的学习状况，还能为个性化教学提供有力支持。在学员档案中，我们可以记录老年人的学习历程，包括他们参加的课程、完成的学习任务以及取得的进步等。这些记录可以帮助教师了解学员的学习进度和学习能力，为他们制订更合适的教学计划。

学员档案还应包括老年人的兴趣爱好和困难点。了解他们的兴趣，可以让教师在选择教学内容和方式时更加贴近学员的实际需求，提高学习的趣味性和实用性。而记录困难点，则有助于教师及时发现学员在学习过程中遇到的问题，并为他们提供有针对性的辅导和解决方案。

在建立学员档案的过程中，我们应注重数据的收集和分析。通过对学员档案中的数据进行统计和分析，我们可以了解学员群体的学习特点和需求，为优化课程设计、改进教学方法提供有力支持。

此外，学员档案可以作为学员学习成果的展示平台。我们可以定期更新学员档案，展示他们的学习成果，激励他们继续努力学习。同时，学员档案可以作为学员自我评价和反思的工具，帮助他们总结学习经验，发现自身的优点和不足，进一步提高学习效果。

（2）辅导团队的多元化

在老年数字教育中，辅导团队的多元化是提高教学质量和效果的关键。除了专业的讲师外，我们还可以邀请志愿者、社区工作者等不同背景的人员加入辅导团队，共同为老年群体提供数字教育服务，如图4-6所示。

志愿者通常具有丰富的社会经验和人际交往能力，他们可以与老年群体建立良好的沟通关系，了解他们的学习需求和困难，为他们提供及时的帮助和支持。同时，志愿者可以协助讲师组织教学活动、管理学员档案等，为教学工作的顺利开展提供有力保障。

社区工作者则更了解老年群体的生活环境和实际需求，他们可以从社区的角度出发，为老年群体提供更加贴近生活的数字教育内容和方式。此外，社区工作者还可以利用自身的资源网络，为老年人提供更多的学习资源和机会，如邀请专家举办讲座、组织学员参观科技园区等。

除了志愿者和社区工作者外，我们还可以邀请其他领域的专家或从业者加入辅导团队，如计算机行业专业人士、教育工作者等。他们可以从各自的专业角度出发，为老年群体提供更加全面和深入的数字教育服务。

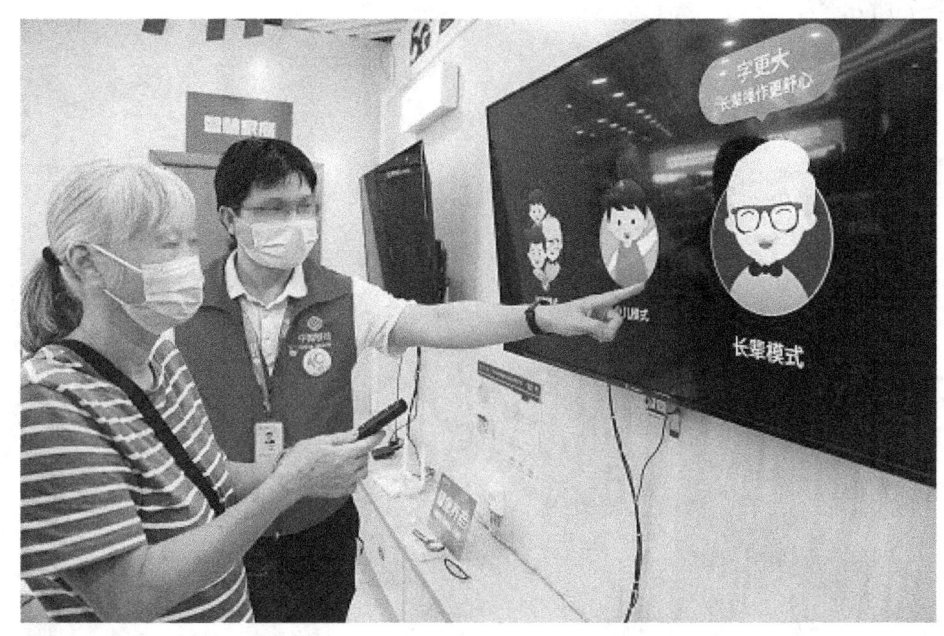

图 4-6　志愿者为老年群体提供辅导

多元化的辅导团队不仅可以为老年群体提供更加丰富和多样的学习体验，还可以从多个角度为老年群体提供帮助和支持，使数字教育更加全面和细致。同时，这种多元化的团队结构也有助于促进老年群体之间的交流和合作，共同推动老年数字教育的发展。

4. 创造友好学习环境

（1）设备的适老化改造

在老年数字教育的过程中，设备的适老化改造是确保老年群体能够顺利使用数字设备的关键环节。除了增大字体、优化界面布局和简化操作步骤这些基本的改造措施外，我们还可以从以下几个方面进行进一步的拓展和补充：

首先，考虑老年群体的视觉特点，我们可以采用简洁的颜色搭配，确保界面元素清晰可见。同时，加入语音提示功能，让老年人即便在视力不佳的情况下也能通过听觉来操作设备。

其次，针对老年群体可能存在的手部灵活度下降的问题，我们可以设计易于握持和操作的设备。如采用防滑材质、加大按键尺寸、减少按键之间的间距等，让老年人能够轻松地进行操作。

再次，考虑到老年人的记忆力和理解能力下降，我们可以为设备添加记忆辅助功能。比如，设备可以自动记录常用的功能或设置，以便使用者能够快速找到并使用。同时，应提供简洁明了的操作指南和教程，帮助老年群体快速掌握设备的使用方法，如图 4-7 所示。

图 4-7 为老人佩戴智能语音设备

最后，我们应关注老年群体使用数字设备的安全问题。例如，加入防误触功能、设置家长控制等，避免老年群体因误操作而造成不必要的麻烦或损失。综合考虑老年群体的生理特点和需求，我们可以对数字设备进行适老化改造，使老年群体能够更加便捷、舒适地使用数字设备，享受数字教育带来的乐趣和便利。

（2）学习氛围的营造

在老年数字教育过程中，营造一个轻松、愉快的学习氛围对于提高老年群体的学习积极性和效果至关重要。除了设置休息区域、提供茶水和小点心、组织学习交流活动等基本的氛围营造措施外，我们还可以从以下几个方面进行进一步拓展和补充：

首先，我们可以打造具有互动性和趣味性的学习环境。例如，利用多媒体教学资源设计富有吸引力的课件和教学内容，让老年群体在学习中感受到乐趣和成就感。同时，引入游戏化学习元素，设置有趣的任务和挑战，激发老年群体的学习动力，提高参与度。

其次，我们可以建立共同学习小组，鼓励互动和合作。例如，组织小组学习活动，让老年人在共同完成任务的过程中相互学习、相互帮助。同时，设置学习分享环节，让老年人分享自己的学习心得和经验，促进彼此之间的交流和成长。

再次，我们可以为老年群体提供个性化的学习支持。例如，根据每位老年人的学习特点和需求，提供定制化的学习计划和辅导。同时，关注老年群体的学习进度和反馈，及时调整教学策略和方法，确保每位老年人都能在学习过程中获得进步和成长。

最后，我们可以通过举办一些庆祝活动或学习成果展示活动来增强学习氛围的仪式感。例如，定期举办学习成果展览、颁发学习证书或奖励等，让老年群体感受到自己的努力和成果得到了认可和肯定，如图 4-8 所示。

图 4-8 老年文艺汇演

通过打造具有互动性和趣味性的学习环境、建立学习共同体、提供个性化的学习支持以及增强学习氛围的仪式感等措施，我们可以为老年群体营造一个轻松、愉快的学习氛围，让他们在享受数字教育的过程中感受到乐趣和成就感。

5. 跟踪学习效果

（1）学习成果的展示

定期组织学习成果展示活动，对于老年数字教育具有深远的意义。这样的活动不仅是对老年人学习努力的肯定，也是激发他们学习热情、增强自信心的有效途径，如图 4-9 所示。

首先，学习成果展示活动可以激发老年群体的学习动力。当看到自己的学习成果被展示出来，他们会感受到自己的努力和进步得到了认可，从而更加愿意投入时间和精力去学习新的知识和技能。

其次，学习成果展示活动有助于老年群体建立自信心。随着年龄的增长，许多老年人可能会感到自己的学习能力和价值受到质疑。通过展示学习成果，他们可以重新认识到自己的潜力和价值，增强自信心和自尊心。

图 4-9　老年群体教学成果展示

最后，学习成果展示活动可以为其他学员树立榜样。当其他学员看到身边的老年人通过学习取得了进步和成就，他们会受到鼓舞和启发，更加积极地参与到学习中来。

在组织学习成果展示活动时，我们可以采用多种形式，如制作学习成果展示板、举办学习成果汇报会、拍摄学习成果视频等。同时，可以邀请家人、朋友或社区领导等人参加，让老年群体感受到更多的关注和支持。

除了定期的学习成果展示活动，我们还可以鼓励老年群体在日常生活中分享自己的学习成果和经验。例如，他们可以在社区活动中展示自己的数字技能，或者与其他老年人交流学习心得和体会。这样不仅可以增强老年群体的学习体验，还可以促进社区内的数字教育氛围。

（2）学习反馈机制的建立

有效的学习反馈机制的建立，对于老年数字教育的优化和改进至关重要。通过及时收集老年群体的学习反馈和意见，我们可以更好地了解他们的学习需求和困难，从而调整教学内容和方式，提高教学效果。

首先，我们可以通过定期的调查问卷来收集学习反馈。问卷可以包括关于课程内容、教学方法、学习体验等方面的问题，让老年人根据自己的实际情况进行填写，如图 4-10 所示。通过分析问卷数据，我们可以发现老年人普遍存在的问题和困难，为后续的教学改进提供依据。

其次，我们可以通过面对面的交流收集学习反馈。我们可以定期组织座谈会或一对一访谈，与老年人进行深入的交流。通过倾听他们的意见和建议，我们可以更直观地了解他们的学习需求和期望，从而调整教学策略和方法。

最后，我们可以利用在线平台或社交媒体等渠道收集老年群体的学习反馈。这些平台具有便捷、实时的特点，可以让老年群体随时随地表达自己的看法和感受。通过及时回应和处理这些反馈，我们可以增强老年群体的学习参与感和归属感。

老年人社会问卷调查表

(顾客的基本情况)

1. 被调查人情况

   ①您的年龄_____岁

   ②性别 □男 □女

   ③您的文化程度 □小学 □初中 □高中 □大学

   ④您有几个孩子 □无 □有男_____个 女_____个

   ⑤您原从事职业 □干部 □职工 □务工 □务农 □经商 □办企业
   □其他

2. 您所在的城市（请填写所在省市县等）_____市_____区（县）_____街道（镇）_____社区（村）

3. 您的居住状况？

   □个人独居 □与爱人一起居住 □与儿女一起居住

   □与爱人和儿女一起居住 □福利部门（如敬老院等） □其他

4. 你现在的生活由谁赡养？

   □过去的积蓄 □退休金 □子女赡养 □享受国家最低生活保障

   □亲属赡养 □其他

5. 您平常爱吃什么类型的食物？

   □肉类 □蔬菜类 □水果 □酒类 □其他_____

6. 您在饮食方面注重哪些内容？

图 4-10 老年人社会问卷调查表

在建立学习反馈机制的过程中，我们应注重反馈的及时性和有效性。对于老年群体提出的问题和困难，我们应尽快给予回应和解决，让他们感受到我们的关注和重视。我们还应对反馈结果进行总结和分析，找出问题的根源和解决方案，为今后的教学提供借鉴和参考。

总之，学习反馈机制的建立可以帮助我们更好地了解老年群体的学习需求和困难，为老年数字教育的优化和改进提供有力支持。通过不断改进和完善这一机制，我们可以为老年群体提供更加优质、高效的数字教育服务。

6. 动员社会力量参与

（1）企业与公益组织合作

在老年数字教育领域，企业与公益组织合作可以带来丰富的资源，共同为老年群体提供更加优质和全面的数字教育服务。

一方面，企业通常拥有先进的技术和丰富的教育资源，可以为老年群体提供现代化的数字技能培训。通过与企业合作，我们可以引入最新的教育技术和工具，为老年群体打造更加生动、有趣的学习体验。企业还可以提供实习或实践机会，让老年群体在真实环境中应用所学技能，提升学习效果。

另一方面，公益组织通常具有深厚的社区基础和广泛的社会网络，能够更好地了解老年群体的需求和困难。通过与公益组织合作，我们可以更好地把握老年群体的学习特点和兴趣，制订更加符合他们实际需求的教学计划和内容。公益组织还可以帮助我们组织和开展各种形式的数字教育普及活动，如讲座、培训班、志愿者辅导等，让更多的老年人受益。

此外，企业与公益组织合作还可以实现资源共享和互利共赢。企业可以通过参与数字教育项目来履行社会责任，提升品牌形象；公益组织则可以借助企业的资源支持，扩大数字教育的影响力和覆盖面。双方可以共同开展筹款活动、寻求政府支持等，为老年数字教育项目提供持续的资金和动力。

在合作过程中，我们需要建立明确的合作机制，确保双方能够充分发挥各自的优势，形成合力。同时，我们需要注重合作效果的评估和反馈，及时调整合作策略和内容，确保老年数字教育项目能够取得实效和持续发展。

（2）社会宣传与倡导

社会宣传与倡导在推动老年数字教育方面起着至关重要的作用。通过媒体宣传、社区活动等方式，我们可以提高社会对老年数字教育的关注度和认可度，为老年数字教育的发展营造良好的社会氛围。

首先，媒体宣传是扩大老年数字教育影响力的有效途径。我们可以通过电视、广播、报纸、网络等媒体渠道，发布老年数字教育的相关新闻、报道和案例，展示老年人学习数字技能的成果。同时，我们可以邀请专家、学者和学员接受媒体采访，分享他们的经验和见解，提升老年数字教育的公信力和影响力。

其次，社区活动是增进社会对老年数字教育了解的重要平台。我们可以组织各种形式的社区活动，如数字教育讲座、技能展示、互动体验等，邀请老年人、家庭成员和社区居民共同参与。通过亲身体验和互动交流，大家可以更加直观地了解老年数字教育的意义和价值，加强对老年群体的关注和支持。

最后，倡导全社会共同关注老年群体的数字生活需求是社会宣传与倡导的重要内容。我们可以通过制作宣传海报、发放宣传资料等方式，向公众普及老年群体面临的数字生活挑战和需求，呼吁大家为老年群体提供更多的支持和帮助。我们还可以联合其他组织或机构发起倡议或呼吁，推动社会各界共同关注和参与老年数字教育事业。

在社会宣传与倡导的过程中，我们需要注重宣传的针对性和实效性。针对不同的人群和场合，我们需要制定不同的宣传策略和内容，确保宣传信息能够精准传达并产生实际效果。我们还需要及时收集和分析社会反馈和意见，不断完善和优化宣传方式和内容，提升老年数字教育的社会认可度和影响力。

综上所述，针对老年群体开展数字教育课程与培训需要我们从多个方面入手，综合考虑老年群体的特点、需求和学习障碍。通过优化课程设计、创新教学方式、提供个性化辅导、创造友好学习环境、跟踪学习效果以及动员社会力量参与等措施的综合实施，我们可以为老年群体打造一个全方位、立体化的数字教育体系，帮助他们更好地融入数字化社会，享受数字化带来的便利和乐趣。

第二节 组织志愿者与老年群体结对辅导

组织志愿者与老年群体结对辅导是指通过搭建一个有效的平台或机制，将具有数字技能和热心的志愿者与需要学习数字技能的老年人进行配对，以实现"一对一"或小组形式的辅导活动。

首先，结对辅导方案体现了以人为本、尊重自愿的原则。老年群体作为社会的特殊群体，他们的需求和兴趣各异，因此，尊重他们的意愿，以日常生活不能完全自理的"空巢老人""病残老人"为重点，开展结对辅导活动，如图 4-11 所示，有助于解决他们最关心、最需要的现实问题。同时，对于已雇用人员照料而不愿结对帮扶的老人，或者要求挑选志愿者结对的老人，应尽可能尊重他们的选择，这有助于增强他们的参与感和归属感。

其次，结对辅导方案注重就近结对和帮扶有力。选择离老年人较近、熟悉的志愿者进行结对，能够更好地了解老年群体的生活状况和需求，提供及时有效的帮助。同时，以低龄老年志愿者为主、其他专业志愿者为辅的组合，能够发挥各自的优势，为老年群体提供更加全面、专业的辅导服务。

在结对辅导过程中，志愿者不仅提供数字技能方面的辅导，更重要的是与老年群体

图 4-11 与老年群体结对辅导

建立情感联系，了解他们的心声，排解他们的忧虑情绪。通过定期的电话沟通、上门探访等，志愿者可以及时了解老年群体的生活状况和需求变化，为他们提供持续、有效的支持。这种情感交流有助于老年群体克服学习新技能的畏难情绪，增强他们的学习动力和信心。

此外，结对辅导方案还强调因地制宜、循序渐进的原则。根据不同老年人的实际情况和需求，制订个性化的辅导计划，确保辅导内容既符合老年人的兴趣，又能有效提升他们的数字技能水平。同时，注重辅导过程的循序渐进，让老年群体在轻松、愉快的氛围中逐步掌握数字技能。

一、结对辅导的特点

组织志愿者与老年群体结对辅导的特点不仅体现了对老年群体的个性化关怀和深度陪伴，更在情感交流、持续稳定的关系以及互动参与等方面展现了其独特的价值。组织志愿者与老年群体结对辅导的特点如下：

1. 个性化服务

（1）个性化评估与反馈

在个性化评估过程中，志愿者可以采用多种评估工具和方法，以确保评估结果的准确性和有效性。例如，可以使用标准化的数字技能测试来评估老年人的基础水平；通过问卷调查了解他们的学习偏好和兴趣；利用认知评估工具来检测老年人的记忆、注意力等认知能力。这些评估工具和方法可以相互补充，提供更全面的评估结果。

除了评估工具的选择，反馈机制的建立也是个性化服务中不可或缺的一环。志愿者可以定期与老年群体进行反馈交流，了解他们的学习进展和感受，以及遇到的困难和挑战。同时，志愿者可以根据老年群体的反馈，及时调整教学计划和方法，提供更具针对性的辅导。此外，建立学习档案或进度跟踪系统也是一种有效的反馈方式，可以帮助志愿者更好地掌握老年群体的学习状态，确保达到最佳教学效果。

（2）多元化教学资源

在提供教学资源时，志愿者可以充分利用线上和线下资源，实现资源的有效融合。线上资源如在线教育平台、数字教育资源库等，内容丰富、更新迅速、易于获取，可以满足老年群体多样化的学习需求。线下资源如实体图书、教学视频等，则可以提供更为直观和生动的学习体验。志愿者可以根据老年群体的学习特点和需求，灵活选择线上或线下资源，或者将两者相结合，为老年群体打造更加优质的学习体验。

除了利用现有的教学资源外，志愿者还可以根据老年群体的特殊需求，开发定制化的教学资源。例如，针对视力不佳的老年人，可以制作大字体的学习材料；针对听力下降的老年人，可以录制带有字幕的教学视频。同时，志愿者可以鼓励老年人之间共享学习资源，促进学习经验的交流和传播。这种定制与共享的方式不仅可以满足老年群体的个性化需求，还可以提高资源的利用效率，促进学习社区的形成和发展。

综上所述，个性化评估与反馈和多元化教学资源是组织志愿者与老年群体结对辅导中不可忽视的重要环节。通过不断拓展和深化这些方面的内容，我们可以为老年群体提供更加精准、丰富和有效的数字教育服务，帮助他们更好地适应数字化时代的生活和学习需求。

2. 情感交流

（1）心理支持与陪伴

① 倾听与理解：深度交流的桥梁。在结对辅导的过程中，志愿者耐心倾听老年群体的心声，如图4-12所示，不仅能够了解他们的数字技能需求，更能洞察他们的情感状态和内心世界。倾听是心理支持的第一步，它能够帮助志愿者建立起与老年群体之间的信任，为后续的陪伴和支持奠定坚实的基础。

② 情感疏导与心理调适。老年群体在面对数字技能学习的挑战时，可能会产生焦虑、自卑等负面情绪。志愿者可以运用心理学知识，为老年群体提供情感疏导和心理调适的支持。例如，通过积极的鼓励、正面的反馈以及放松训练等方法，帮助老年群体建立自信，缓解学习压力，从而让他们以更加积极的心态面对学习挑战。

③ 陪伴的力量：共度时光，分享生活。除了在学习上提供支持，志愿者还可以陪

图 4-12 志愿者倾听老年群体的心声

伴老年群体参与各种日常活动,如散步、聊天、共同观看电影等,来增进彼此之间的情感联系。这种陪伴不仅可以让老年群体感受到温暖和关怀,还可以帮助他们提高生活质量。

(2)文化共享与传承

① 跨代际交流:打破年龄界限的沟通。老年群体和志愿者之间的结对辅导为跨代际交流提供了绝佳的机会。老年群体可以向志愿者讲述他们的成长经历、生活故事,志愿者则可以向老年群体介绍现代社会的科技发展、流行文化和社会动态。这种交流有助于打破年龄界限,增进代际的理解和尊重。

② 文化传承与创新。老年群体作为社会的宝贵财富,他们积累了丰富的文化知识和智慧。通过结对辅导,这些文化知识和智慧得以传承给年轻一代。同时,志愿者可以引导老年群体接触现代社会的创新理念和技术成果,激发他们的创新精神和活力。这种文化传承与创新的过程有助于推动社会的持续发展和进步。

③ 社区文化建设与和谐共融。结对辅导活动不仅有助于老年群体和志愿者交流,还可以促进社区文化建设的和谐共融。组织各种文化活动和分享会,可以增进社区居民之间的了解和友谊,营造积极向上的社区氛围。同时,这种跨代际的文化交流有助于打破社会隔阂和偏见,促进社会的和谐稳定。

综上所述,心理支持与陪伴、文化共享与传承在组织志愿者与老年群体结对辅导中不可忽视。通过加强对这些方面的关注和实践,我们可以为老年群体提供更加全面、深入的服务和支持,促进他们的身心健康和文化传承。同时,这种跨代际的交流与融合有助于推动社会的和谐发展和进步。

3. 持续性与稳定性

（1）定期回访与跟进

① 回访的频次与方式。定期回访的频率可以根据老年群体的学习进度和志愿者的工作安排进行灵活调整。一般来说，初期阶段可以安排较为频繁的回访，以便及时了解老年群体的学习困难和需求，并进行针对性的指导。随着学习的深入和老年群体技能的提升，回访的频率可以适当减少，但仍需保持一定的联系，确保辅导的连续性和持久性。在回访方式上，除了面对面的交流外，还可以利用电话、电子邮件、在线聊天工具等多种方式进行沟通。这不仅可以方便志愿者与老年群体联系，还可以提高回访的效率和灵活性。

② 学习进展的跟踪与评估。定期回访不仅是为了了解老年群体学习中遇到的困难，更重要的是为了了解他们的学习进度并评估辅导效果。志愿者可以通过观察老年人的实际操作、询问他们的学习感受、检查作业完成情况等方式，来全面了解他们的学习状况。同时，还可以利用一些量化指标，如技能掌握程度、学习速度等，对辅导效果进行客观评估。

③ 辅导计划的调整与优化。根据老年群体的学习进展和需求变化，志愿者需要适时调整辅导计划和内容。例如，对于学习进度较快的老年人，可以适当增加学习内容，提高学习难度，以满足他们的学习需求；对于学习困难的老年人，则需要提供更多的帮助和支持，帮助他们克服障碍。此外，志愿者还可以根据老年群体的兴趣和特长，为他们定制个性化的学习计划，以提高学习效果和满意度。

（2）建立长效机制

① 辅导计划与目标的明确。为了确保结对辅导活动长期稳定运行，我们需要制订明确的辅导计划与目标。这包括确定辅导的时间、地点、内容等具体安排，以及明确辅导的目的和期望达到的效果。制订详细的计划和目标，可以使志愿者和老年群体都对辅导活动有清晰的认识和预期，从而提高他们的参与度和积极性。

② 稳定联系机制的建立。建立稳定的联系机制是确保结对辅导活动持续进行的关键。志愿者可以通过定期交流学习心得、分享学习资源等方式，与老年群体保持密切的联系。同时，还可以利用社交媒体、在线学习平台等工具，建立学习社区或群组，方便老年群体和志愿者交流和互动。

③ 辅导效果评估体系的完善。完善辅导效果评估体系是检验辅导活动成效的重要手段。除了定期的回访和评估外，还可以设置学习成果展示、技能竞赛等活动，让老年群体有机会展示自己的学习成果和进步。同时，可以邀请专业人士或第三方机构对辅导活动进行客观评价和建议，以便不断优化和改进辅导方式和方法。

④ 志愿者培训与激励机制的建立。为了确保结对辅导活动的质量和效果，需要对

志愿者进行定期的培训和指导。这包括数字技能的教学技巧、老年群体的心理特点和沟通技巧等方面的培训。同时，要建立激励机制，如表彰优秀志愿者、提供学习和发展机会等，以提高志愿者的积极性和参与度。

定期回访与跟进和建立长效机制是确保结对辅导活动长期稳定运行和取得实效的重要保障。通过制订明确的计划和目标、建立稳定的联系机制、完善评估体系以及加强志愿者培训和激励等措施，我们可以为老年群体提供持续有效的数字教育服务，提升他们的数字素养，使他们能更好地融入社会。

4. 互动性与参与性

(1) 合作式学习

合作式学习是一种强调互动与协作的学习方式，在结对辅导中，合作式学习具有显著的优势。首先，通过共同完成任务，老年群体可以在与志愿者的互动中感受到支持和帮助，从而增强学习动力。其次，合作式学习有助于培养老年群体的团队精神和协作能力，提升他们的社交互动能力。最后，通过共同解决问题，老年群体可以在实践中学习新知识、掌握新技能，提高学习效果。

在实施合作式学习时，可以采用以下策略。首先，明确学习目标和任务，确保老年群体和志愿者都清楚合作的方向。其次，建立平等、尊重的合作关系，鼓励双方积极参与和贡献。最后，可以采用小组讨论、角色扮演、分工合作等方式，促进老年群体和志愿者之间的交流和合作。

在实际应用中，合作式学习可以应用于各种场景。例如，老年群体和志愿者可以一起探索新的数字工具，如智能手机、平板电脑等，共同学习如何使用这些工具进行通信、娱乐和购物等。在此过程中，老年群体可以学习新技能，而志愿者则可以提供指导和帮助。

(2) 实践应用与展示

实践应用是将所学技能应用于实际生活的关键环节。通过实践应用，老年群体可以巩固所学知识，提高技能水平，并将所学应用于日常生活中，解决实际问题。此外，实践应用还有助于激发老年群体的学习兴趣和热情，增强他们的自信心和成就感。

实践应用的方式多种多样，可以根据老年群体的兴趣和需求进行定制。例如，可以组织一些实践活动，如数字摄影比赛、电子支付体验、在线购物等，让老年群体在实践中掌握数字技能。此外，还可以鼓励老年群体在日常生活中积极应用所学技能，如使用智能手机进行通信、使用电子地图出行等。

成果展示是实践应用的重要环节，它可以让老年群体展示自己的学习成果。通过成果展示，老年群体会感受到自己的努力和成果得到了认可，从而进一步增强学习动力和自信心。同时，成果展示可以激发其他人的学习热情，促进整个学习社区的互动和交流。

组织志愿者与老年群体结对辅导的特点不仅体现在个性化服务、情感交流、持续性与稳定性以及互动性与参与性等方面，还涵盖了更多深层次的内涵和价值。通过不断拓展和深化这些特点，我们可以为老年群体提供更加全面、深入的数字教育服务。

二、结对辅导的工作流程

具体来说，这种结对辅导的方式包括以下几个关键步骤：

1. 志愿者招募与选拔

（1）志愿者招募

在志愿者招募环节，组织应设计清晰明确的招募公告，详细列出所需志愿者的条件、工作内容、时间安排以及可能获得的回报或荣誉。招募公告可以通过社区公告栏、社交媒体平台、老年活动中心等多种渠道进行发布，以扩大招募范围，吸引更多具备相关技能和热情的志愿者参与。

（2）志愿者选拔

在志愿者选拔过程中，组织应注重候选人的专业技能、沟通能力以及服务意愿等多方面。可以通过面试、技能测试、背景调查等方式，对候选人进行全面评估，如图4-13所示。同时，可以邀请一些有经验的志愿者或专业人士担任面试官，确保选拔出具备优秀素质和能力的志愿者。

图4-13　志愿者与老年群体亲切交谈

此外，为了激发志愿者的积极性和参与度，组织还可以为志愿者提供一定的培训和支持，如数字技能进阶培训、心理辅导、团队建设活动等，帮助他们更好地适应和胜任辅导工作。

2. 老年群体需求调研

（1）调研目的与方法

老年群体需求调研是确保结对辅导活动针对性和实效性的关键步骤。通过调研，可以深入了解老年群体在数字技能方面的具体需求、学习难点以及期望的学习方式和内容。调研可以采用问卷调查、访谈、座谈会等多种形式进行，确保数据的真实性和有效性。

（2）调研内容与分析

在调研过程中，应重点关注老年群体的日常数字技能使用情况、遇到的问题和困难、学习意愿和动机等方面。同时，可以了解他们对辅导活动的期望和建议，以便为后续的辅导工作提供改进方向。调研结束后，应对收集到的数据进行整理和分析，形成详细的调研报告，为制订辅导计划和内容提供有力支持。

（3）调研结果的分析

调研结果的分析是确保辅导活动有效性的重要环节。根据调研结果，组织可以制订更具针对性的辅导计划和内容，满足老年群体的实际需求。同时，可以根据老年群体的学习特点和偏好，调整辅导方式和教学方法，提高教学效果。此外，可以定期回顾和更新调研结果，这有助于及时发现和解决辅导过程中出现的问题，确保活动的持续改进和优化。

精心组织志愿者的招募与选拔，深入进行老年群体需求调研，可以为结对辅导活动的顺利开展奠定坚实基础。这不仅有助于提高辅导活动的针对性和实效性，还能更好地满足老年群体的学习需求，促进他们提升数字素养和融入社会。

3. 配对与结对

（1）配对策略与考虑因素

在进行志愿者与老年群体的配对工作时，除了考虑志愿者的技能和老年群体的需求外，还可以引入更多策略和因素来优化配对效果。例如，可以利用智能算法和数据分析技术，依据双方的地理位置、兴趣爱好、学习进度等多个维度进行精准匹配。这不仅可以提高配对的准确性和效率，还能更好地满足老年群体的个性化学习需求。

同时，可以考虑老年群体的学习风格和偏好，如有些人可能更喜欢自主学习，而有些人则更喜欢与他人合作学习。志愿者在配对过程中可以根据这些信息调整自己的辅导策略，以更好地适应老年群体的学习需求。

（2）结对关系的建立与维护

结对关系的建立不仅仅是简单的配对，更重要的是建立一种信任、理解和支持的关系。志愿者可以通过定期的交流、关心老年群体的生活状况、分享学习经验等方式，与老年群体建立深厚的情感联系，如图 4-14 所示。同时，要尊重老年群体的意愿和选择，不强求他们接受自己不喜欢的辅导方式或内容。

图 4-14　工作人员上门与老人沟通交流

在结对关系的维护方面，可以建立定期反馈机制，让老年群体和志愿者都能及时了解彼此的感受和建议，以便及时调整辅导计划和策略。此外，还可以组织一些团队建设活动或分享会，让志愿者和老年群体之间能够更多地互动和交流，增进彼此的了解和信任。

4. 辅导实施

（1）辅导内容与方式

在辅导实施过程中，志愿者需要根据老年群体的需求和兴趣，制订具体的辅导内容和方式。除了教授基本的数字技能外，还可以引导老年群体探索更多的数字应用场景，如在线购物、健康管理等。同时，可以结合老年群体的生活经验和兴趣爱好，设计一些有趣的学习任务和实践活动，激发他们的学习兴趣。

在辅导方式上，可以采用"一对一"、小组学习、线上学习等多种形式。"一对一"可以更加针对性地解决老年群体的学习问题，小组学习则可以让老年群体在互动中相互学习和交流，线上学习则可以为老年群体提供更加灵活和便捷的学习方式。

（2）辅导过程中的支持与反馈

在辅导过程中，志愿者需要耐心解答老年群体的问题，帮助他们克服困难。同时，需要关注老年人的学习进度和情绪变化，及时给予鼓励和支持。对于老年群体的学习成果，志愿者可以给予积极的反馈和认可，增强他们的学习信心和动力。

此外，为了提高辅导效果和质量，志愿者还可以与老年群体一起总结学习经验和方法，分享成功案例和心得体会。不断的反思和改进，可以不断优化辅导策略和内容，为老年群体提供更加优质的学习体验。

通过精心策划配对与结对策略、实施多样化的辅导内容和方式以及提供全方位的支持与反馈，我们可以确保结对辅导活动的顺利进行并取得良好的效果。这不仅有助于提升老年群体的数字素养和生活质量，还能促进社会的和谐与发展。

5. 反馈与评估

（1）反馈与评估的重要性

在结对辅导活动中，反馈与评估是一个至关重要的环节。它不仅可以帮助组织了解辅导活动的实际效果，还可以为后续的辅导工作提供宝贵的改进建议。通过收集反馈意见，我们可以全面、客观地评估辅导活动的优点和不足，从而进行有针对性的调整和优化。

（2）反馈与评估的方式

反馈与评估可以通过多种方式进行。首先，可以设计专门的反馈问卷，让老年群体和志愿者填写。问卷可以包含对辅导内容、方式、效果等方面的评价和建议，以便组织全面了解他们的意见和感受。其次，可以组织面对面的座谈会或小组讨论，让老年群体和志愿者直接表达他们的看法和建议。这种方式可以更加深入地了解他们的需求和期望，有助于发现潜在的问题和改进空间。最后，可以通过观察、记录辅导过程，收集实际案例和故事，将其作为评估的依据。

（3）反馈与评估的应用

收集到的反馈和评估结果可以提供宝贵的改进方向。首先，可以根据反馈意见调整辅导内容和方式，以更好地满足老年群体的学习需求和兴趣。例如，如果发现老年群体对某个数字技能特别感兴趣，可以增加相关内容的辅导；如果发现某种辅导方式效果不佳，可以尝试其他更有效的方法。其次，可以根据评估结果优化配对策略，提高志愿者和老年群体之间的匹配度。例如，可以根据老年群体的学习进度和志愿者的技能水平进行更精细化的配对。最后，可以根据反馈和评估结果对志愿者进行培训，提高他们的辅导能力和服务质量。

（4）持续改进与创新

反馈与评估是一个持续的过程，它应该贯穿整个结对辅导活动的始终。通过不断地收集反馈、评估效果、调整优化，可以逐步形成一套完善的辅导体系和服务机制。同时，可以积极探索新的辅导方式和技术手段，如引入在线教育平台、开发智能辅导工具等，以提高辅导的效率和效果。

反馈与评估是结对辅导活动中不可或缺的一环。通过科学、客观地收集和分析反馈意见和评估结果，我们可以不断改进和优化辅导工作，为老年群体提供更加优质、个性化的学习体验。这不仅有助于提升老年群体的数字素养和生活质量，还能推动社会的和谐与进步。

通过这种结对辅导的方式，老年群体可以得到个性化的数字技能辅导，而志愿者也能在帮助他人的过程中实现自我价值，提升社会责任感。同时，这种辅导方式有助于增进老年群体与社会的联系，促进社会的和谐与发展。

三、结对辅导的优缺点

组织志愿者与老年群体结对辅导的优缺点如下：

1. 优点

（1）个性化教学，精准辅导

"一对一"的结对辅导方式确保了教学的针对性。每个老年人的学习背景、接受能力和兴趣点都有不同，志愿者可以根据他们的具体情况进行个性化教学，从而最大化地满足老年群体的学习需求。这种精准辅导不仅有助于老年群体快速掌握数字技能，还能让他们在学习过程中感受到更多的关注和尊重。

（2）灵活调整教学策略，提升学习效率

志愿者在辅导过程中，可以根据老年群体的学习进度和理解能力随时调整教学策略。如果他们对某些内容感到困惑，志愿者可以放缓节奏，耐心解释；如果他们表现出较强的学习能力，志愿者则可以适当加快进度，引入更多高级内容。这种灵活的教学方式有助于老年群体更加高效地掌握数字技能，提升他们的学习体验。图 4-15 为某志愿服务活动研讨会。

（3）增强社会互动与情感交流

结对辅导不仅是一个教学过程，更是一个情感交流和社会互动的过程。志愿者与老年群体通过频繁的接触和交流，可以建立起深厚的友谊和信任关系。这种互动不仅有助于老年群体感受到社会的温暖和关怀，还能帮助他们拓宽社交圈子，增加生活的乐趣，提升幸福感。同时，志愿者能从与老年群体的交流中收获到宝贵的人生经验和智慧，实现双方的共同成长和进步。

（4）跨越代际的友谊与交流

结对辅导不仅是一项教育活动，更是一种社会和谐的促进剂。在这一过程中，老年群体与志愿者跨越了年龄的鸿沟，建立了深厚的友谊。老年群体通过辅导活动，感受到了社会的温暖与关怀，志愿者则通过陪伴与辅导，更深入地理解了老年群体的生活与需求。这种代际间的交流与理解，有助于消除社会中的隔阂与偏见，增进不同年龄段人群

图 4-15 某志愿服务活动研讨会

之间的团结与和谐。

结对辅导活动也为社区营造了一个和谐、包容的氛围。老年群体与志愿者在学习与互动中，增进了彼此的了解与信任，为社区的发展注入了新的活力。这种和谐的社区氛围，有助于提升居民的幸福感和归属感，推动社会的稳定与进步。

（5）实现自我价值与社会价值的双赢

参与结对辅导的志愿者，在为老年群体提供帮助的同时，也在不断地提升自我素质。通过交流与互动，志愿者不仅能够锻炼自己的沟通能力、组织能力等，还能在过程中学会更多的耐心与关爱。这种经历不仅有助于志愿者个人的成长与发展，还能让他们在社会中发挥出更大的价值。

所以结对辅导活动在增进社会和谐与提升志愿者素质方面都具有显著的优势。通过这一活动，我们不仅能为老年群体提供必要的帮助与支持，还能促进社会的和谐与进步，也能为志愿者提供一个实现自我价值的平台。通过为老年群体提供实质性的帮助与支持，志愿者能够感受到自己的付出得到了社会的认可与尊重。这种成就感与满足感，有助于激发志愿者的积极性与热情，推动他们更加积极地参与到社会公益事业中来。志愿者与老年群体的结对辅导不仅可以为老年群体提供有针对性的数字技能教学，还能增强社会互动与情感交流，让老年群体在学习过程中感受到更多的关心和尊重。这种辅导方式有助于激发老年群体的学习热情，提高他们的数字素养，进而更好地融入现代社会。

2. 缺点

(1) 志愿者资源有限

结对辅导活动的一大挑战在于寻找合适的志愿者。辅导工作对志愿者的要求较高,需要他们具备一定的数字技能和沟通能力,这本身就限制了可选志愿者的范围。同时,志愿者需要有足够的时间和精力投入辅导工作中,这对于许多人来说是一个不小的挑战。因此,在组织和开展结对辅导活动时,往往会面临志愿者资源不足的问题。

(2) 辅导效果参差不齐

由于志愿者的能力和经验不同,辅导效果往往会存在差异。一些经验丰富的志愿者能够根据老年人的实际情况和需求,制订个性化的辅导方案,取得显著的辅导效果。然而,也有一些志愿者可能由于缺乏经验或技能不足,无法有效地帮助老年群体掌握数字技能。这种差异不仅影响了老年群体的学习体验,还可能导致他们对辅导活动失去信心。

(3) 可能存在沟通障碍

在结对辅导的过程中,老年群体和志愿者之间可能会遇到沟通上的障碍。这些障碍可能源于年龄、文化、教育背景、生活习惯以及数字技能水平等多个方面的差异。

首先,年龄差异可能导致双方在沟通方式和习惯上有所不同。老年群体可能更倾向于面对面的直接交流,而志愿者可能更习惯使用数字工具进行沟通。这种差异可能导致双方在沟通时感到不适。

其次,文化背景的不同可能导致沟通障碍。老年群体和志愿者可能来自不同的文化环境,拥有不同的价值观、信仰和习俗。这些差异可能导致在沟通时出现理解偏差或误解,从而影响辅导效果。

最后,教育背景和数字技能水平的差异可能成为沟通的障碍。一些老年人可能受教育程度较低,对数字技能了解有限,而志愿者可能具备较高的数字素养。这种差异可能导致在辅导过程中出现沟通不畅的情况。

综上所述,组织志愿者与老年群体结对辅导在数字教育普及方面具有独特的优势和特点,但也存在一些挑战和不足。因此,在实施过程中需要充分考虑各种因素,确保方案的有效性和可持续性。

四、结对辅导的注意事项

组织志愿者与老年群体结对辅导的注意事项包括以下几个方面:

1. 志愿者的筛选与培训

在筛选志愿者时,除了考察其数字技能和沟通能力外,还应关注其是否具备耐心、责任心和同理心,以及是否关注和尊重老年群体。

培训内容应涵盖老年心理学、数字技能、辅导技巧以及应对突发状况的应急处理等方面，确保志愿者能够胜任辅导工作。志愿者培训现场如图4-16所示。

图4-16 志愿者培训现场

2. 老年群体的需求评估

在进行需求评估时，可以采用问卷调查、访谈或小组讨论等方式，全面了解老年群体的学习需求和困难。

还需要针对不同老年人的个体差异，制订个性化的辅导方案，以满足他们的特定需求。

3. 沟通与尊重

志愿者在与老年群体沟通时，应保持谦逊和尊重，避免打断或贬低他们的观点。

倾听是沟通的关键，志愿者需要耐心聆听老年群体的想法和疑问，给予他们充分的表达空间。

应使用简单明了的语言解释复杂概念，避免使用专业术语或行话，以确保老年群体能够理解和接受。

4. 辅导计划与灵活性

应制订详细辅导计划，包括辅导目标、内容、时间安排以及评估方式等，确保辅导活动有条不紊地进行。

应根据老年群体的学习进度和反馈，灵活调整辅导计划，确保辅导内容符合老年群体的实际需求。

应鼓励老年群体参与辅导计划的制订和调整过程，提高他们的主动性和参与度。

5. 安全与健康

在辅导过程中，要确保场所安全，消除安全隐患，如检查电线是否裸露、桌椅是否稳固等。

要提前了解老年群体的身体状况，如是否有高血压、心脏病等慢性疾病，以便在紧急情况下采取适当的应对措施。

要合理安排辅导时间，避免老年群体因长时间学习而感到疲劳或不适。

6. 定期反馈与总结

应定期收集志愿者和老年群体的反馈意见，了解他们对辅导活动的满意度、建议以及在辅导过程中遇到的问题。

应对收集到的反馈进行整理和分析，找出辅导活动中的优点和不足，为后续的改进提供依据。

应总结辅导活动的经验和教训，将其分享给其他志愿者和组织者，促进辅导活动的持续优化和发展。

此外，还需要注意以下几点：

① 志愿者与老年人的配对。尽量根据双方的意愿和特点进行配对，以提高辅导效果和满意度。

② 辅导资源的准备。确保辅导过程中所需的设备、教材等资源充足且易于使用。

③ 支持系统的建立。为志愿者和老年群体提供必要的支持，如设立咨询热线、提供学习资料等，以便他们在辅导过程中遇到问题时能够及时得到帮助。

综上所述，组织志愿者与老年群体结对辅导是一项复杂而细致的工作，需要充分考虑各个方面的因素。通过精心策划和细致执行，可以确保辅导活动的顺利进行并取得良好的效果。

五、结对辅导的推广应用

组织志愿者与老年群体结对辅导的推广应用，是一项具有深远意义的社会实践活动。结合以往的知识与经验，我们可以从以下几个方面来阐述其推广应用的价值与策略：

1. 推广的价值

(1) 促进代际和谐与社会融合

代际和谐与社会融合是构建和谐社会的重要基石。结对辅导活动为老年人与年轻人之间搭建了一个沟通的桥梁，使得双方能够跨越年龄的鸿沟，进行深入的交流。这种互动不仅有助于消除老年人与年轻人之间的误解和偏见，还能够增进彼此之间的友谊和信任。

在代际交流的过程中，老年人可以分享自己的生活经验和智慧，为年轻人提供宝贵的指导；年轻人可以向老年人传递现代社会的新知识和新观念，帮助他们更好地适应社会的发展变化。这种知识的传承和文化的交流，有助于推动社会的持续进步和发展。

此外，结对辅导活动还能够增强社区的凝聚力和向心力。通过共同参与辅导活动，老年人和年轻人可以建立起紧密的社区关系，共同为社区的繁荣和发展贡献力量。这种社区的凝聚力有助于营造和谐、温馨的社会氛围，提升居民的幸福感和归属感。

(2) 提升老年群体的数字素养与生活质量

随着科技的快速发展，数字技能已经成为现代社会中不可或缺的一部分。对于老年群体来说，掌握数字技能不仅能够帮助他们更好地适应现代社会的生活节奏，还能提升他们的生活质量。

通过结对辅导活动，老年群体可以学习使用智能手机、平板电脑等智能设备，掌握基本的网络操作、信息查询和社交技能，如图4-17所示。这些技能可以帮助老年群体更方便地获取信息、与他人保持联系、享受娱乐生活等。

此外，数字技能的学习还能够激发老年群体的学习兴趣和积极性，提升他们的自我认同感和自我价值感。通过学习新技能，老年群体可以保持思维活跃、延缓认知衰退，享受更加充实和有意义的晚年生活。

(3) 发挥志愿者的社会价值

志愿者是社会发展的重要力量，他们的无私奉献和积极参与，为社会的和谐与进步做出了巨大贡献。在结对辅导活动中，志愿者发挥着举足轻重的作用。

首先，志愿者通过参与辅导活动，为老年群体提供了宝贵的帮助和支持。他们用自己的专业知识和热情服务，帮助老年群体解决在学习数字技能过程中遇到的问题和困难。这种帮助不仅让老年群体感受到了社会的温暖和关爱，也让他们更加信任和依赖志愿者。

其次，志愿者在辅导过程中实现了自我成长和提升。通过与老年群体的交流和互动，志愿者可以锻炼自己的沟通能力、组织能力、解决问题的能力等。这些能力的提升不仅有助于志愿者在职业生涯中取得更好的成绩，也能够为他们的个人成长和发展奠定坚实的基础。

最后，志愿者的参与能够传递社会正能量和价值观。他们的无私奉献和积极态度，

图 4-17　辅导老年群体学习使用智能设备

能够激励更多的人参与到社会公益事业中来，共同为社会的和谐与进步贡献力量。

综上所述，结对辅导活动在促进代际和谐、提升老年群体数字素养和发挥志愿者社会价值等方面都具有重要的意义和价值。通过不断拓展和完善这一活动形式和内容，我们可以更好地促进社会的和谐与进步。

2. 推广的策略

（1）加强宣传与教育

在推广结对辅导活动时，宣传和教育是至关重要的环节。有效的宣传和教育，可以激发社会对这一活动的兴趣，提高各界的参与度，有以下几种方式：

① 媒体宣传。利用电视、广播、报纸等传统媒体以及社交媒体、短视频等新媒体平台，发布结对辅导的相关新闻、案例和活动信息，扩大活动的社会影响力。制作生动的宣传视频、图文报道等，展示结对辅导的实际效果和参与者的感受，以吸引更多人关注和参与。

② 社区讲座。组织专家、学者或经验丰富的志愿者，在社区、学校或养老机构举办讲座，向老年人和志愿者普及数字技能的重要性、学习方法以及结对辅导的意义和具体操作方式。讲座可以与参与者进行面对面的交流，解答他们的疑问，提升他们的参与

意愿和信心。

③ 网络推广。利用网络平台，如官方网站、微博、微信公众号等，建立结对辅导的线上推广渠道。通过发布活动信息、分享成功案例、提供在线咨询等方式，吸引更多人的关注和参与。同时，可以建立线上交流群或论坛，为参与者提供一个互相学习、交流经验的平台。

④ 教育培训。针对志愿者和老年群体，开展专门的培训活动，提升他们的参与能力和水平。对于志愿者，可以组织数字技能培训、沟通技巧培训等活动，使他们更好地为老年群体提供辅导服务；对于老年群体，可以开展基础数字技能培训、心理辅导等活动，帮助他们更好地适应现代社会的生活节奏。

(2) 建立长效机制与政策支持

为了确保结对辅导活动的持续开展和普及，需要建立长效机制和政策支持。

① 长效机制。政府和社会组织可以设立专门的结对辅导项目或基金，为活动提供稳定的支持。同时，建立志愿者招募、培训和管理机制，确保志愿者队伍的稳定和高效运转。此外，还可以建立老年群体学习档案和跟踪评估机制，及时了解他们的学习进展和需求变化，为活动提供有针对性的改进和优化。

② 政策支持。政府可以出台相关政策，鼓励和支持结对辅导活动的开展。例如，对参与结对辅导的志愿者和老年人给予一定的奖励或补贴；对组织结对辅导活动的社会组织或企业提供税收优惠或资金支持；将结对辅导纳入社区服务体系或养老服务体系等。这些政策可以激发参与者的热情，推动结对辅导活动的普及和发展。

此外，还可以加强与其他相关部门的合作与协调，形成合力推动结对辅导活动的开展。例如，与教育部门合作，将结对辅导纳入学校的教育体系中；与民政部门合作，将结对辅导与养老服务相结合等。通过跨部门合作，我们可以充分利用各方资源和优势，共同推动结对辅导活动的深入发展。

(3) 创新辅导模式与内容

在结对辅导的推广中，创新辅导模式与内容是关键所在。由于老年群体的需求、兴趣和学习能力各异，因此提供个性化、多样化的辅导服务显得尤为重要。

① 线上辅导。随着网络技术的快速发展，线上辅导模式为老年群体提供了更加灵活和便捷的学习方式。视频通话、在线课程等形式，使老年群体可以在家中随时随地学习，减少出行的困扰。同时，线上平台还可以集合各种学习资源，为老年群体提供丰富多样的学习材料。

② 小组互动。小组互动模式有助于促进老年群体之间的交流与合作。通过组建学习小组，老年人可以共同学习、讨论问题、分享经验，形成互帮互助的学习氛围。这种模式不仅能够提高学习效果，还能够增强老年群体的社交能力和归属感。

③ 实践操作。针对老年群体学习新技能的需求，实践操作模式显得尤为重要。通过组织实地操作、模拟演练等活动，老年人可以亲身感受新技能的应用场景，加深对新

技能的理解和掌握。这种模式有助于提高老年群体的实践能力和解决问题的能力。

此外，还可以结合老年群体的兴趣和爱好，开发特色辅导内容。例如，针对喜欢旅游的老年人，可以设计旅游相关的数字技能辅导课程；针对喜欢摄影的老年人，可以开设手机摄影技巧辅导班等。通过结合老年群体的兴趣和需求，结对辅导可以激发他们的学习热情，提高学习效果。

（4）建立评价与反馈机制

评价与反馈机制是确保结对辅导活动持续改进和优化的重要手段。通过定期对活动进行评价与反馈，我们可以及时了解活动的效果、存在的问题以及参与者的需求变化，为调整策略和方法提供依据。

① 效果评价。通过收集参与者的学习成果、进步情况等信息，对结对辅导活动的效果进行客观评价。可以采用问卷调查、访谈等方式，了解参与者对活动的满意度、学习收获等。同时，可以结合老年群体的学习表现和成绩，对辅导效果进行量化评估。

② 问题反馈。鼓励参与者在活动过程中及时提出问题和建议，以便及时调整辅导策略和方法。可以设立专门的反馈渠道，如在线留言板、电子邮箱等，方便参与者随时反馈意见和建议。同时，可以定期组织座谈会、讨论会等活动，与参与者面对面交流，深入了解他们的需求和意见。

③ 持续改进。根据评价与反馈的结果，及时对结对辅导活动进行改进和优化。可以针对存在的问题和不足，调整辅导内容、方法或模式；可以根据参与者的需求和意见，增加新的辅导内容或形式；还可以借鉴其他成功案例和先进经验，不断提升活动的质量和效果。

综上所述，通过加强宣传与教育、建立长效机制与政策支持等措施，我们可以有效地推广和普及结对辅导活动，促进代际和谐、提升老年群体数字素养，发挥志愿者社会价值。这些策略不仅有助于解决老年群体面临的"数字鸿沟"问题，也能够推动社会的持续进步和发展。通过建立评价与反馈机制，可以形成闭环管理，确保结对辅导活动不断向前发展，为老年群体提供更加优质、个性化的辅导服务。

组织志愿者与老年群体结对辅导的推广应用具有重要的社会价值和现实意义。通过加强宣传与教育、建立长效机制与政策支持、创新辅导模式与内容以及建立评价与反馈机制等措施，我们可以推动这一活动的普及与发展，为构建和谐社会做出积极贡献。总的来说，组织志愿者与老年群体结对辅导的方案是一种有效的数字教育普及方式。它不仅能够提升老年群体的数字技能水平，提高他们的社会参与能力，还能够促进代际交流，使社会更加和谐。然而，实施这一方案也需要注意一些问题，如志愿者的选拔和培训、辅导内容的针对性和实用性、辅导过程的监督和评估等，以确保方案能够取得实效。

第三节 利用媒体与网络平台进行数字知识传播

利用媒体与网络平台进行数字知识传播是推广数字教育、提升老年群体数字素养的有效途径之一。

一、媒体在数字知识传播中的作用

媒体作为信息传播的重要渠道，在数字知识传播中发挥着关键作用。传统媒体如电视、广播、报纸等，具有广泛的覆盖面和较高的公信力，可以将数字知识和结对辅导活动的信息传递给更广泛的受众。通过制作专题报道、开设专栏、举办讲座等形式，媒体可以深入浅出地解释数字技能的重要性和应用场景，提高老年群体对数字技能的兴趣。

同时，新媒体如社交媒体、短视频平台、博客等，具有互动性强、传播速度快的特点，非常适合进行数字知识的传播。通过发布数字技能教学视频、分享数字生活体验、开展线上互动问答等活动，新媒体可以吸引更多关注，促进数字知识的普及和共享。

二、网络平台在数字知识传播中的作用

网络平台为数字知识的传播提供了更加便捷和高效的途径。首先，完善数字技能学习网站或APP，可以为老年群体提供丰富的在线学习资源和学习路径。这些平台可以集成文字、图片、视频等多种形式的教学内容，让学习变得更加生动有趣。同时，平台可以提供个性化的学习推荐和进度跟踪功能，使老年群体能够根据自己的需求和兴趣进行学习。

其次，利用社交网络和在线社区，可以建立数字技能学习交流群或论坛。这些平台可以让老年群体互相学习、分享经验、解答疑惑，形成互帮互助的学习氛围。通过与其他学习者的交流和互动，老年群体可以更加深入地理解和掌握数字技能。

最后，利用在线直播、短视频等新媒体形式，可以进行数字知识的传播。邀请专家、学者或志愿者进行在线授课、分享经验、解答问题，可以让老年群体更加直观地了解数字技能的应用和操作方法。同时，短视频平台可以提供短小精悍的教学视频，方便老年群体利用碎片化时间进行学习。

三、数字知识传播的工作流程

1. 需求分析

需求分析是数字知识传播工作的起点，也是确保传播效果的关键步骤。除了了解老年群体的数字技能水平、学习需求以及可能遇到的困难外，还需要考虑以下几个方面：

① 老年群体特点分析。不同的老年群体具有不同的特点，如性别、职业、教育背景等。这些特点会影响他们对数字知识的接受程度和学习方式。因此，在需求分析阶段，需要对老年群体进行深入的研究，以便制定更具针对性的传播策略。

② 学习环境和资源分析。老年群体的学习环境和资源也是影响学习效果的重要因素。例如，一些老年人可能缺乏使用智能设备的经验，或者家庭和生活环境中缺乏数字技能的学习氛围。因此，在需求分析阶段，需要考虑如何为老年群体提供必要的学习资源和环境支持。

③ 学习动力分析。了解老年群体的学习动力也是需求分析的重要方面。有些老年人可能出于兴趣或职业需求而学习数字知识，而有些老年人则可能因为生活需要而被迫学习。了解老年群体的学习动力有助于制定更具吸引力的传播内容和方式。

2. 内容策划

内容策划是数字知识传播工作的核心，它决定了传播内容的质量和效果。根据需求分析结果，策划适合目标老年群体的数字知识内容需要注意以下几个方面：

① 内容的准确性和权威性。数字知识涉及众多专业领域，因此内容的准确性和权威性至关重要。在策划内容时，需要参考权威的资料和专家意见，确保所传播的知识准确无误。

② 内容的实用性和针对性。根据老年群体的需求和特点，策划的内容应具有实用性和针对性。例如，可以策划一些与日常生活密切相关的数字技能内容，如智能手机的使用、网上购物等。

③ 内容的多样性和趣味性。为了吸引老年群体的注意力并提高学习效果，策划的内容应具有多样性和趣味性。可以结合文字、图片、视频等多种形式呈现内容，同时加入一些互动元素和案例分析，使学习变得更加生动有趣。

④ 内容的层次性和渐进性。考虑到老年群体的数字技能水平参差不齐，策划的内容应具有层次性和渐进性。可以从基础知识开始，逐渐引导老年群体掌握更高级的技能，帮助他们逐步建立起完整的数字知识体系。

3. 媒体与平台选择

在数字知识传播中，选择合适的媒体与平台是至关重要的，这不仅涉及传播渠道的覆盖范围和受众特点，还关系到传播内容的呈现效果和互动方式。常见的新媒体类型如图 4-18 所示。

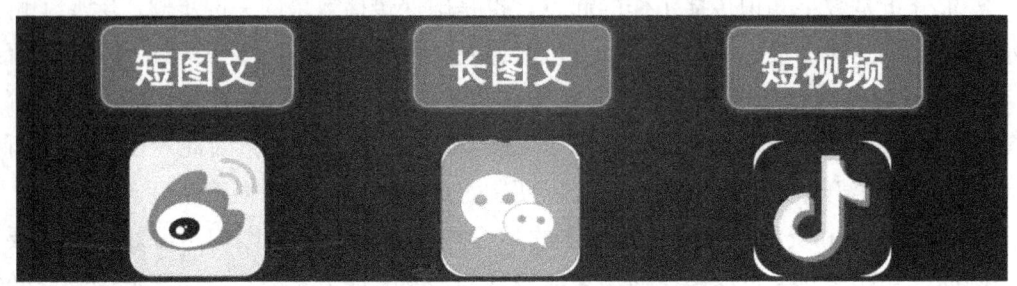

图 4-18　常见的新媒体类型

首先，我们需要了解各种媒体与平台的特性和受众群体。例如，短视频平台如抖音、快手等，以短视频为主，适合传播简短、生动、有趣的数字知识；社交媒体如微信、微博等，具有广泛的用户基础和高度互动性，适合发布文字、图片、视频等多种形式的内容，并与受众进行实时互动；而博客和新闻网站则更适合发布长篇、深度分析类的数字知识内容，满足老年群体对深度学习的需求。

其次，我们需要考虑目标老年群体的特点和需求。例如，老年群体可能更倾向于使用操作简单、界面友好的平台，如一些专为老年群体设计的 APP 或网站；同时，老年群体可能更需要一些与生活密切相关的数字知识内容，例如，如何使用智能手机进行通信、支付等。

此外，我们还需要关注媒体与平台的传播效果和数据反馈。通过分析传播数据的点击量、分享量、评论量等指标，我们可以了解老年群体对传播内容的兴趣和反应，从而不断优化传播策略和内容形式。

4. 内容制作与发布

内容制作是数字知识传播的核心环节，它涉及如何将复杂的数字知识转化为受众易于理解和接受的形式。

首先，我们需要确保内容的准确性和权威性。数字知识涉及众多专业领域，因此在制作内容时必须参考权威的资料和专家意见，确保所传播的知识准确无误。

其次，我们需要注重内容的可读性和易懂性。对于老年群体，我们可以采用通俗易懂的语言和生动的案例来解释复杂的数字知识，同时避免使用过于专业的术语和复杂的句式。

最后，我们还需要关注内容的视觉呈现和互动设计。添加图片、图表、视频等视觉元素，可以使内容更加生动有趣；同时，设计互动环节，如问答、投票等，可以激发受众的参与热情，提高传播效果。

在内容发布方面，我们需要选择合适的发布时机和频率。根据受众的活跃时间和阅读习惯，选择最佳的发布时间；同时，保持一定的发布频率，确保受众能够持续接收到新的数字知识内容。

5. 互动与反馈

互动与反馈是数字知识传播过程中不可或缺的一环，它不仅能够增强受众的参与感和归属感，还能为内容创作者提供宝贵的反馈，帮助优化传播策略和内容。

在互动方面，除了及时回答受众的问题外，可以通过举办线上活动、开设问答专栏、进行直播互动等形式，进一步激发受众的参与热情。同时，利用社交媒体等平台的分享和转发功能，可以扩大传播范围，吸引更多潜在受众的参与。

在收集反馈方面，可以通过问卷调查、留言板、私信等渠道收集受众对传播内容、形式、效果等方面的意见和建议。这些反馈可以为内容创作者提供改进的方向和思路，帮助他们不断优化内容，提升传播效果。

此外，互动与反馈还能帮助创作者建立起一个积极的数字知识学习社区。在这个社区中，受众可以相互学习、交流经验、分享心得，形成互帮互助的学习氛围。同时，内容创作者可以从社区中获取灵感和素材，丰富传播内容，提高内容的实用性和针对性。

6. 效果评估

效果评估是数字知识传播工作的重要一环，它能够帮助我们了解传播活动的实际效果，为未来的传播策略提供指导。

在评估受众的参与度时，可以通过分析浏览量、点赞量、评论量、转发量等指标来评估受众对传播内容的关注度和兴趣程度。同时，可以通过调查问卷等方式了解受众对传播活动的满意度和意见反馈。

在评估数字技能的提升程度时，可以通过设置测试题、收集学习成果等方式来评估受众在参与传播活动后数字技能的实际提升情况。这些评估结果不仅可以为内容创作者提供改进的方向和思路，还可以为相关部门或机构提供决策依据，推动数字知识普及工作的深入发展。

此外，效果评估还可以帮助我们了解不同传播渠道、不同内容形式对受众的影响程度，从而优化传播策略，提高传播效果。例如，我们可以根据评估结果调整发布时间、增加互动环节、优化内容呈现方式等，以吸引更多受众的关注和参与。

所以，通过深入分析受众需求、特点和环境，以及精心策划准确、实用、多样且有趣的内容，我们可以更好地进行数字知识的传播工作，提升受众的数字素养和技能水平。通过深入了解各种媒体与平台的特性和受众特点，以及精心制作和发布准确、易懂、有趣的内容，我们可以更好地进行数字知识的传播工作，提升受众的数字素养和技能水平。通过深化受众参与、积极收集反馈以及量化分析传播效果，我们可以不断优化数字知识传播工作，提升受众的数字素养和技能水平，推动数字社会的持续发展。

四、数字知识传播的特点

1. 广泛性与便捷性

① 广泛覆盖。现代媒体与网络平台拥有全球性的覆盖范围，数字知识可以突破地域限制，迅速传播到世界的各个角落。

② 即时传播。借助现代通信技术，数字知识可以实现即时传播，确保受众能够第一时间获取最新的信息。

③ 设备便携性。随着智能手机、平板电脑等移动设备的普及，受众可以随时随地利用这些设备进行学习，极大地提高了学习的便捷性。

2. 互动性与个性化

① 实时互动。媒体与网络平台为受众提供了评论、点赞、分享等互动功能，使得受众能够实时反馈自己的学习心得和体验，与其他学习者进行交流。

② 个性化推荐。运用大数据和人工智能技术，平台可以分析受众的学习行为和兴趣，为其推荐更符合个人需求的学习内容，实现个性化学习。

③ 社区化学习。媒体与网络平台还可以构建学习社区，让受众在共同的学习环境中相互学习、分享经验，形成积极的学习氛围。

3. 多样性与创新性

① 多元内容形式。数字知识传播可以融合文字、图片、视频、音频等多种形式的内容，为受众提供丰富多样的学习体验。

② 创新传播手段。随着技术的不断进步，新的传播手段和形式层出不穷，如虚拟现实、增强现实、人工智能等技术的应用，为数字知识传播带来了更多的创新和可能性。

③ 跨界融合。数字知识传播还可以与其他领域进行跨界融合，如与在线教育、游戏设计等领域相结合，创造出更多具有吸引力和实用性的学习产品。

此外，数字知识传播还具有以下特点：

① 开放性。媒体与网络平台通常具有开放性的特点，允许任何人发布和分享数字知识，这促进了知识的共享和传播。

② 成本效益。与传统传播方式相比，数字知识传播通常具有更低的成本，同时能够覆盖更广泛的受众，实现了高效益的传播效果。

③ 动态更新。数字知识传播具有动态更新的特点，能够随时根据最新的研究成果、技术进展或受众需求对内容进行调整和更新，确保传播的内容始终保持前沿性和时效性。

综上所述，数字知识传播具有广泛性与便捷性、互动性与个性化、多样性与创新性等特点，这些特点使得数字知识传播在现代社会中发挥着越来越重要的作用。

五、数字知识传播的注意事项

数字知识传播作为一种重要的信息传递方式，在现代社会中扮演着至关重要的角色。为了确保数字知识传播的有效性、准确性和安全性，以下是对上述注意事项的进一步扩充：

1. 确保内容质量

① 核实准确性。传播的数字知识必须基于可靠的数据和事实，避免传播未经证实的信息或谣言。在发布内容前，应进行充分的调研和核实，确保所传播知识的准确性。

② 引用内容来源权威。在撰写内容时，应引用权威机构、专家或学术文献的观点和数据，增强内容的权威性和可信度。

③ 语言与表达。数字知识传播应使用简洁明了的语言，避免使用过于专业或晦涩难懂的术语。同时，内容的排版和格式应符合受众的阅读习惯，提高可读性。

2. 尊重受众隐私

① 隐私政策明确。在收集受众信息或进行互动时，应明确告知隐私政策，包括信息收集的目的、使用方式以及保护措施等。

② 数据加密与保护。对于收集的受众信息，应采取适当的数据加密措施，防止信息泄露或被非法获取。

③ 避免不必要的信息收集。在收集受众信息时，应遵循最小必要原则，只收集与数字知识传播直接相关的信息，避免收集过多的个人隐私信息。

3. 维护平台秩序

① 遵守法律法规。在发布数字知识内容时，应遵守国家法律法规和相关政策，不得发布违法、违规或不良信息，如涉及政治敏感、暴力色情等内容。

② 尊重平台规则。不同的媒体与网络平台可能有不同的规定和要求，发布内容时应遵守平台的规定，不得进行恶意刷量、作弊等行为。

③ 及时响应与处理。对于平台上出现的违法、违规或不良信息，应及时响应并进行处理，维护平台的良好秩序。

4. 持续优化与改进

① 定期收集反馈。通过调查问卷、在线反馈等方式，定期收集受众对数字知识传播的意见和建议，了解他们的学习需求和体验。

② 效果评估与分析。对数字知识传播的效果定期评估和分析，包括受众参与度、满意度以及数字技能提升程度等指标，找出传播过程中存在的问题和不足。

③ 持续改进与创新。根据受众反馈和效果评估结果，及时调整和优化传播策略和内容形式，探索新的传播手段和方式，提高数字知识传播的效果和影响力。

数字知识传播在实践中需要注重内容质量、尊重受众隐私、维护平台秩序以及持续优化与改进等方面。通过这些注意事项，我们可以更好地发挥数字知识传播的作用，为受众提供准确、权威、有价值的数字知识内容。在利用媒体与网络平台进行数字知识传播时，需要确保信息的准确性和权威性，避免误导老年群体。还需要关注老年群体的学习特点和需求，提供适合他们的教学内容和形式。

综上所述，利用媒体与网络平台进行数字知识传播是提升老年群体数字素养、推广结对辅导活动的有效途径。充分发挥媒体和网络平台的优势，我们可以为老年群体提供更加便捷、高效、个性化的数字学习服务。展望未来，随着技术的不断进步和媒体平台的不断创新，数字知识传播将变得更加智能化和个性化。例如，利用人工智能和大数据技术，可以为老年群体提供精准的学习推荐和个性化指导；利用虚拟现实和增强现实技术，可以为老年群体提供更加沉浸可互动的学习模式。这些技术的发展将为数字知识的传播和普及提供更加广阔的空间和可能性。

数字教育普及与老年群体的数字技能提升是一个相互促进的过程。数字教育的普及，可以帮助老年群体掌握基本的数字技能，提升他们的生活质量，让他们更好地融入数字社会；而老年群体数字技能的提升又可以进一步推动数字教育的发展和完善，形成良性循环。因此，我们应该积极推动数字教育的普及工作，为老年群体提供更多的学习机会和资源，让他们在数字化时代中更好地享受生活，实现自我价值。

第五章 信息安全保障与网络环境优化

在数字化时代,老年群体面临着诸多挑战,其中最为突出的便是信息安全保障与网络环境的优化问题。这两个问题紧密相连,对于老年群体顺利融入数字社会、享受数字化红利至关重要。

信息安全是指通过一系列技术和管理措施，确保信息的机密性、完整性和可用性，防止未经授权的访问、使用、修改、破坏或泄露。这包括保护个人隐私、商业机密以及国家安全等重要信息。信息安全保障的重要性在于它直接关系到个人权益、社会稳定和国家安全。

在数字化时代，个人信息和隐私面临着前所未有的威胁，如身份泄露、网络钓鱼诈骗等。这些信息一旦被非法获取或滥用，不仅会对个人的日常生活造成极大的不便，还可能导致财产损失，甚至危及生命安全。因此，信息安全保障是维护个人权益的基础，只有确保个人信息的安全，人们才能更加放心地参与社会活动，行使自己的权益。

信息是社会运行的重要基础，如果信息被篡改、伪造或破坏，那么社会的正常运行将受到严重影响。例如，如果关键信息基础设施遭受攻击，可能导致交通瘫痪、电力中断等严重后果，从而引发社会混乱。因此，信息安全保障是维护社会稳定的重要保障，只有确保信息的真实性和完整性，社会才能保持正常的运行秩序。

在信息化战争和网络战中，信息安全直接关系到国家的安全。如果国家的关键信息被窃取或破坏，可能导致国家机密泄露、军事行动受阻等严重后果。此外，信息安全还与国家经济发展、社会稳定等方面密切相关。因此，信息安全保障是国家安全的重要组成部分，必须得到高度重视和有效保障。

老年群体的网络环境优化是一个综合性的任务，旨在改善老年群体使用网络的体验，克服他们在使用数字技术时遇到的障碍，使他们能够更好地融入数字社会。网络环境优化的目标是提高老年群体的数字素养，增强他们的网络安全意识，确保他们在使用网络时能够安全、便捷地获取所需的信息和服务。针对老年群体，信息安全保障与网络环境优化显得尤为重要。因为老年群体在使用网络时可能面临更多的安全风险，如网络诈骗、信息泄露等。同时，他们的数字素养相对较低，更容易受到网络攻击的影响。

老年群体的网络安全意识往往较为薄弱，他们容易成为网络诈骗、信息泄露等问题的受害者。因此，加强老年群体的信息安全保障至关重要。具体而言，我们可以从以下几个方面入手：一是加强网络安全教育，提高老年群体的网络安全意识，教会他们如何识别网络诈骗、防范信息泄露等；二是推广安全可靠的网络产品和服务，为老年群体提供更加安全、便捷的网络体验；三是建立健全网络安全监管机制，加强对网络诈骗等违法行为的打击力度，为老年群体营造一个安全、健康的网络环境。

随着年龄的增长，老年群体在生理和心理上都会发生一些变化，这些变化使得他们在使用网络时可能会遇到一些困难。因此，我们需要对网络环境进行优化，使之更加符合老年群体的使用习惯和需求。例如，我们可以开发更加简洁、易用的网络产品和服务，降低老年群体使用网络的门槛；我们还可以通过优化网络布局、提高网络速度等方式，为老年群体提供更加流畅、稳定的网络体验。

我们还需要关注老年群体的特殊需求，如一些老年人可能有视力或听力障碍，因此我们需要为他们提供更大字体、更高对比度的界面设计以及更加清晰的语音提示等服务；此外，一些老年人可能对于新技术和新应用存在一定的抵触心理，我们需要通过耐心的引导和帮助，让他们逐渐接受并享受数字化生活带来的便利。

只有加强信息安全保障工作，才能有效应对各种网络威胁和挑战，维护个人、社会和国家的安全和利益。加强信息安全保障和老年群体网络环境优化是相辅相成的，两者共同构成了一个保障老年群体网络安全的重要体系。网络安全保障对于老年群体融入数字社会至关重要，针对老年群体的特点和需求，我们可以采取一系列具体的措施和方法来加强网络安全保障。

第一，建立健全网络安全监管机制是必要的措施。政府和相关机构应加强对网络诈骗等违法行为的打击力度，制定严格的法律法规，并加大对违法行为的处罚力度。同时，我们还可以建立网络安全举报平台，鼓励老年群体积极举报网络违法行为，为网络安全监管提供有力支持。

第二，推广安全可靠的网络产品和服务是关键。对于老年群体来说，选择和使用安全可靠的网络产品和服务尤为重要。我们可以推荐老年群体使用经过认证的杀毒软件、防火墙等安全工具，以保护他们的电脑和手机免受恶意软件的攻击。此外，我们还可以推荐老年群体使用加密通信软件，以保护他们的信息安全。

第三，加强网络安全教育是基础。我们可以开展专门针对老年群体的网络安全培训活动，通过讲座、演示、互动问答等形式，向老年群体普及网络安全知识，包括如何识别网络诈骗、防范信息泄露、保护个人隐私等。同时，我们可以制作网络安全教育视频或宣传册，方便老年群体在家中自主学习。

第四，满足老年群体的特殊需求是重要措施。针对老年群体的特殊需求，我们可以采取一些个性化的网络安全保障措施。例如，为老年群体提供专门的网络安全咨询服务，解答他们在使用网络过程中遇到的安全问题；为老年群体开发简单易用的网络安全工具，帮助他们轻松保护自己的网络安全；在公共场所提供免费的 Wi-Fi 服务时，可以设置专门的老年区域，并采取更加严格的网络安全措施，保障老年群体在使用公共 Wi-Fi 时的信息安全。

最后，除了以上具体措施外，我们还应注重培养老年群体的网络安全意识和自我保护能力。通过不断强调网络安全的重要性，鼓励老年群体积极参与网络安全保障工作，提高他们的网络安全素养和应对能力。

第一节　加强网络安全监管与法律法规建设

加强网络安全监管与法律法规建设是一个系统性、综合性的任务，涉及多个层面和方面。目前存在的网络安全问题如下：

一、网络安全威胁种类

网络安全威胁种类繁多，每一种都可能对个人、组织或国家的安全造成严重影响。以下是一些主要的网络安全威胁类型。

1. 病毒和恶意软件

病毒和恶意软件通常是通过电子邮件附件、不安全的网站链接、文件共享、USB（Universal Serial Bus，通用串行总线）驱动器等方式传播的。一旦这些恶意程序被激活，它们就可能在用户的计算机系统中进行各种破坏活动，如图5-1所示。例如，它们可能删除或修改文件，导致系统崩溃或数据丢失；或者可能窃取用户的个人信息，如银行账户密码、社交媒体账号等，进而进行金融诈骗或其他非法活动。

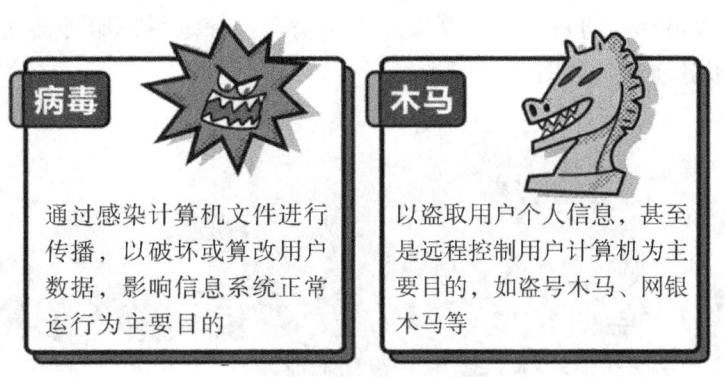

图 5-1　病毒和木马

这些是通过电子邮件、文件共享或其他方式传播的恶意程序，能够损坏计算机系统、窃取个人信息或导致其他安全问题。它们会潜伏在用户的设备中，等待时机发动攻击，破坏数据或泄露敏感信息。

2. 木马和蠕虫

木马，全称是特洛伊木马（Trojan horse），是一种通过欺骗用户获取系统权限的恶意软件。它通常伪装成合法软件或文件，诱骗用户下载安装并给予其系统权限，然后利用这些权限来执行一些恶意行为。木马的危害在于它能够让攻击者远程控制受害者的计算机系统，获取系统数据或者执行攻击行为，甚至会在后台执行一些非法操作，例如批量发送垃圾邮件或参与DDoS攻击（Distributed Denial of Service Attack，分布式拒绝服务攻击）等。木马常常利用用户的信任进行传播，因此，提高用户的网络安全意识和辨别能力至关重要。

蠕虫则是一种能够自我复制和传播的恶意软件。它利用系统漏洞或者密码猜测等方式感染计算机系统，然后利用系统中的资源自行复制并传播到其他系统中。蠕虫不需要将其自身附着到宿主程序，而是通过网络、电子邮件或系统漏洞等方式进行传播。蠕虫的危害在于其传播速度非常快，一旦感染到网络中的某个计算机系统，就会迅速传播到整个网络，造成网络拥堵、数据丢失等问题。

为了防范木马和蠕虫等网络威胁，用户需要提高防范意识，不要轻易打开陌生人发来的邮件或链接，不要接受陌生人的邀请访问不安全的网页，及时更新系统和安全软件，并避免使用不安全的网络连接。此外，定期备份重要数据，使用性能好的杀毒软件、网络防火墙和木马检测工具等也是有效的防范措施。

3. DDoS攻击

DDoS攻击（Distributed Denial of Service Attack），即分布式拒绝服务攻击，是一种非常严重的网络安全威胁。攻击者利用大量被感染的计算机（也称为"僵尸网络"或"肉鸡"）作为攻击源，向目标服务器发送大量请求，导致目标服务器无法处理正常请求，从而造成服务崩溃，如图5-2所示。

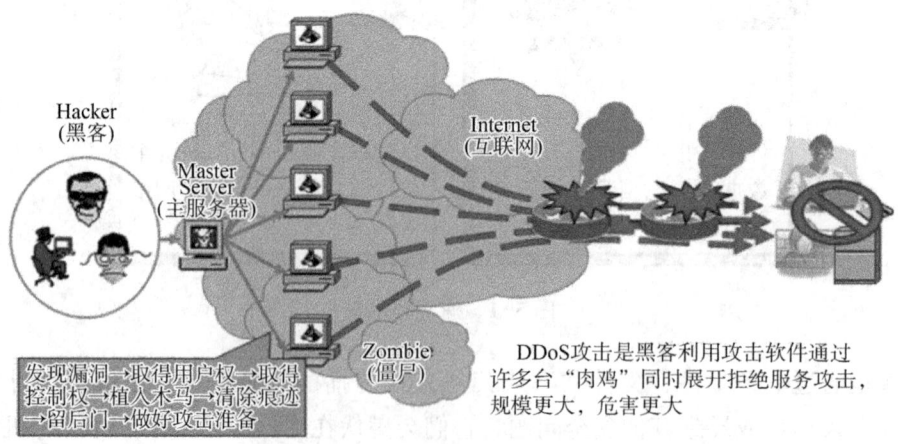

图5-2　DDoS攻击原理

DDoS 攻击的工作原理是通过多个计算机或设备的协同攻击，使目标服务器或网络资源过载，从而无法正常运行。攻击者通常会利用僵尸网络软件感染并控制大量计算机，这些计算机随后会作为攻击节点，向目标服务器发送大量恶意请求。由于这些请求来自多个不同的源地址，防御起来相当困难。

DDoS 攻击的危害极大。第一，它会导致网站或服务器宕机，影响业务的正常运行，甚至可能导致长时间的服务中断。第二，这种攻击会影响企业的形象和声誉，因为客户会认为该企业没有能力保护自己的在线业务。第三，DDoS 攻击可能造成经济损失，包括潜在的收入损失、数据丢失以及其他与网络业务相关的成本。第四，更为严重的是，攻击者可能利用 DDoS 攻击暴露系统的漏洞，进一步破坏安全措施，甚至窃取敏感数据。

为了防御 DDoS 攻击，企业和组织需要采取一系列的安全措施。这包括使用流量清洗设备或服务来过滤掉恶意流量、使用负载均衡设备来分担攻击流量、设置 IP 过滤规则来阻止来自恶意 IP 地址的请求，以及采用加密协议和安全认证机制来增强通信的安全性。此外，定期更新系统补丁、限制同一 IP 地址的请求频率等也是有效的防御手段。

4. 钓鱼攻击和网络钓鱼

钓鱼攻击是一种利用伪造的电子邮件、短信、即时通信消息、语音电话、网站或 Wi-Fi 等，来诱骗用户提供敏感信息的攻击方式，如图 5-3 所示。网络钓鱼则是钓鱼攻击中的一种，特指利用电子邮件或网站作为诱饵进行的攻击。

图 5-3 钓鱼攻击

钓鱼攻击和网络钓鱼是网络安全领域中的常见威胁，它们利用人们的信任来诱骗他们提供敏感信息，进而实施各种非法活动。为了更深入地了解这些攻击方式，以下是对钓鱼攻击和网络钓鱼的进一步拓展。

钓鱼攻击与网络钓鱼的常见手段如下所述：

① 伪造可信任的实体。攻击者会制作看似来自银行、电商网站、政府机构或其他可信任机构的邮件或网站，以获取用户的信任。

② 创造紧迫感。为了迫使用户立即采取行动，攻击者会制造诸如账户即将过期、中奖奖品限时领取等紧急情况。

③ 提供恶意链接或附件。邮件中通常包含恶意链接或附件，一旦用户点击或下载，就可能遭受恶意软件的感染或进入伪造的网站。

钓鱼攻击与网络钓鱼的变种如下所述：

① 语音钓鱼。攻击者通过拨打电话，冒充银行或政府机构的工作人员，诱骗用户提供个人信息。

② 短信钓鱼。利用短信发送伪造的链接或提示，诱导用户进行操作。

③ Wi-Fi 钓鱼。攻击者设立与公共 Wi-Fi 热点同名的网络，当用户连接后，便可窃取他们的个人信息。

5. 社会工程学攻击

社会工程学攻击的核心在于利用人们的好奇心、贪婪、恐惧等心理弱点。攻击者会精心设计各种场景，冒充合法机构或人员，通过电话、电子邮件、社交媒体等渠道与用户进行互动。他们可能会以提供优惠、解决问题或获取更多信息为由，诱导用户泄露敏感信息或执行某些操作，如图 5-4 所示。

图 5-4　社会工程学攻击技术

常见的社会工程学攻击手段如下所述：

① 钓鱼邮件。攻击者伪装成合法机构或个人发送电子邮件，诱使用户点击恶意链接或提供个人敏感信息。

② 身份窃取。攻击者通过偷窃、破解或欺骗等手段获取他人的身份信息，然后利用这些信息进行非法活动。

③ 假冒身份。攻击者伪装成他人的身份，通过社交媒体、电话或面对面的交流方式获取他人的信任和机密信息。

④ 社交工程攻击。攻击者通过社交网络或线下社交活动获取他人的个人信息，然后利用这些信息进行诈骗或其他非法活动。

社会工程学攻击是一种利用人类心理弱点进行的网络攻击手段。通过提高警惕、验证信息、保护个人信息、定期更新密码以及使用安全软件与工具等措施，我们可以有效地防范这类攻击。此外，加强教育与培训以及法律与监管也是减少社会工程学攻击风险的重要手段。

6. 恶意代码注入

攻击者将恶意代码注入正常运行的程序中，以便在用户不知情的情况下执行攻击。这种攻击方式可以使恶意代码在目标系统中执行，破坏系统稳定性或窃取数据。恶意代码注入的原理在于利用程序中的漏洞或不当配置，将恶意代码插入到程序的执行流程中。攻击者可以通过各种方式实现注入，如利用缓冲区溢出、格式化字符串漏洞等。一旦恶意代码成功注入，它就可以在目标系统中执行，破坏系统稳定性、窃取敏感数据或执行其他恶意操作。

恶意代码注入可以发生在多种场景中，包括但不限于以下几种：

① 网页应用。攻击者可以通过构造恶意的用户输入，将恶意代码注入网页应用的服务器端或客户端代码中，从而实现跨站脚本攻击（XSS）或 SQL 注入等攻击。

② 桌面应用。某些桌面应用可能存在安全漏洞，攻击者可以利用这些漏洞将恶意代码注入应用程序中，使程序在运行时执行恶意操作。

③ 系统服务。攻击者可以针对系统服务进行恶意代码注入，通过修改服务的二进制文件或利用服务中的漏洞，使服务在运行时执行恶意代码。

恶意代码注入是一种极具威胁性的网络攻击手段。深入了解其原理、常见场景和防范措施，可以更好地保护系统和数据的安全。此外，加强安全意识与培训也是减少恶意代码注入风险的重要手段。

7. 无线网络攻击

无线网络攻击是利用无线网络进行的一系列恶意行为，旨在窃取、篡改或破坏目标系统的数据、信息或服务。这种攻击方式具有隐蔽性和难以追踪的特点，使得它成为黑客和不法分子常用的攻击手段，如图 5-5 所示。

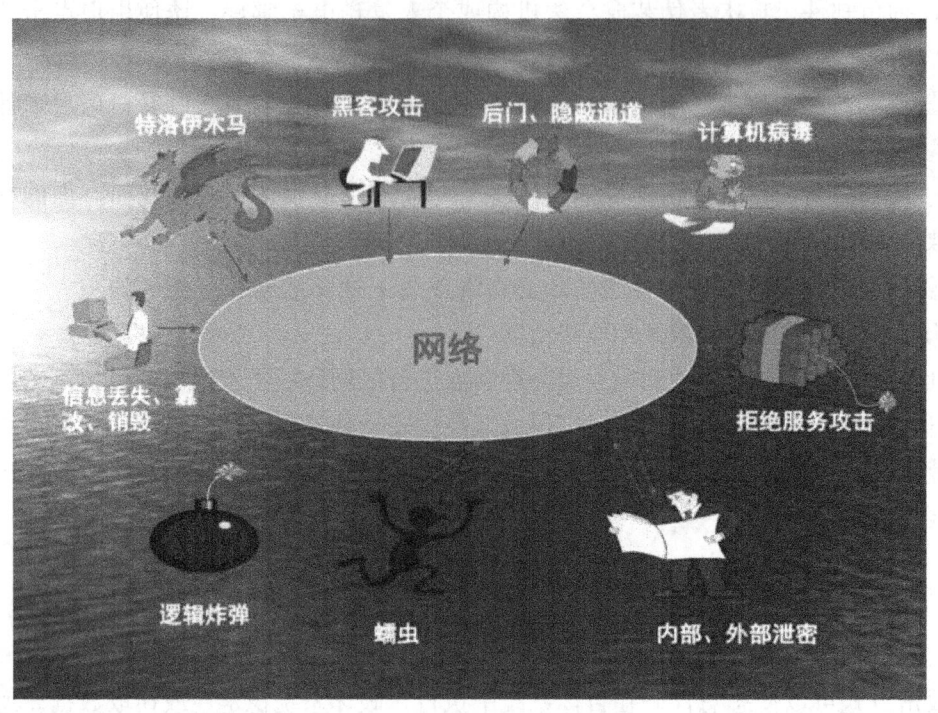

图 5-5　无线网络攻击类型

Wi-Fi 钓鱼是指攻击者设置一个伪造的无线网络，诱骗用户连接。一旦用户连接到这个伪造的网络，攻击者就可以通过嗅探、拦截等方式获取用户的网络流量，包括电子邮件、密码等敏感信息。攻击者通常会模仿合法的网络名称，或者利用公共 Wi-Fi 热点等进行攻击。为了防范 Wi-Fi 钓鱼攻击，用户应该保持警惕，避免连接未知或可疑的无线网络，同时启用安全软件并定期更新系统。

Wi-Fi 劫持是攻击者通过某种方式控制用户的无线连接，进而窃取或篡改用户的数据。这种攻击通常发生在公共 Wi-Fi 环境中，攻击者可以劫持用户的网络流量。为了防范 Wi-Fi 劫持攻击，用户应该使用强密码保护自己的无线网络，并启用 WPA2 等安全的加密方式。

除了 Wi-Fi 钓鱼和 Wi-Fi 劫持，无线网络攻击还包括非法接入攻击、双面恶魔攻击和欺骗攻击。非法接入攻击是指攻击者将未经授权的接入点连接到网络，从而窃取或篡改网络数据。双面恶魔攻击是指攻击者创建模仿合法的网络接入点，诱骗合法用户连接，有时甚至会禁用授权接入点以破坏整个网络。欺骗攻击是指攻击者假装是合法用户或服务进行网络访问或数据传输活动。

无线网络攻击形式多样，用户和管理员需要保持警惕，并采取多种措施来防范这些攻击。通过加强安全意识、定期更新系统和软件、使用安全的加密方式等，可以有效地保护无线网络的安全。

8. 身份盗窃

攻击者通过盗取个人信息来进行欺诈或非法活动。他们可能会利用窃取的身份信息进行网络购物、开设银行账户或申请贷款等。身份盗窃是一种严重的犯罪行为，攻击者通过非法手段获取他人的个人信息，进而冒充被害人进行欺诈、偷窃、诈骗等非法活动。这种犯罪行为不仅给被害人带来巨大的经济损失，还可能对其信用记录、社会声誉和日常生活产生长期影响。

身份盗窃的常见手段多种多样，包括但不限于以下几种：

① 网络钓鱼。攻击者通过伪造电子邮件、短信或网站，诱使用户提供个人信息，如用户名、密码、信用卡信息等。

② 垃圾邮件。攻击者发送大量包含恶意链接或附件的垃圾邮件，用户一旦点击链接或下载附件，个人信息就可能被盗取。

③ 假冒身份。攻击者盗取他人的身份证明文件，如身份证、驾驶证等，然后盗用其身份进行欺诈行为。

④ 社交工程。攻击者利用人的心理弱点，通过电话或社交媒体与被害人建立信任关系，进而获取其个人信息。

为了防止身份盗窃，个人需要采取一系列防范措施。

① 提高安全意识。了解身份盗窃的常见手段和技巧，保持警惕，对可疑的邮件、信息或网页保持怀疑态度，不轻易泄露个人信息。

② 保护个人信息。尽量避免在公共场所或不安全的网络环境下输入个人信息。谨慎处理个人文件和信件，将重要文件存放在安全的地方，如保险柜或密码保护的文件夹中。

③ 强化网络安全。使用复杂且独特的密码，并定期更换密码。谨慎使用公共 Wi-Fi 网络，安装可靠的杀毒软件和防火墙，以保护计算机免受恶意软件和黑客攻击。

④ 监测个人账户和信用记录。定期查看银行账户、信用卡账单和信用报告，一旦发现异常，立即联系相关机构并采取必要措施。

除了个人防范措施外，政府和相关机构也应加强身份盗窃的打击力度，制定和完善相关法律法规，提高司法效率，加大对身份盗窃犯罪分子的惩处力度。同时，加强跨部门合作，形成合力，共同打击身份盗窃等网络犯罪行为。

总之，身份盗窃是一种严重的犯罪行为，对个人和社会都造成巨大危害。为了保护自己的个人信息和财产安全，每个人都需要提高警惕，采取必要的防范措施。政府和相关机构也应加强打击力度，为公众创造一个安全、可靠的网络环境。

除了上述具体的攻击方式，网络安全威胁还可以分为主动攻击和被动攻击两种类型。主动攻击会导致某些数据流的篡改和虚假数据流的产生，包括篡改消息、伪造消息和拒绝服务等攻击方式。被动攻击中攻击者不对数据信息做任何修改，而是窃取或监听信息，包括窃听、流量分析和破解弱加密的数据流等。

二、加强网络安全监管措施

针对网络安全的威胁应该做好以下几方面的工作：

1. 建立健全网络安全监管机制

建立健全网络安全监管机制是确保网络安全的基础。除了设立专门的网络安全监管机构外，还需要制定详细的监管流程和规范，确保监管工作的科学性和有效性。此外，监管机构还需要具备专业的技术能力和人才储备，以应对日益复杂的网络安全威胁。

此外，监管机构还可以利用现代科技手段，如大数据分析、人工智能等技术，提高监管的效率和准确性。例如，通过对网络流量、用户行为等数据的分析，可以及时发现异常行为和潜在的安全风险。

2. 加强网络安全审查和风险评估

网络安全审查和风险评估是预防网络安全事件的重要手段。对关键信息基础设施和重要信息系统进行定期的安全审查和风险评估，可以及时发现和处置安全隐患，防止潜在的安全风险转化为实际的安全事件。

在审查和评估过程中，需要重点关注系统的漏洞、弱密码、未授权访问等问题，并采取相应的措施进行修复和加固。同时，需要关注系统的更新和升级情况，确保系统能够及时修补已知的安全漏洞。

此外，对于新上线的信息系统和应用，也需要进行严格的安全审查和测试，确保其符合相关的安全标准和要求。

3. 推动网络安全信息共享

网络安全信息共享是提升网络安全防护能力的重要途径。建立网络安全信息共享机制，可以促进政府部门、企业和社会组织之间的信息共享和协作，共同应对网络安全威胁。

在信息共享过程中，需要确保信息的准确性和及时性，避免信息的误传和滥用。同时，需要建立相应的保密机制，保护共享信息的机密性和完整性。

此外，还可以通过举办网络安全论坛、研讨会等活动，促进各方之间的交流和合作，共同推动网络安全事业的发展。

4. 加强网络安全技术研发和创新

网络安全技术的研发和创新是推动网络安全事业发展的关键。随着信息技术的快速发展，网络安全威胁也日益复杂和多样化，传统的安全防护手段已经难以满足现实需求。因此，鼓励和支持网络安全技术的研发和创新显得尤为重要。

首先，需要加大对网络安全技术研发的投入，吸引更多的科研机构、高校和企业参与到网络安全技术的研发中来。通过设立专项资金、提供税收优惠等措施，激发创新活力，推动网络安全技术的突破和进步。

其次，需要加强网络安全技术的国际合作与交流。网络安全是全球性问题，需要各国共同应对。与国际先进企业和研究机构的合作，可以引进先进技术和管理经验，提升我国的网络安全技术水平。

最后，需要关注新兴技术在网络安全领域的应用。例如，人工智能、大数据、区块链等技术的发展为网络安全提供了新的解决思路。将这些技术与网络安全相结合，可以实现对网络威胁的智能识别、预警和处置，提高网络安全防护的效率和准确性。

5. 推广网络安全防护技术和产品

推广使用网络安全防护技术和产品是提升网络安全水平的重要途径。网络安全防护技术和产品涵盖了防火墙、入侵检测系统、数据加密等多个方面，这些技术和产品的应用可以有效提升网络系统的安全防护能力。

为了推广网络安全防护技术和产品，政府可以出台相关政策，鼓励企业采用先进的安全技术和产品。同时，可以建立网络安全产品和服务认证机制，对符合标准的产品进行认证和推广，提高市场的认可度和接受度。

此外，还可以通过举办网络安全技术和产品展览会、论坛等活动，为企业和用户提供一个展示和交流的平台，促进网络安全技术和产品的推广和应用。

6. 加强网络安全人才培养

网络安全人才是网络安全事业发展的核心力量。随着网络安全形势的日益严峻，网络安全人才的需求也越来越大。因此，加强网络安全人才培养至关重要。

首先，需要加强网络安全教育和培训。通过设立网络安全相关课程、开展网络安全竞赛等方式，提高公众的网络安全意识和技能水平。同时，可以建立网络安全实训基地，为学生和企业提供实践机会，培养实际操作能力。

其次，需要建立网络安全人才激励机制。通过设立网络安全奖学金、提供就业优惠等措施，吸引更多的年轻人投身网络安全事业。同时，还可以鼓励企业加大对网络安全人才的投入和培养力度，打造一支高素质、专业化的网络安全人才队伍。

最后，需要加强与其他国家在网络安全人才培养方面的交流与合作。通过引进国外先进的教育和培训资源，学习借鉴他们的经验和做法，不断提升我国网络安全人才培养的质量和水平。

7. 加强与其他国家和地区的网络安全合作

随着全球化的加速和网络空间的深度融合,跨国网络威胁日益增多,网络安全已经成为全球共同面临的挑战。因此,加强与其他国家和地区的网络安全合作显得尤为重要。

首先,通过合作,各国可以共同应对跨国网络威胁。网络攻击往往具有跨国性,单一国家很难独立应对。通过加强国际合作,各国可以共享情报信息,协同开展调查取证,共同打击网络犯罪活动。

其次,国际合作可以促进网络安全技术和经验的分享。不同国家和地区在网络安全领域都有各自的优势和经验。通过合作,各国可以相互学习、借鉴,共同提升网络安全防护能力。

此外,国际合作还有助于推动网络安全技术的研发和创新。通过联合研发、共享技术成果等方式,各国可以共同推动网络安全技术的进步,应对日益复杂的网络威胁。

8. 参与国际网络安全规则制定

国际网络安全规则的制定对于维护网络空间的和平、稳定与繁荣具有重要意义。积极参与国际网络安全规则的制定和修订,有助于促进形成公正、合理的国际网络安全秩序。

首先,参与国际网络安全规则制定可以提升我国在国际网络安全领域的话语权和影响力。通过提出建设性意见和建议,我国可以积极贡献中国智慧和中国方案,推动国际网络安全规则的完善和发展。

其次,参与国际网络安全规则制定有助于维护我国的网络安全利益。在规则制定过程中,我国可以积极表达关切和诉求,争取更多的合法权益和保障。同时,通过参与规则的制定和执行,我国可以更好地了解和应对国际网络安全形势的变化和挑战。

最后,参与国际网络安全规则制定可以促进国际社会的合作与共识。通过共同制定和执行规则,各国可以相互理解和信任,推动形成更加紧密的网络安全合作关系。

在加强国际合作与交流方面,需要注意以下几点,首先是建立完善的国际合作机制。包括定期召开网络安全会议、建立信息共享平台、加强人员交流等,为各国之间的合作提供有力的制度保障。其次是推动多边主义。在网络安全领域坚持多边主义原则,通过多边合作解决网络安全问题,避免单边主义和零和博弈的思维。最后是加强民间交流与合作。除了政府层面的合作外,还应鼓励民间组织、企业等各方参与网络安全合作与交流,形成全方位、多层次的合作格局。

9. 加强网络安全宣传和教育

网络安全宣传和教育是提升公众网络安全意识和防范能力的基石。普及网络安全知识,可以帮助公众了解网络安全的重要性,掌握基本的网络安全技能,从而更好地保护自己的信息安全。

首先,网络安全宣传和教育需要注重内容的丰富性和形式的多样性。可以通过制作网络安全宣传册、举办网络安全讲座、开展网络安全知识竞赛等方式,将网络安全知识以通俗易懂、生动有趣的形式呈现给公众。同时,可以利用互联网、社交媒体等新媒体平台,扩大宣传的覆盖面和影响力。

其次,网络安全宣传和教育需要针对不同群体制定差异化的宣传策略。对于青少年群体,可以通过学校、家庭等渠道,加强网络安全教育,培养他们的网络安全意识和行为习惯。对于老年群体,可以重点关注他们在使用智能设备、社交软件等方面的安全问题,提供简单易懂的网络安全指导和帮助。

最后,网络安全宣传和教育需要与时俱进,不断更新内容。随着网络技术的快速发展和网络安全威胁的不断变化,网络安全宣传和教育的内容也需要不断更新和完善,以适应新的安全形势和需求。

10. 鼓励社会组织和公众参与网络安全监管

社会组织和公众是网络安全监管的重要力量。建立社会组织和公众参与网络安全监管的渠道和机制,可以发挥社会监督的作用,促进网络安全监管工作的深入开展。

首先,政府需要积极搭建平台,为社会组织和公众参与网络安全监管提供便利。可以设立网络安全举报平台、建立网络安全志愿者队伍等,鼓励公众积极举报网络安全违法行为,参与网络安全事件的应急处置和调查取证工作。

其次,政府需要加强与社会组织和公众的沟通与合作。可以定期召开网络安全座谈会、听取社会组织和公众的意见和建议,共同商讨网络安全监管的对策和措施。同时,可以通过开展网络安全宣传周、网络安全知识普及等活动,增强社会组织和公众对网络安全监管工作的认同感,提高他们对网络安全监管工作的参与度。

最后,政府需要加强对社会组织和公众参与网络安全监管的引导和支持。可以制定相关政策措施,为社会组织和公众参与网络安全监管提供法律保障和资金支持;同时,可以加强培训和教育,提升社会组织和公众的网络安全监管能力和水平。

三、完善法律法规制度建设

1. 制定全面覆盖的网络安全法律法规

全面覆盖的网络安全法律法规是确保网络安全的重要保障。它涉及网络安全的各个方面,包括网络基础设施、数据保护、个人信息隐私、网络犯罪等,旨在构建一个安全、可靠、有序的网络环境。

首先，网络基础设施的安全是网络安全法律法规的重要关注点。这包括网络硬件、软件、通信协议等关键组成部分的安全保障。法律法规应明确网络基础设施的安全标准、检测机制以及应急响应措施，确保网络基础设施的稳定运行。

其次，数据保护和个人信息隐私是网络安全法律法规的重要内容。随着大数据、云计算等技术的广泛应用，个人数据的收集、存储、使用和共享成为网络安全的重要议题。法律法规应规定数据收集的目的、范围和使用方式，明确数据主体的权利和责任，并加强对数据泄露、滥用等行为的打击力度。

最后，网络犯罪是网络安全法律法规需要关注的重要方面。网络犯罪包括网络诈骗、网络攻击等违法行为，对网络安全和个人权益造成严重威胁。法律法规应明确网络犯罪的定罪量刑标准，加大对网络犯罪的打击力度，保护人民群众的合法权益。

2. 修订和完善现有法律法规

随着技术的快速发展和网络安全威胁的不断变化，现有法律法规往往难以适应新的安全形势和需求。因此，修订和完善现有法律法规显得尤为重要。

首先，需要对现有法律法规进行定期评估，识别其中存在的漏洞和不足。通过广泛征求社会意见、借鉴国际先进经验等方式，对法律法规进行修订和完善，使其更加符合实际情况和安全需求。

其次，需要关注新技术、新应用带来的网络安全挑战。例如，人工智能、物联网、区块链等新兴技术为网络安全带来新的机遇和挑战。在修订法律法规时，应充分考虑这些新技术的特点和应用场景，制定相应的安全标准和监管措施。

最后，需要加强对网络安全事件的应对和处置能力。完善网络安全事件报告、调查、处置等机制，可以提高应对网络安全事件的能力和效率，减少网络安全事件对社会和经济的影响。

3. 明确法律责任和处罚措施

明确法律责任和处罚措施是确保网络安全法律法规有效执行的关键。对于违反网络安全法律法规的行为，应明确规定相应的法律责任和处罚措施，以起到震慑作用。

首先，需要明确不同主体在网络安全中的法律责任。这包括网络运营者、数据处理者、网络用户等各类主体。通过明确各主体的权利和义务，建立起权责清晰、责任明确的网络安全责任体系。

其次，需要制定合理的处罚措施。处罚措施应根据违法行为的性质、情节和后果进行差异化处理。对于严重违反网络安全法律法规的行为，应依法追究刑事责任；对于一般违法行为，可以采取行政处罚、经济处罚等措施进行惩戒。

最后，需要加大执法力度和建立完善的监督机制。通过建立健全执法机构、加强执法人员培训等方式，提高执法水平和效率；同时，建立完善的监督机制，对执法行为进行监督和约束,确保法律法规的公正、公平和有效执行。

综上所述,加强网络安全监管和法律法规建设需要从多个方面入手,包括强化监管、完善法律、运用技术手段、提升公众意识以及加强国际合作等。这些措施的实施,可以有效提升网络安全的保障水平,维护国家、社会和个人的利益。

四、其他措施

除了以上内容,加强网络安全监管和法律法规建设还可以考虑网络安全人才的培养和引进。这也是确保国家网络安全体系稳固发展的重要环节。

1. 设立网络安全专业教育和培训机构

在大学、职业学校等教育机构中设立网络安全专业,是培养网络安全人才的重要途径。专业的教育机构和课程设置,可以系统地传授网络安全知识和技能,培养出具备专业素养和技能的网络安全人才。具体有以下几个方面:

① 课程体系建设。网络安全专业应构建全面、系统的课程体系,涵盖网络安全基础、密码学、网络安全协议、网络安全管理、网络攻击与防御等多个方面。同时,应结合最新的网络安全技术和趋势,不断更新和优化课程内容。

② 实践教学环节。网络安全是一门实践性很强的学科,因此实践教学环节至关重要。可以通过设立网络安全实验室、组织网络安全竞赛、开展校企合作等方式,为学生提供实践机会,让他们在实践中掌握网络安全技能。

③ 师资力量建设。优秀的师资力量是网络安全专业教育质量的关键。应加强对网络安全专业教师的培养,建设一支高水平的师资队伍,为学生提供优质的教学和指导。

2. 加强网络安全人才培训和进修

定期组织网络安全培训和进修课程,是提升现有网络安全从业人员专业技能和应对能力的重要手段。培训和进修可以让从业人员及时了解最新的网络安全技术和趋势,提升他们的专业素养和应对能力。具体有以下几个方面:

① 培训内容设计。培训内容应紧密结合实际需求和最新的网络安全技术,包括网络安全法律法规、网络安全管理、网络安全技术等多个方面。同时,应注重实践性和操作性,让从业人员能够在实际工作中灵活运用所学知识。

② 培训形式创新。培训形式可以多样化,包括线上培训、线下培训、专题研讨会等。灵活多样的培训形式,可以满足不同从业人员的学习需求和时间安排。

③ 培训效果评估。为了确保培训效果,应建立科学的评估机制,对培训过程和效果进行定期评估。通过评估结果,教育和培训机构可以及时调整培训内容和方式,提升培训效果和质量。

3. 引进海外优秀网络安全人才

除了培养和提升本土网络安全人才，引进海外优秀网络安全人才也是增强我国网络安全实力的重要途径。通过制定优惠政策、提供良好工作环境和生活条件等方式，可以吸引海外优秀网络安全人才来我国工作和发展。还可以加强与国外网络安全教育机构和企业的合作与交流，共同推动全球网络安全事业的发展。

这些措施的实施将有助于进一步完善网络安全监管和法律法规建设体系，提升网络安全的整体防护能力。同时，要根据实际情况和网络安全威胁的变化，不断调整和优化这些措施，确保网络安全工作的持续有效进行。

第二节 开发适合老年群体的安全软件与工具

开发适合老年群体的安全软件与工具是一个重要且有益的方法，旨在帮助老年群体更安全、更便捷地使用数字设备和技术。开发这类软件与工具时需要考虑以下一些关键内容。

一、简单易用的界面设计

随着科技的快速发展，数字设备和技术在老年群体的日常生活中扮演着越来越重要的角色。然而，由于年龄、视力、认知能力和操作习惯的限制，许多老年人对复杂的操作界面感到困惑和不安。因此，为老年群体开发软件时，简单易用的界面设计显得尤为关键，如图5-6所示。

第一，大字体设计对于老年群体来说至关重要。随着年龄的增长，老年群体的视力普遍下降，小字体容易让他们感到吃力。因此，在界面设计中，应使用足够大的字体，确保老年群体能够清晰地看到每一个字符。同时，字体的选择也应考虑易读性，避免使用过于花哨或难以辨认的字体。

第二，高对比度是提升界面可读性的另一个重要因素。提高文字和背景之间的对比度，可以使界面更加醒目，降低老年群体阅读时的视觉负担。例如，可以使用深色背景和浅色文字的组合，或者采用高饱和度的颜色来突出关键信息。

第三，清晰的图标和按钮设计是界面设计中不可忽视的一环。图标应简洁明了，能

图 5-6　简单易用的软件界面设计

够直观地表达其功能和用途。按钮的大小和位置也应考虑老年群体的操作习惯，确保他们能够轻松点击和触发相应的功能。

除了上述设计要素外，还可以考虑采用一些辅助功能来提升界面的易用性。例如，添加语音提示功能，在老年群体操作时提供实时的语音反馈；采用手势识别技术，让他们能够通过简单的手势来完成复杂的操作。

总的来说，针对老年群体使用的安全软件与工具设计界面时，应充分考虑他们的视力、认知能力和操作习惯等因素，通过大字体、高对比度、清晰的图标和按钮等设计手段，为他们提供一个简洁明了、易于理解和操作的界面。这样不仅能够提升老年界面的使用体验，还能够增强他们对数字设备和技术的信心和兴趣，进一步推动他们在日常生活中更广泛地使用这些技术。

二、语音助手与语音识别

语音助手与语音识别技术在老年群体使用的安全软件与工具中发挥着越来越重要的作用。随着老年人口的增加和他们对数字技术的依赖，如何提供更加便捷、安全的操作方式成为亟待解决的问题。语音助手和语音识别技术的集成，为老年群体提供了一种全新的、无须精细操作的交互方式。

第一，语音助手能够帮助老年群体通过简单的语音指令完成各种操作。对于视力下降或手指不灵活的老年人来说，使用传统的触摸或点击操作可能会感到吃力。而语音助手则可以让他们通过说出指令来执行操作，如发送短信、查询天气、设置提醒等。这种交互方式不仅降低了操作难度，还提高了使用的便捷性。

第二，语音识别技术能够准确识别老年群体的语音指令，并将其转化为相应的操作。通过不断的技术优化和算法调整，现在的语音识别技术已经能够较好地适应老年群体的语音特点和口音差异。这意味着老年群体无须改变自己的说话习惯或学习新的语言模式，就能够顺利地使用语音助手完成各种操作。

第三，语音助手和语音识别技术可以提供个性化服务。通过分析老年群体的使用习惯和偏好，语音助手可以学习并记住他们的常用指令和需求，从而提供更加精准、智能的推荐和服务。例如，语音助手可以根据老年人的日程安排提醒他们按时服药或参加活动，或者根据他们的兴趣爱好推荐相关的音乐、新闻等内容。

然而，我们需要注意到，语音助手与语音识别技术在老年群体中的普及和应用还面临一些挑战。比如，部分老年人可能对新技术持保守态度，需要更多的宣传和教育来引导他们接受和使用这些功能。此外，技术的稳定性和可靠性也是需要考虑的因素，稳定又可靠的系统才能确保老年人在使用过程中不会遇到频繁的识别错误或操作故障。

综上所述，语音助手与语音识别技术在老年群体使用的安全软件与工具中具有重要的应用价值。通过集成这些功能，我们可以为老年群体提供更加便捷、安全的操作方式，帮助他们更好地享受数字生活带来的便利和乐趣。随着技术的不断进步和普及，相信未来会有更多创新和突破性的应用出现，进一步满足老年群体的需求。

三、安全防护功能

安全防护功能在老年群体使用的数字设备中显得尤为重要，这是因为老年群体在面对复杂的数字环境时，往往更容易成为诈骗和恶意软件的受害者。为了确保他们的数字安全，安全软件需要配备一系列强大的防护功能。

第一，实时监测是安全防护功能的核心。安全软件需要实时对老年群体的设备进行监控，检测并拦截潜在的威胁。这包括监测设备上的应用程序、网络连接、文件下载等，以确保一切都在安全可控的范围内进行。

第二，拦截恶意链接是防止老年群体被诈骗的重要手段。老年群体可能会不慎点击到伪装成合法网站的恶意链接，从而泄露个人信息或下载恶意软件。安全软件应能够智能识别这些恶意链接，并在用户尝试访问时发出警告或自动拦截。

第三，识别诈骗电话也是安全软件需要具备的功能之一。诈骗电话常常利用老年群体的信任心理，通过冒充亲友、银行、政府机构等方式进行诈骗。安全软件可以通过分析来电号码、来电内容等信息，识别出诈骗电话，并向用户发出警告或自动挂断电话。

除了以上提到的功能，安全软件还可以集成其他安全特性，如定期更新病毒库、提供安全浏览模式、保护用户隐私等。这些功能可以进一步提升老年群体的数字安全，减少他们面临的风险。

然而，仅仅依靠安全软件是不够的。老年群体自身也需要提高数字安全意识，学会识别潜在的威胁并采取相应的防护措施。同时,家庭成员和社会各界应加强对老年群体的数字安全教育,帮助他们更好地适应数字时代的生活。

总之,安全防护功能对于确保老年群体的数字安全至关重要。通过实时监测、拦截恶意链接、识别诈骗电话等手段,安全软件可以有效地降低老年群体面临的风险,让他们更加安心地享受数字生活带来的便利。

四、健康管理与监测

健康管理与监测功能在老年群体使用的安全软件与工具中扮演着至关重要的角色。随着年龄的增长,老年群体的身体状况逐渐变得复杂,需要更加精细和个性化的健康管理。因此,集成健康监测功能的软件,不仅提供了便利,还有助于提升老年群体的生活质量。图 5-7 为老人进行血压健康监测过程,图 5-8 为智能健康管理过程。

图 5-7　为老人进行血压健康监测过程

第一,对于心率、血压等生理指标的测量和记录,通常可以配合可穿戴设备,如智能手表或健康手环,进行实时监测。老年群体可以随时了解自己的身体状况,而软件则会自动记录这些数据,形成健康报告。医生或家庭成员可以通过这些报告,更直观地了解老年群体的健康状态,及时发现并处理潜在的健康问题。

第二,提醒用药功能对于老年群体来说尤为重要。老年群体可能患有多种慢性疾病,需要长期服用多种药物。忘记服药或错误服药都可能带来严重的后果。因此,软件可以通过设置提醒,帮助老年群体按时按量服药,确保药物发挥最大的疗效。

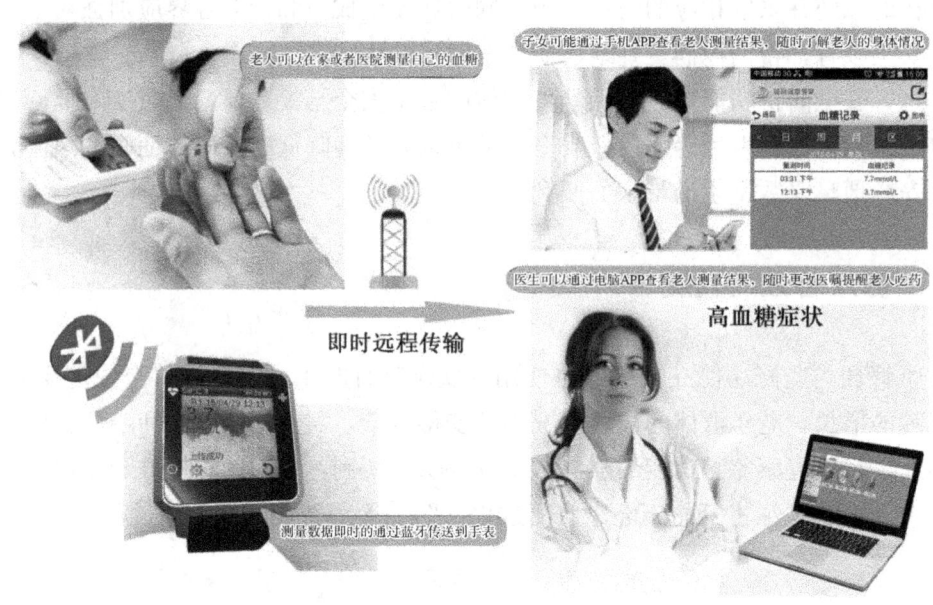

图 5-8 智能健康管理过程

第三，预约就医功能大大方便了老年群体的就医过程。通过软件，老年群体可以轻松地预约医生、挂号、查询检查报告等，避免了长时间等待。同时，软件还可以根据老年群体的健康状况和就医记录，智能推荐合适的医院和医生，提供个性化的就医建议。

除了上述功能外，健康管理与监测软件还可以结合大数据和人工智能技术，进行更加深入的分析和预测。例如，通过对老年群体的生理指标、生活习惯、家族病史等多维度数据的分析，软件可以预测老年群体可能面临的健康风险，提前进行干预和预防。

然而，我们需要注意到，健康管理与监测功能在老年群体中的普及和应用还面临一些挑战。例如，部分老年人可能对新技术持保守态度，不愿意接受这些功能；同时，数据的隐私和安全问题需要引起足够的重视。因此，在推广和应用这些功能时，我们需要充分考虑老年群体的需求和习惯，提供简单易用、安全可靠的软件工具，并通过宣传教育等方式，提高他们对健康管理与监测功能的认知和接受度。

综上所述，健康管理与监测功能在老年群体使用的安全软件与工具中具有重要意义。通过集成这些功能，我们可以帮助老年群体更好地管理自己的健康，提升他们的生活质量。随着技术的不断进步和普及，相信未来会有更多创新和突破性的应用出现，为老年群体的健康管理带来更多便利和可能性。

五、紧急求助与联系功能

紧急求助与联系功能对于老年群体而言，无疑是安全防线上的重要一环。随着岁月的流逝，老年群体的身体机能和反应速度逐渐下降，因此在面临突发状况时，他们需要一种简便、高效且可靠的求助机制。

软件中的一键呼叫功能，为老年群体架起了通往亲友与救援机构的桥梁。预先设置紧急联系人的电话号码，只需轻轻一按，便可迅速发起呼叫，寻求必要的援助。这种设计不仅简化了操作流程，还极大地降低了因操作复杂而错过求助时机的风险，如图 5-9 所示。

图 5-9　一键呼叫

除了电话呼叫，发送求助信息的功能同样不可或缺。老年群体可以通过软件快速发送包含自身位置、健康状况等关键信息的求助信息，以便亲友或救援机构能够迅速了解情况，并采取相应措施。这一功能在老年群体遇到无法用言语表达的情况时，显得尤为重要。

为了确保紧急求助功能的稳定性和可靠性，软件还应具备一系列优化特性。即使在手机电量低或锁屏状态下，这些紧急功能也应保持可用，以确保老年群体在任何情况下都能顺利求助。此外，软件还可以与智能家居设备无缝对接，通过简单的语音指令触发求助功能，为老年群体提供更加便捷的操作体验。

然而，仅仅拥有功能并不够。老年群体和他们的家人需要充分了解并熟悉这些紧急求助功能的使用方法。通过定期的培训和演练，我们可以确保老年群体在真正遇到紧急情况时，能够迅速、准确地运用这些功能，为自己争取宝贵的救援时间。

综上所述，紧急求助与联系功能在老年群体使用的安全软件中占据着举足轻重的地位。它们为老年群体在紧急情况下提供了一条快速、可靠的求助途径，守护着他们的安全和健康。通过不断优化和完善这些功能，我们可以为老年群体构建一个更加安全、放心的数字生活环境。

六、定制化设置与个性化推荐

定制化设置与个性化推荐在老年群体使用的安全软件中必不可少。随着年龄的增长，每个老年人的生活习惯、兴趣爱好以及身体机能都会有所不同，因此，软件需要能够灵活适应这些差异，为老年群体提供真正符合他们需求的服务。

定制化设置允许老年群体根据自己的喜好和需求，对软件的界面、功能等进行调整。比如，一些老年人可能更喜欢简洁明了的界面，而另一些则可能希望界面更加丰富多彩。通过定制化设置，软件可以根据老年群体的个人喜好，调整字体大小、颜色、图标布局等，使其更符合他们的视觉习惯。

除了界面定制，功能定制也非常重要。不同的老年人有不同的需求，有些可能更关注健康监测，有些则可能更看重紧急求助功能。软件应提供灵活的功能开关选项，让老年群体能够根据自己的需求选择开启或关闭某些功能。这样不仅可以提高软件的使用效率，还能让老年群体感受到更加贴心的服务。

个性化推荐则是根据老年群体的使用习惯和喜好，为他们推荐符合其兴趣的内容。比如，软件可以通过分析老年群体的浏览历史、点击记录等数据，了解他们的兴趣爱好和阅读习惯，然后推荐相关的新闻、音乐、视频等内容。这样不仅可以丰富老年群体的数字生活，还能让他们感受到软件带来的智能化和个性化服务。

当然，要实现定制化设置和个性化推荐，软件需要具备一定的数据分析和处理能力。通过收集和分析老年群体的使用数据，软件可以不断优化算法，提高推荐的准确性和个性化程度。同时，软件需要注重用户隐私保护，确保收集的数据不会被滥用或泄露。

综上所述，定制化设置与个性化推荐是老年群体使用的安全软件中不可或缺的功能。它们能够根据老年群体的不同需求和习惯，提供真正符合他们需求的服务，让老年群体的数字生活更加丰富多彩和便捷。

七、隐私保护与数据安全

隐私保护与数据安全是现代社会中不可忽视的重要议题，尤其在处理老年群体个人信息时，这一点显得尤为关键。老年群体的信息安全意识可能相对较弱，同时他们的个人信息往往涉及健康、财务等敏感内容，因此，对隐私保护与数据安全的重视应提升到更高的层次。

从法律层面来看，各国都制定了相关的法律法规，对个人信息的收集、处理和使用进行了严格规范。软件开发商在收集个人信息时，必须确保符合相关法律法规的要求，获得明确的授权，并告知用户信息收集的目的、范围和使用方式。同时，对于敏感信息的处理，更应加倍小心，确保信息不被滥用或泄露。

在技术层面，应采取一系列安全措施来确保数据安全。例如，采用加密技术保护数据的传输和存储；设置严格的访问权限，防止未经授权的访问和泄露；定期进行安全漏洞扫描和修复，确保系统的安全性。此外，还应建立数据备份和恢复机制，以防数据丢失或损坏。

除了法律和技术的保障，加强安全教育和培训也是提升隐私保护与数据安全意识的重要途径。软件应告知用户如何保护自己的个人信息、如何识别网络诈骗和钓鱼行为，以及如何安全地使用数字设备和应用。家庭成员和社会各界也应积极参与，共同营造一个安全、可信赖的数字环境。

此外，对于老年群体个人信息的使用，应坚持最小化和目的明确的原则。只收集实现特定功能或服务所必需的信息，并在使用前明确告知。同时，对于不再需要的信息，应及时进行删除或匿名化处理，以减少信息泄露的风险。

综上所述，隐私保护与数据安全在处理老年群体个人信息时具有至关重要的意义。通过遵守法律法规、采取安全技术措施、加强用户教育和培训以及坚持最小化使用原则，我们可以为老年群体营造一个安全、可信赖的数字环境，保障他们的隐私和数据安全。

第三节　提高老年群体的信息安全意识与防范能力

提高老年群体的信息安全意识与防范能力，是一个涉及多方面、多层次的综合性任务，其目的如下所述：

首先是保护个人隐私。在数字时代，个人隐私尤为重要。老年群体由于年龄和经验等因素，更容易成为信息泄露的受害者。保护老年群体的个人隐私，不仅是维护他们个人尊严和权益的体现，更是防止他们成为不法分子目标的关键。加强信息安全教育，我们可以帮助老年群体认识到个人信息的价值，学会如何妥善保管自己的信息，避免将其泄露给不怀好意的人。信息泄露可能导致老年群体面临各种风险，如受到诈骗电话、垃圾邮件的骚扰，甚至可能发生身份被盗用等严重后果。因此，保护个人隐私对于老年人来说至关重要，它直接关系到他们的日常生活和财产安全。

其次是减少经济损失。网络诈骗已经成为当今社会的一大隐患，而老年群体往往成为这些诈骗活动的主要受害者。由于他们对新技术和新型诈骗手段的了解相对较少，很容易成为不法分子的攻击目标。因此，提高老年群体的信息安全意识，使他们能够识别和防范网络诈骗，对于减少他们的经济损失具有重要意义。通过培训和教育，我们可以让老年群体掌握识别网络诈骗的基本技能，如辨别虚假网站、识别钓鱼邮件等。同时，我们可以向他们传授一些防范诈骗的实用技巧，如不轻信陌生人的电话和短信、不随意点击不明链接等。这些知识和技能可以帮助老年群体有效应对网络诈骗，减少不必要的经济损失。

最后是提升生活质量。数字化生活已经成为现代社会的一种趋势，它为人们带来了前所未有的便利和乐趣。然而，对于老年群体来说，如何安全地享受数字化生活却的问题亟须解决。提高老年群体的信息安全意识与防范能力，可以让他们更加自信地融入数字化社会，享受科技带来的便利。

通过学习和实践，老年群体可以掌握使用各种数字设备和应用的技能，如智能手机、社交媒体、在线购物等。这些技能不仅可以帮助他们更好地与家人和朋友保持联系，还可以让他们更加便捷地获取信息和享受服务。同时，提高信息安全意识可以让他们更加放心地使用这些设备和应用，避免因信息泄露或诈骗而带来的困扰和损失。

所以，提高老年群体的信息安全意识与防范能力不仅是为了保护他们的个人隐私和财产安全，更是为了让他们能够更好地融入数字化社会，享受科技带来的便利和乐趣。这不仅是老年群体的需求，也是社会进步和文明发展的必然要求。

一、提高老年群体的信息安全意识与防范能力的具体举措

提高老年群体的信息安全意识与防范能力是一项重要任务，具体措施如下：

1. 加强信息安全教育

（1）举办信息安全讲座和培训

举办信息安全讲座和培训是提升老年群体信息安全意识与防范能力的有效途径。在社区、老年活动中心等地方定期开展此类活动，可以为老年群体提供一个学习和交流的平台，使他们能够更加直观地了解网络安全的重要性。应关注以下几个方面：

① 讲座内容的专业性和实用性。讲座内容应涵盖网络诈骗的常见手段、个人信息保护的技巧、安全上网的注意事项等，确保老年群体能够从中获得实用的知识和技能。同时，还可以邀请网络安全专家或警察进行授课，分享最新的网络安全动态和案例，增强讲座的权威性和说服力。

② 培训形式的多样性和互动性。除了传统的讲座形式外，还可以采用案例分析、小组讨论、角色扮演等多样化的培训形式，提高老年群体的参与度和体验感。同时，利

用现代科技手段，如多媒体展示、在线互动等，可以使培训内容更加生动、形象，增强培训效果。

（2）制作宣传资料

制作易于理解和接受的信息安全宣传资料，是加强信息安全教育的另一种重要方式。通过发放宣传手册、海报等，可以帮助老年群体随时了解和学习信息安全知识。应关注以下几个方面：

① 内容的通俗性和易读性。宣传资料的内容应简单明了、通俗易懂，避免使用过于专业或复杂的术语。同时，采用图文并茂的形式，如插图、漫画等，可以增加资料的可读性和趣味性，提高老年群体的阅读兴趣。

② 渠道的多样性和便捷性。除了传统的纸质宣传资料外，还可以利用电子媒体、社交媒体等现代传播渠道进行宣传。例如，在社区网站、微信群等平台发布信息安全知识和提示，方便老年群体随时查看和学习。此外，还可以将宣传资料制作成电子版本，通过手机等移动设备进行传播，提高宣传的覆盖面和便捷性。

通过加强信息安全教育，我们可以帮助老年群体提高信息安全意识，掌握防范网络诈骗的技能，从而更好地保护自己的个人信息和财产安全。同时，这体现了社会对老年群体的关爱和尊重，有助于构建一个更加安全、和谐的社会环境。

2. 提供技术支持与服务

（1）开发适合老年群体的安全软件

在信息化时代，软件成为我们生活和工作中不可或缺的一部分。然而，对于老年群体来说，由于他们缺乏计算机操作经验，或者视力、听力等身体机能下降，使用常规的安全软件可能会存在困难。因此，开发适合老年群体的安全软件显得尤为重要。应关注以下几个方面：

① 用户界面的优化。老年版的安全软件应当拥有简洁、直观的界面设计，字体和图标要足够大，方便老年群体阅读和辨认。同时，软件的操作流程应尽可能简化，减少不必要的步骤和选项，降低老年群体的学习成本。

② 功能的针对性。针对老年群体可能面临的网络安全威胁，如网络诈骗、恶意软件等，安全软件应具备相应的防护功能。此外，软件还应提供定期更新和自动修复功能，确保老年群体的设备始终受到保护。

③ 语音提示与辅助。考虑到部分老年人可能存在视力或听力障碍，软件可以加入语音提示功能，帮助老年群体理解和操作软件。同时，可以提供手势识别等辅助功能，让老年群体能够更加方便地使用软件。

（2）提供安全咨询服务

老年群体在使用互联网的过程中，可能会遇到各种问题，例如，如何设置安全密码、如何识别钓鱼网站等。因此，提供安全咨询服务，为老年群体提供实时解答和指导，是提升他们信息安全意识与防范能力的重要手段。应关注以下几个方面：

① 服务渠道的多样性。安全咨询服务可以通过多种渠道提供，如电话热线、在线聊天、邮件咨询等。这样，老年群体可以根据自己的需求和习惯选择合适的咨询方式。

② 咨询团队的专业性。咨询服务团队应由具备网络安全专业知识且经验丰富的人员组成，他们应能够准确识别老年群体的问题，并提供有效的解决方案。同时，团队应具备良好的沟通能力和耐心，以便更好地为老年群体服务。

③ 服务内容的丰富性。除了解答老年群体的具体问题外，咨询服务还可以提供网络安全知识普及、安全操作技巧分享等内容，帮助老年群体提高自我保护能力。

通过提供技术支持与服务，我们可以为老年群体创造一个更加安全、便捷的互联网使用环境，让他们能够更好地享受数字化生活带来的便利和乐趣。同时，这体现了社会对老年群体的关爱和尊重，有助于构建一个更加和谐、包容的社会环境。

3. 建立互助与分享机制

(1) 建立信息安全互助小组

建立信息安全互助小组，不仅可以为老年群体提供一个互相学习和交流的平台，还可以加强彼此之间的情感联系，形成更加紧密的社区关系。应关注以下几个方面：

① 小组的组建与管理。互助小组的组建可以基于社区、老年活动中心等场所，也可以通过网络平台实现。在小组内，可以设立小组长或管理员，负责组织和协调小组活动，确保活动的顺利进行。同时，小组可以制定一些简单的规章制度，规范成员的行为，保持小组的秩序。

② 学习与分享的内容。互助小组的成员可以分享自己在使用互联网过程中遇到的问题或经验，同时，可以邀请网络安全专家或志愿者为小组成员提供培训和指导，帮助他们提高信息安全意识和防范能力。

③ 小组活动的形式。互助小组的活动形式可以多种多样，如定期举办线下聚会、线上讨论会等。在线下聚会中，成员可以面对面交流，分享彼此的经验和感受；在线上讨论会中，成员可以随时发表自己的观点和疑问，与其他成员进行互动。

(2) 利用社交媒体平台

社交媒体平台已经成为老年群体获取信息、交流情感的重要渠道。引导老年群体正确使用社交媒体平台，可以更有效地传播安全知识，增强他们的信息安全意识。应关注以下几个方面：

① 平台的选择与使用。对于老年群体来说，选择界面简单、操作便捷的社交媒体平台是关键。同时，需要教会他们如何正确设置隐私保护、避免泄露个人信息等。

② 安全内容的传播。老年群体可以在社交媒体平台上分享自己学到的安全知识、经验故事等，通过点赞、评论等方式与其他用户互动，扩大安全内容的传播范围。此外，可以关注一些专业的网络安全账号或群组，获取最新的安全资讯和防范技巧。

③ 社区氛围的营造。在社交媒体平台上，可以积极营造一种积极向上、互相帮助的社区氛围。通过鼓励用户分享正面经验、提供帮助和支持等方式，增强老年群体之间的信任和凝聚力，形成一个安全、和谐的社区环境。

通过建立互助与分享机制，老年群体可以更加有效地提高信息安全意识和防范能力，同时也能够享受到数字化生活带来的便利和乐趣。这种机制不仅有助于维护老年群体的个人信息安全，还能够促进社区的和谐与稳定。

4. 家庭与社会的共同参与

（1）家庭成员参与教育

家庭成员在老年人信息安全教育中扮演着举足轻重的角色。他们与老年人关系亲密，对老年人的生活习惯和需求有着深入的了解，因此能够更有效地进行沟通。应关注以下几个方面：

① 定期沟通与提醒。家庭成员可以定期与老年群体进行关于信息安全方面的沟通，了解他们在使用互联网过程中遇到的问题和困惑。同时，家庭成员可以及时提醒老年群体注意防范网络诈骗、保护个人信息等，避免他们成为不法分子的目标。

② 共同学习与成长。家庭成员可以与老年群体一起学习网络安全知识，了解最新的网络诈骗手段和防范技巧。通过共同学习，家庭成员可以更好地了解老年群体的学习需求和进度，为他们提供更有针对性的指导和帮助。

③ 创建安全环境。家庭成员还可以帮助老年群体设置安全密码、安装防病毒软件等，为他们创造一个更加安全的网络环境。同时，家庭成员可以关注老年群体的社交媒体账号，保护他们账号的安全，避免账号被不法分子利用。

（2）社会组织发挥作用

各类社会组织在提高老年群体信息安全意识方面也可以发挥重要作用。他们拥有丰富的资源和经验，可以为老年群体提供更加专业、全面的支持和帮助。应关注以下几个方面：

① 开展宣传教育活动。社会组织可以定期开展信息安全宣传教育活动，如举办讲座、制作宣传资料等，向老年群体普及网络安全知识。同时，他们可以利用社交媒体等渠道，扩大宣传范围，强化宣传效果。

② 提供技术支持与服务。社会组织可以为老年群体提供技术支持与服务，如举办信息安全讲座和培训、提供安全咨询服务等。这些服务可以帮助老年群体更好地应对网络安全威胁，提高他们的信息安全意识和防范能力。

③ 建立互助与分享平台。社会组织还可以建立信息安全互助与分享平台，鼓励老年人之间互相学习和分享经验。通过平台的建设和运营，社会组织可以促进老年人之间的信息交流与合作，共同提高信息安全水平。

综上所述，家庭与社会的共同参与在提高老年群体信息安全意识方面具有重要意义。通过家庭成员的参与和社会组织的支持，我们可以为老年群体创造一个更加安全、便捷的网络环境，让他们能够更好地享受数字化生活带来的便利和乐趣。

5. 注重实践与应用

注重实践与应用是提高老年群体信息安全意识与防范能力的关键一环。模拟演练和鼓励老年群体尝试新事物，可以让他们在实际操作中学习和掌握信息安全知识，从而更好地保护自己的个人信息和财产安全。

（1）模拟演练的重要性

模拟演练是一种非常有效的学习方式，可以帮助老年群体在安全、可控的环境中模拟真实场景，进行实践操作。针对老年群体可能遭遇的网络诈骗等信息安全问题，组织模拟演练具有以下重要作用：

① 提高识别和防范能力。通过模拟网络诈骗场景，老年群体可以亲身体验诈骗分子的手段和套路，学会如何识别并防范这些诈骗行为。演练过程中，他们可以学习如何判断信息的真伪、如何保护个人隐私、如何设置安全密码等实用技巧。

② 增强应对突发事件的信心。模拟演练不仅可以帮助老年群体掌握防范技巧，还可以增强他们在面对真实网络安全事件时的信心和应对能力。多次演练可以使老年群体逐渐熟悉各种安全操作流程，从而在遇到问题时能够迅速作出正确的判断来应对问题。

③ 促进老年群体之间的交流与合作。模拟演练通常以小组形式进行，老年群体可以在演练过程中互相学习、互相帮助，共同提高信息安全意识。这种交流与合作不仅可以加深他们之间的情感联系，还可以形成一个共同防范网络安全的社区氛围。

（2）鼓励老年群体尝试新事物的意义

随着科技的不断发展，新的数字设备和应用层出不穷。鼓励老年群体在保障安全的前提下尝试新事物，对于提高他们的数字素养和信息安全意识具有重要意义。

① 提升数字素养。通过尝试新的数字设备和应用，老年群体可以逐渐掌握基本的数字技能，如浏览网页、使用社交媒体、在线购物等。这些技能不仅可以丰富他们的日常生活，还可以提升他们的数字素养，使他们更好地适应数字化时代的生活。

② 拓宽信息获取渠道。新的数字设备和应用为老年群体提供了更加便捷、丰富的信息获取渠道。通过尝试新事物，老年群体可以更加轻松地获取新闻、健康、娱乐等各类信息，丰富自己的生活。

③ 增强信息安全意识。在尝试新事物的过程中，老年群体会不可避免地遇到各种网络安全问题。通过实际操作和体验，他们可以更加深刻地认识到信息安全的重要性，从而主动学习和掌握相关的安全知识和技巧。

综上所述，注重实践与应用是提高老年群体信息安全意识与防范能力的有效途径。通过模拟演练和鼓励老年群体尝试新事物，我们可以帮助老年群体更好地掌握信息安全知识，提高他们的数字素养和应对网络安全事件的能力。

通过以上措施的实施，我们可以有效提高老年群体的信息安全意识与防范能力，让他们更好地享受数字化生活带来的便利和乐趣。同时，这有助于维护社会稳定和促进数字化社会的健康发展。

提高老年群体的信息安全意识与防范能力，对于"数字脱贫"具有现实意义。

首先，提高老年群体的信息安全意识与防范能力可以维护社会稳定。随着信息技术的飞速发展，网络诈骗、个人信息泄露等网络安全问题日益突出，这些问题不仅给个人带来经济损失和精神困扰，还可能引发社会矛盾和冲突。老年群体作为社会的重要组成部分，他们的信息安全问题更是关系到社会的和谐稳定。提高老年群体的信息安全意识与防范能力，可以有效减少网络诈骗等问题的发生，从而降低社会矛盾的风险，维护社会的和谐稳定。

其次，老年群体信息安全意识的提升可以为整个社会的经济发展提供有力支撑。一个安全、稳定的网络环境是社会经济发展的重要保障。在一个信息安全得到充分保障的社会中，人们可以更加放心地进行网络交易、在线学习等活动，从而推动社会经济的繁荣发展。

再次，提高老年群体的信息安全意识与防范能力可以促进数字化发展。数字化发展已经成为当今社会的必然趋势，它深刻改变了人们的生活方式和社会结构。然而，老年群体在数字化进程中的参与度相对较低，这在一定程度上限制了他们享受科技带来的便利。提高老年群体的信息安全意识与防范能力，可以帮助他们更好地融入数字化社会，享受科技带来的各种便利。例如，学习并掌握信息安全知识，老年群体可以更加放心地使用智能手机、平板电脑等数字设备，进行在线购物、社交娱乐等活动。这不仅丰富了他们的晚年生活，也提高了他们的生活质量。同时，随着老年群体对数字技术的接受度和使用能力的提升，社会的全面数字化发展也将得到进一步推动。

最后，提高老年群体的信息安全意识与防范能力可以体现社会关怀。提高老年群体的信息安全意识与防范能力，不仅是对他们个人权益的保障，更是社会对他们关怀和尊重的体现。随着年龄的增长，老年群体的身体机能和认知能力逐渐下降，他们在面对复杂多变的网络环境时可能感到力不从心。因此，社会有责任和义务帮助他们提高信息安全意识，防范网络风险。这种关怀和尊重不仅体现在物质层面的帮助和支持上，更体现在精神层面的理解和尊重上。通过加强信息安全教育和技术支持，我们可以让老年群体感受到社会的温暖和关怀，增强他们的归属感和幸福感。这有助于构建一个更加和谐、包容的社会环境，让老年群体能够安享晚年、幸福生活。

所以，提高老年群体的信息安全意识与防范能力具有深远的意义。它不仅能够维护社会稳定、促进数字化发展，还能够体现社会对老年群体的关怀和尊重。因此，我们应该高度重视这一问题，采取有效措施加以推进和实施。

二、提高老年群体的信息安全意识与防范能力的注意事项

1. 尊重个体差异

老年群体在信息安全意识和防范能力方面存在显著的个体差异，这主要源于他们的年龄、教育背景、生活经历以及使用互联网的习惯和频率等多方面的因素。因此，在提高老年群体的信息安全意识和防范能力时，我们需要尊重并理解这些差异。

一方面，老年群体在接受和理解信息安全知识时的速度和能力可能有所不同。一些人可能更容易掌握新知识，而另一些人则需要更多的时间和实践来理解和应用这些知识。因此，我们应根据老年群体的实际情况，提供个性化的指导和帮助，确保他们能够在自己的节奏下逐步提高信息安全意识和防范能力。

另一方面，老年群体的信息需求和关注点可能有所不同。一些人可能更关心如何保护个人隐私，而另一些人则可能更关注如何避免网络诈骗。因此，我们在提供信息安全教育时，应针对老年群体的不同需求，提供有针对性的内容，确保他们能够从中获得真正有价值的信息。

2. 持续更新内容

随着网络技术的快速发展和诈骗手段的不断演变，信息安全教育的内容需要与时俱进。这是因为新的网络安全威胁和漏洞可能随时出现，而旧的防范手段可能已经不再有效。

为了保持信息安全教育的时效性和有效性，我们应密切关注网络安全的最新动态和趋势，及时了解新的威胁和漏洞，并根据这些信息更新教育内容。同时，我们应鼓励老年群体保持关注和学习新技术，帮助他们跟上时代的步伐，提高应对新威胁的能力。

此外，我们还可以通过定期举办讲座、研讨会等活动，邀请网络安全领域的专家为老年群体提供最新的知识和信息，帮助他们更好地了解网络安全问题，提高防范能力。

3. 注重实践操作

在信息安全教育中，理论知识的讲解固然重要，但实践操作同样不可或缺。只有通过实际操作，老年群体才能真正掌握并能够应用所学到的信息安全技能。

首先，我们可以模拟一些场景或案例，让老年群体在模拟环境中进行实践操作。例如，我们可以模拟一个网络诈骗的场景，让老年群体尝试识别和应对。通过这样的模拟实践，老年群体可以更加直观地了解网络安全问题，提高识别和防范诈骗的能力。

其次，我们可以提供一些实际操作的指导和支持，帮助老年群体掌握常用的信息安全技能。例如，我们可以教他们如何设置复杂的密码、如何识别钓鱼网站、如何备份和

恢复重要数据等。这些技能对于保护老年群体的个人信息和财产安全至关重要。

最后，我们应鼓励老年群体在日常生活中多进行实践操作，将所学到的知识和技能应用到实际生活中。只有通过不断的实践和应用，老年群体才能真正提高自己的信息安全意识和防范能力。

所以，提高老年群体的信息安全意识与防范能力是一项长期而重要的任务，需要社会各界共同努力，为老年群体营造一个安全、舒适的数字化生活环境。

老年群体的信息安全保障与网络环境优化是当今社会面临的重要任务。通过加强信息安全保障和优化网络环境，我们可以为老年群体提供更加安全、便捷的网络环境，使他们能够更好地享受数字生活带来的便利和乐趣。在加强信息安全保障方面，可以采取以下措施：一是提供简单易用的安全软件和服务，帮助老年群体防范网络攻击；二是加强网络安全教育，提高老年群体的网络安全意识和防范能力；三是建立网络安全事件应急响应机制，及时处理老年群体遇到的网络安全问题。在优化老年群体网络环境方面，可以采取以下措施：一是设计符合老年群体使用习惯和需求的网络产品和服务，如大字体、高对比度、简洁明了的操作界面等；二是提供网络使用培训和辅导服务，帮助老年群体提高数字素养和操作技能；三是加强社区和家庭的支持，鼓励家庭成员帮助老年群体学习和使用网络。

总之，信息安全保障与网络环境的优化是老年群体"数字脱贫"过程中的两个重要方面。我们需要通过加强网络安全教育、推广使用安全可靠的网络产品和服务、优化网络环境等措施，为老年群体提供更加安全、便捷、友好的数字化生活环境。同时，我们需要关注老年群体的特殊需求，通过个性化的服务帮助他们更好地融入数字社会、享受数字化红利。只有这样，我们才能真正实现老年群体的"数字脱贫"，让他们在数字化时代过上更加幸福、美好的生活。

第六章 老年群体适应数字社会的心理关爱与技术支持

　　随着数字技术的快速发展,老年群体面临着越来越多的挑战。他们可能感到焦虑、困惑和无助,担心自己无法跟上时代的步伐。这种心理压力不仅影响他们的生活质量,还可能阻碍他们积极学习和使用数字技术。因此,心理关爱在老年群体适应数字社会的过程中至关重要。

老年群体在适应数字社会的过程中，不仅需要技术上的支持，更需要心理上的关爱。以下是一些关于心理关爱与老年群体适应数字社会的支持建议：

第一，提供个性化支持。针对老年群体的不同需求和特点，进行个性化的评估。了解他们在使用数字技术方面的困难，以及他们的心理需求和期望。根据评估结果，为老年群体制订个性化的学习计划和心理支持方案。计划应包括明确的目标、具体的步骤和可行的措施。

第二，加强技术培训与辅导。组织专门针对老年群体的数字技术培训课程，课程应涵盖智能手机、电脑、互联网等基础知识和应用。在学习过程中，提供"一对一"的辅导和答疑服务，帮助老年群体解决遇到的问题和困惑。

第三，建立社会支持网络。鼓励家庭参与，家庭成员应积极参与老年群体的数字学习过程，提供情感支持和实际帮助。拓展社区资源，社区应提供适合老年群体的学习场所和资源，如图书馆、老年活动中心等，并开展相关活动，促进老年群体之间的交流与合作。

第四，关注心理健康与情感需求。为老年群体提供心理咨询服务，帮助他们缓解焦虑、抑郁等负面情绪，增强自信心，提高积极性。关注老年群体的情感需求，倾听他们的心声，陪伴他们度过适应数字社会的艰难时期。

第五，优化数字产品与服务。针对老年群体的特点，设计简单易用、字体清晰、颜色对比明显的数字产品界面。为老年群体提供贴心、周到的服务，如在线客服、电话支持等，方便他们随时获取帮助。

总之，心理关爱与技术支持是老年群体适应数字社会的两大关键。通过提供个性化支持、加强技术培训与辅导、建立社会支持网络、关注心理健康与情感需求以及优化数字产品与服务等措施，我们可以帮助老年群体更好地适应数字社会，享受更加便捷、丰富的生活。

第一节　开展心理辅导与咨询服务

一、开展心理辅导与咨询服务的目的

开展心理辅导与咨询服务对于老年群体适应数字社会具有深远的意义和目的。心理

辅导与咨询服务的核心目的在于，帮助老年群体在面对数字社会时减轻心理压力、缓解焦虑情绪，增强他们适应新技术的信心。具体而言，通过提供个性化的心理支持和专业指导，我们能帮助老年群体更好地理解和接受数字技术，克服学习过程中的困难和挑战。

老年群体通常面临记忆力减退、学习能力下降、对新事物接受度降低等问题。当面对日新月异的数字技术时，他们可能会感到无所适从，甚至产生抵触情绪。心理辅导与咨询服务能够帮助他们理解这些心理变化，并学习如何适应和应对。

每位老年人都有自己独特的经历、背景和需求。心理辅导与咨询服务通过深入了解老年人的个体情况，提供有针对性的心理支持。这种个性化的服务能够更有效地帮助老年群体克服心理障碍，增强学习新技术的信心。

心理辅导与咨询服务不仅要关注老年群体的心理状态，还要结合提升技能的指导。专业人员在提供心理支持的同时，也可以教授老年技能如何更学习和使用数字技术。这种综合性的服务方式能够帮助老年群体在心理和技能层面都得到提升。

心理辅导与咨询服务通常与社区和家庭的支持网络相结合。社区可以提供活动场所、学习资源等支持，而家庭则可以为老年群体提供情感上的支持。这种多层次的支持网络能够为老年群体营造一个更加温暖、包容的学习环境。

开展心理辅导与咨询服务不仅有助于老年群体当前适应数字社会，还具有长期效应。帮助老年群体建立积极的学习态度和自信心，他们能够更好地应对未来可能出现的技术变化。同时，这种服务有助于增强老年群体的社会融入感，减少社交隔离现象，对于构建和谐社会具有重要意义。

二、开展心理辅导与咨询服务的具体举措

开展心理辅导与咨询服务是一项综合性的工作，旨在帮助老年群体更好地应对数字社会的挑战，缓解他们在适应新技术过程中的心理压力和焦虑情绪。以下是关于如何开展心理辅导与咨询服务的详细阐述：

1. 明确服务目标与对象

首先，我们需要对心理辅导与咨询服务的目标进行深入的探讨。这些目标不仅涉及老年群体的技术适应能力，更关乎他们的心理健康和生活质量。其次，明确服务的对象是确保心理辅导与咨询服务能够精准、有效地满足老年群体需求的关键。服务的对象主要是那些面临数字社会适应问题的老年人，特别是那些对新技术感到困惑、焦虑或抵触的老年人。

（1）增强适应数字技术的信心和能力

随着科技的进步，数字技术已经渗透到我们生活的方方面面。然而，对于许多老年

人来说，这些新技术可能意味着挑战和困惑。他们可能担心自己无法跟上时代的步伐，害怕被社会所淘汰。因此，心理辅导与咨询服务的首要目标就是帮助老年群体建立对数字技术的正确认知，增强他们学习和使用新技术的信心和能力。通过专业的指导和支持，老年群体可以逐步克服对新技术的抵触情绪，积极拥抱数字社会。

（2）提升生活质量

适应数字社会不仅意味着老年群体能够更好地与现代社会接轨，更意味着他们能够享受到数字技术带来的便利和乐趣。因此，提升生活质量也是心理辅导与咨询服务的目标。通过心理辅导与咨询服务，老年群体可以克服心理因素，学会利用数字技术进行网购、在线支付、视频通话等操作，从而更加方便地获取信息、交流沟通、享受生活。这不仅可以提升老年人的生活质量，还可以增强他们的社会参与感和自我价值感。

（3）提供个性化、针对性的支持和帮助

老年群体可能由于年龄、身体状况、教育背景等原因，在适应数字社会方面存在一定的困难。他们可能不知道如何操作智能手机、电脑等设备，不知道如何利用互联网获取信息和资源，甚至可能对数字技术产生抵触情绪。心理辅导与咨询服务需要针对老年群体的具体困难和需求，提供个性化的支持和帮助。

对新技术感到困惑、焦虑或抵触的老年人在面对新技术时可能会感到困惑不解，不知道从何入手；有些老年人则可能因为担心自己无法掌握新技术而产生焦虑情绪；还有些老年人可能因为传统观念和习惯的影响，对新技术持抵触态度。对于这部分老年人，负责心理辅导与咨询服务的人员需要更加耐心、细致地开展工作，通过深入了解他们的心理状态和需求，提供有针对性的心理支持和专业指导。

通过明确服务目标与对象，我们可以更加精准地定位心理辅导与咨询服务的方向和重点，确保服务能够真正满足老年群体的需求，帮助他们更好地适应数字社会。同时，这有助于提升服务的针对性和有效性，提高老年群体的满意度和幸福感。

2. 组建专业团队

组建专业团队是确保心理辅导与咨询服务专业性的关键。在提供心理辅导与咨询服务的过程中，组建一个专业、高效、多学科的团队是至关重要的。这样的团队不仅能够确保服务的专业性和有效性，还能够针对老年群体的具体需求提供个性化的支持。

第一，心理咨询师是团队的核心成员。他们具备丰富的心理学知识和实践经验，能够深入了解老年群体的心理状态，提供有效的心理支持和干预。心理咨询师能够运用专业的心理咨询技巧和方法，帮助老年群体缓解焦虑、建立自信，提升他们的心理适应能力。

第二，社会工作者是团队中不可或缺的一员。他们具备社会学等方面的知识，能够关注老年群体的社会环境和人际关系，提供综合性的支持。社会工作者通过协助老年群体建立网络社交圈、参与社区活动等方式，帮助他们更好地融入社会，提升生活质量。

第三，志愿者是团队中的重要力量。他们通常来自社区、学校或其他机构，具备热情和爱心，愿意为老年群体提供帮助。志愿者可以通过陪伴、倾听、引导等方式，为老年群体提供情感支持和陪伴，缓解他们的孤独感。

除了以上核心成员外，团队可以根据具体需求吸纳其他专业人士，如医生、营养师、康复师等。这些人员可以针对老年群体的身体状况和健康问题提供专业的建议和指导，确保服务的全面性和综合性。

在组建团队时，还需要注重人员的选拔和培训。应选拔具备相关专业背景和实践经验丰富的人员加入团队，并进行定期的培训和考核，以确保他们具备提供高质量服务的能力和素质。

所以，组建一个专业、高效、多学科的团队是确保心理辅导与咨询服务专业性和有效性的关键。通过整合不同领域的知识和技能，团队能够为老年群体提供个性化的支持和服务，帮助他们更好地适应数字社会，享受幸福晚年。

3. 开展需求评估

在提供心理辅导与咨询服务之前，对老年群体进行需求评估是一项至关重要的工作。这不仅有助于精准定位老年群体的服务需求，还能确保所提供的服务能够真正满足他们的期望和需要。

首先，需求评估是确保服务有效性的基础。每个老年人都有其独特的背景和经历，他们在适应数字社会方面所面临的困难和需求也不尽相同。通过需求评估，我们可以深入了解老年群体的具体状况，包括他们的技术水平、学习能力、心理状态等，从而为他们提供更贴心和有效的服务。

其次，需求评估有助于提升服务的针对性。通过问卷调查、访谈等方式，我们可以收集到老年群体关于数字社会适应方面的具体反馈和意见。这些信息可以帮助我们识别老年群体面临的主要问题和挑战，如技术操作困难、信息获取障碍、社交孤独感等。基于这些需求，我们可以为老年群体量身定制服务方案，提供个性化的指导和支持。

最后，需求评估有助于建立长期的服务跟踪机制。对老年群体的需求进行定期评估，我们可以了解他们在接受服务过程中的变化和进步，及时调整服务策略和内容。这种动态的需求评估机制有助于确保服务的连续性和有效性，提高老年群体的满意度和信任度。

在进行具体需求评估时，我们需要注意一些关键要素。首先，要确保评估工具的科学性和有效性，选择适合老年群体的评估方式和问题设计。其次，要注重与老年群体的沟通和互动，尊重他们的意愿和感受，确保评估过程的顺利进行。最后，要对收集到的数据进行深入分析和整理，提炼出老年群体的核心需求和问题，为制订服务方案提供有力支持。

所以，开展需求评估是心理辅导与咨询服务中不可或缺的一环。通过精准定位老年群体的服务需求，我们可以为他们提供更加有效和贴心的支持，帮助他们更好地适应数字社会，享受更加美好的生活。

4. 制订服务计划

制订服务计划是心理辅导与咨询服务过程中的关键步骤，它确保了服务的针对性和有效性。基于需求评估的结果，我们可以为老年群体制订服务计划，以满足他们在适应数字社会方面的具体需求。

首先，实施服务计划的内容应全面且具体。这包括确定服务的目标、主题、具体内容以及期望达到的效果。例如，对于那些对智能手机操作感到困惑的老年人，服务计划可以包括教授基本的手机操作技巧、如何下载和使用常用的应用程序等。同时，还可以涵盖网络安全教育，帮助他们识别并防范网络诈骗。

其次，服务计划的方式和频率是至关重要的。考虑到老年人的身体状况和学习特点，我们可以采用多种方式来提供服务，如面对面辅导、小组工作坊、在线视频教程等。对于行动不便的老年人，我们还可以提供上门服务或远程咨询。此外，服务的频率也应根据老年群体的需求和进度进行调整，确保他们能够逐步掌握所需技能。

其次，服务计划的连贯性和系统性是不可忽视的。我们需要确保服务的各个环节相互衔接，形成一个完整的服务流程。例如，在教授老年群体使用手机后，可以进一步提供社交媒体的使用指导，帮助他们更好地与家人和朋友保持联系。同时，我们应建立服务跟踪机制，定期评估老年群体的学习进展，并获得相应的反馈，以便及时调整服务计划。

最后，制订服务计划需要注重与老年群体的沟通和协商。我们应尊重他们的意愿和选择，确保服务计划符合他们的期望和需求。通过与老年群体深入交流，我们可以更好地理解他们的学习风格和偏好，从而制订更加贴合他们需求的服务计划。

所以，制订服务计划是心理辅导与咨询服务中的一项重要任务。个性化、连贯性和系统性的服务计划，可以为老年人提供有针对性的支持，帮助他们更好地适应数字社会，享受更加便捷和丰富的生活。

5. 实施个性化辅导

在心理辅导与咨询服务的实践中，实施个性化辅导是确保服务效果的重要环节。由于老年群体的个体差异显著，他们的需求、兴趣、学习能力和心理状态都有所不同。因此，为每位老年人提供个性化的辅导方案至关重要。

首先，个性化辅导强调尊重老年群体的个体差异。这意味着我们需要深入了解每位老年人的背景、经历、需求和期望，以便为他们量身定制辅导计划。例如，有些老年人可能更喜欢通过"一对一"的咨询来解决问题，而有些则可能更喜欢在小组中与他人分享经验和学习。

其次，个性化辅导注重满足老年群体的个性需求。不同的老年人对数字技术的接受程度和掌握能力各不相同，因此我们需要根据他们的实际情况提供不同的辅导内容和方法。对于技术水平较低的老年人，我们可以从基础知识入手，逐步引导他们掌握基本的操作技能；而对于已经具备一定技术基础的老年人，我们可以提供更高级的课程和挑战，以满足他们的学习需求。

最后，个性化辅导强调对老年群体学习过程中的困难和挑战的关注和解决。在辅导过程中，我们可能会遇到老年群体对新技术不信任、焦虑或抵触，或者他们在学习过程中遇到的具体技术问题。对于这些问题，我们需要耐心倾听、理解并寻找合适的解决方案，以帮助他们克服障碍，提高学习效果。

在实施个性化辅导时，我们需要注意一些重要的原则。首先，要保持与老年人的良好沟通和互动，以建立信任和合作关系。其次，要注重反馈和评估，以便及时了解老年群体的学习进展和问题，并调整辅导策略。最后，要关注老年群体的情感需求，为他们提供情感支持和陪伴，帮助他们树立积极的学习态度和信心。

所以，实施个性化辅导是心理辅导与咨询服务中的重要环节。尊重老年群体的个体差异、满足他们的个性需求并提供有针对性的辅导和支持，可以帮助他们更好地适应数字社会，提升生活质量。

6. 加强情感支持

在心理辅导与咨询服务中，情感支持是一个至关重要的环节。特别是对于老年群体，他们可能面临更多的孤独感、焦虑情绪以及适应新环境的挑战。因此，加强情感支持不仅有助于提升服务效果，还能让老年群体感受到社会的关爱和温暖。

首先，情感支持的核心在于倾听和理解。当我们与老年群体交流时，需要耐心倾听他们的心声，理解他们的需求和困扰。通过积极的倾听，我们可以与老年群体建立信任关系，让他们感受到被尊重和被关注。同时，理解老年群体的处境和感受，有助于我们更加精准地把握他们的需求，提供更有针对性的服务。

其次，情感支持包括鼓励和肯定。老年群体在学习新技术、适应新环境的过程中，可能会遇到各种困难和挫折。此时，我们需要给予他们足够的鼓励和肯定，帮助他们树立信心，克服障碍。肯定老年群体的努力和进步，可以激发他们的学习动力，让他们更加积极地参与到学习和生活中来。

最后，情感支持体现在日常生活中的关心和陪伴。我们可以定期与老年群体进行交流，了解他们的生活状况和需求，为他们提供必要的帮助和支持。同时，可以通过组织一些集体活动，让老年群体感受到社会的温暖和关怀，缓解他们的孤独感和焦虑情绪。

在加强情感支持的过程中，我们需要注意一些细节。例如，要与老年群体保持良好沟通，关注他们的情绪变化，及时发现并处理他们的负面情绪。同时，要尊重老年群体的个性和意愿，避免过度干预或强迫他们接受服务。

所以，加强情感支持是心理辅导与咨询服务中不可或缺的一部分。通过倾听、理解、鼓励、陪伴等方式，我们可以为老年群体提供全方位的支持和关怀，让他们在适应数字社会的过程中感受到更多的温暖和关爱。

7. 建立长期跟踪机制

建立长期跟踪机制可以确保服务的持续性并提升质量。在心理辅导与咨询服务领域，建立长期跟踪机制是至关重要的。这一机制不仅有助于确保服务的持续性，还能通过定期的回访和评估，不断优化服务策略，提升服务质量。对于老年人这一特殊群体而言，长期跟踪机制显得尤为重要。

首先，长期跟踪机制能够确保服务的持续性。老年群体的心理需求和学习过程往往是一个长期且渐进的过程，需要持续的关心和支持。通过定期回访和评估，我们可以及时了解老年群体的学习进展和心理状态，确保他们始终能够获得必要的帮助和指导。

其次，长期跟踪机制有助于及时调整服务策略。老年群体的心理需求和学习能力可能随着时间和环境的变化而变化。通过定期的评估，我们可以发现老年群体在学习过程中遇到的新问题和新挑战，进而调整服务策略，提供更符合他们实际需求的帮助。

最后，长期跟踪机制能促进服务质量的不断提升。通过收集反馈和建议，我们可以了解老年群体对服务的满意度和期望，从而发现服务中的不足之处，并进行针对性的改进。这种持续改进的过程不仅有助于提升服务质量，还能增强老年群体的信任，提高他们的满意度。

在实施长期跟踪机制时，我们需要注意以下几点：一是要确保回访和评估的定期性和系统性，避免遗漏或疏忽；二是要注重与老年群体的沟通和互动，让他们感受到我们的关心和关注；三是要对收集到的数据进行深入分析和整理，提炼出有价值的信息和建议，为改进服务提供有力支持。

所以，建立长期跟踪机制是确保心理辅导与咨询服务持续性和质量提升的关键举措。通过这一机制，我们可以为老年群体提供更加优质、个性化的服务，帮助他们更好地适应数字社会，享受幸福晚年。

8. 整合社会资源

在心理辅导与咨询服务工作中，整合社会资源是一项至关重要的任务。与相关部门和机构合作，我们可以为老年群体提供更加全面、有效的支持。

首先，争取政府部门的支持是至关重要的。政府部门拥有丰富的资源和广泛的影响力，可以为我们的服务提供政策和法律保障。我们可以与政府部门建立合作关系，共同策划和实施针对老年人的心理辅导项目，确保服务的顺利进行。

其次，企业是重要的合作对象。许多企业都关注社会责任和公益事业，愿意为老年群体提供支持和帮助。我们可以与企业合作，共同开展数字技术培训、就业指导等活动,帮助老年群体更好地融入社会,实现自我价值。

最后,社区是一个不可忽视的资源。社区是老年群体生活的重要场所,也是他们获取信息和建立社交网络的重要渠道。我们可以与社区合作,共同开展心理健康讲座、文化活动等,为老年群体提供一个更加温馨、和谐的生活环境。

在整合社会资源的过程中,我们需要注重资源的合理配置和有效利用。要根据老年群体的实际需求和服务目标,选择合适的合作伙伴和资源,确保服务的针对性和实效性。同时,我们要加强资源的监督和管理,确保资源的合理利用,避免浪费。

整合社会资源是心理辅导与咨询服务工作中的一项重要任务。通过积极与政府部门、企业和社区合作,我们可以为老年人提供更加全面、有效的支持,帮助他们更好地适应数字社会,享受幸福晚年。

综上所述,开展心理辅导与咨询服务需要明确服务目标与对象、组建专业团队、开展需求评估、制订服务计划、实施个性化辅导、加强情感支持、建立长期跟踪机制以及整合社会资源等多方面的努力。通过实施这些措施,我们可以帮助老年人更好地适应数字社会,享受更加便捷、丰富的生活。

三、开展心理辅导与咨询服务的意义

1. 促进心理健康

在快速变化的数字社会中,老年群体常常面临着技术适应、信息获取和社会交流等方面的挑战。这些挑战可能导致他们产生焦虑、孤独、无助等负面情绪,进而影响到他们的心理健康。因此,通过心理辅导帮助老年群体调整心态,以积极、乐观的态度面对这些变化,显得尤为重要。

首先,心理辅导可以帮助老年群体建立正确的认知。许多老年人会认为数字社会是年轻人的世界,自己无法融入其中。然而,心理辅导可以帮助他们认识到,学习和适应新技术并不受年龄限制,每个人都可以通过努力和练习来掌握新的技能。通过调整自己的认知,老年群体可以更加积极地面对数字社会带来的挑战。

其次,心理辅导可以提供情感支持和心理疏导。老年群体在学习过程中可能会遇到困难和挫折,产生焦虑、沮丧等情绪。此时,心理辅导师可以通过倾听、理解和鼓励等方式,为他们提供情感支持,帮助他们缓解负面情绪。同时,心理辅导师可以教授老年群体一些情绪调节的技巧,如深呼吸、放松训练等,帮助他们更好地应对压力和焦虑。

再次,心理辅导可以帮助老年群体建立积极的生活态度。通过引导老年群体关注自己的优点和成就,鼓励他们参与社交活动、培养兴趣爱好,心理辅导可以帮助他们树立自信,增强自我价值感。积极乐观的生活态度可以使老年群体更加有信心面对数字社会的挑战,也能提升他们的生活质量。

最后，心理辅导可以促进老年群体融入社会。在数字社会中，老年群体可以通过社交媒体、在线课程等方式与他人进行交流和互动。心理辅导可以帮助他们克服社交障碍，提升社交技能，从而更好地融入社会，享受数字社会带来的便利和乐趣。

所以，心理辅导在促进老年群体心理健康方面发挥着重要作用。通过帮助老年群体建立正确的认知、提供情感支持和心理疏导、建立积极的生活态度以及促进他们融入社会，心理辅导可以使老年人更加积极、乐观地面对数字社会带来的变化，提升他们的心理健康水平。

2. 提升生活质量

随着科技的不断发展，数字技术已经成为我们生活中不可或缺的一部分。对于老年群体而言，掌握数字技术不仅意味着能够更好地适应现代社会的节奏，还能够极大地提升他们的生活质量，使他们的生活变得更加丰富多彩。

首先，数字技术为老年群体提供了更加便捷的信息获取途径。在过去，老年群体可能需要通过翻阅报纸、杂志或者收听广播来获取信息，这种方式不仅效率低下，而且信息的种类和数量也有限。现在，只需要通过手机、电脑等设备，老年群体就能够随时随地地浏览新闻、查看天气预报、了解健康养生知识等。这种信息获取的便利性不仅让老年人能够更快地了解社会动态，还能够满足他们对知识的渴求，使他们的生活更加充实。

其次，数字技术为老年群体提供了更加丰富的交流沟通方式。通过社交媒体、视频通话等工具，老年群体可以与远在他乡的亲人、朋友保持密切联系，分享彼此的生活点滴。这种跨越时空的交流方式不仅缓解了老年群体的孤独感，还增强了他们与社会的联系。此外，老年群体还可以通过线上社区、论坛等平台结识新朋友，拓展社交圈，丰富自己的社交生活。

再次，数字技术为老年群体提供了更加丰富的娱乐方式。老年人可以通过在线观看电影、电视剧、听音乐、玩游戏等方式来放松身心，享受生活的乐趣。这些娱乐方式不仅能够满足老年群体的精神需求，还能够提升他们的生活满意度和幸福感。

最后，数字技术为老年群体提供了更加便捷的生活服务。比如，老年群体可以通过在线购物平台购买日常生活用品，避免了外出购物的烦琐；通过智能家居设备，老年群体可以更加方便地控制家中的灯光、空调等设备，提高了生活的舒适度。

然而，值得注意的是，虽然数字技术为老年群体带来了诸多便利，但老年群体在使用数字设备的过程中也可能遇到一些困难和挑战。因此，我们需要为老年群体提供更加友好的数字产品和服务，同时加强数字素养培训，帮助他们更好地享受数字技术带来的便利。

所以，数字技术为老年群体提供了更加便捷的信息获取、沟通交流、娱乐方式以及生活服务，极大地提升了他们的生活质量。我们应该积极推广数字技术在老年人群体中的应用，让他们能够更好地享受现代科技带来的美好生活。

3. 增进社会融入

随着数字技术的迅猛发展，数字社会已经成为现代社会的重要特征。然而，对于许多老年人来说，适应这一变化并非易事。心理辅导在帮助老年群体融入数字社会、减少与社会脱节方面发挥着至关重要的作用。

首先，心理辅导能够帮助老年群体建立自信，克服对数字技术的恐惧和抵触。许多老年人在面对新技术时可能会感到迷茫、不安甚至恐惧，担心自己无法掌握这些技能，心理辅导师可以通过与老年群体进行深入的沟通，了解他们的顾虑和困惑，为他们提供必要的支持和鼓励。心理辅导师可以帮助老年群体认识到学习新技术的可能性和益处，鼓励他们积极尝试和实践，并帮助他们建立自信，逐步克服对数字技术的恐惧和抵触。

其次，心理辅导可以提升老年群体的自我效能感，使他们更加主动地参与数字社会。自我效能感是指个体对自己能够成功完成某项任务的信心和期望。当老年群体通过心理辅导逐渐掌握数字技能并成功应用于实际生活中时，他们的自我效能感会得到提升。这种提升会进一步激发老年群体学习新技能的积极性和动力，使他们更加主动地参与数字社会，与他人进行交流和互动。

再次，心理辅导可以帮助老年群体建立积极的社交网络，增强社会支持。在数字社会中，老年群体可以通过社交媒体、在线社区等平台与他人建立联系，分享生活经验和感受。心理辅导师可以引导老年群体积极参与社交互动，与他人进行交流，从而建立积极的社交网络。积极的社交网络不仅可以为老年群体提供情感支持和帮助，还可以使他们感受到社会的关爱和温暖，减少孤独感，降低社交隔离的风险。

最后，心理辅导有助于老年群体保持与时俱进，更好地适应社会的变化。数字社会的快速发展带来了许多新的生活方式和社交方式，老年群体需要不断学习和适应才能跟上时代的步伐。心理辅导可以帮助老年群体树立终身学习的观念，鼓励他们积极学习新知识、新技能，保持与时代的同步。同时，心理辅导师可以为老年群体提供必要的资源和支持，帮助他们更好地融入数字社会，享受数字化带来的便利和乐趣。

所以，心理辅导在帮助老年群体融入数字社会方面发挥着重要作用。通过帮助老年群体建立自信、提升自我效能感、建立积极的社交网络以及保持与时俱进的心态，心理辅导可以促进老年群体融入社会，降低他们与社会脱节的风险，使他们更好地享受数字社会带来的便利和福祉。

四、注意事项

1. 保护隐私

保护隐私在心理辅导与咨询服务中至关重要，特别是在针对老年群体的服务中更显得不可或缺。随着信息化时代的快速发展，个人隐私的保护变得日益重要。老年群体在接受心理辅导与咨询服务时，往往涉及个人情感、家庭关系、健康状况等敏感信息，这些信息一旦泄露，不仅可能给老年群体带来情感上的伤害，还可能影响他们的日常生活和社交。

首先，保护隐私是尊重老年群体权益的体现。老年群体作为社会的重要群体，享有与年轻群体同等的隐私权。在提供心理辅导与咨询服务时，服务提供者有责任确保老年群体的个人信息不被非法获取、利用或传播。这不仅是服务提供者应尽的法律义务，更是对老年群体基本权利的尊重和维护。

其次，保护隐私有助于建立信任关系。在心理辅导与咨询过程中，服务提供者需要与老年群体建立信任关系，以便他们能够敞开心扉、坦诚交流。如果老年群体的隐私得不到有效保护，他们可能会担心自己的信息被滥用或泄露，从而不敢轻易透露自己的真实想法或感受。这将严重影响咨询的效果和老年群体的心理健康。

最后，保护隐私是确保服务质量和安全性的重要保障。如果服务提供者的隐私保护措施不到位，可能导致老年群体遭遇黑客攻击、网络钓鱼等不法行为，进而引发一系列安全问题。这不仅会损害老年群体的利益，还可能对服务提供者的声誉和业务发展造成负面影响。

因此，在提供心理辅导与咨询服务时，应严格遵守相关法律法规，采取切实有效的措施保护老年群体的隐私。具体而言，可以通过加强技术防范、完善内部管理、提高员工素质等方式来确保老年群体的个人信息不被泄露。同时，服务提供者应定期对隐私保护措施进行自查和评估，及时发现并解决可能存在的安全隐患。总之，保护隐私在心理辅导与咨询服务中具有重要意义。只有确保老年群体的个人信息得到充分保护，才能建立起信任关系，提供高质量的服务，促进社会和谐。

2. 持续跟进和定期评估

持续跟进和定期评估在心理辅导与咨询服务中对于接受服务的老年群体来说，具有非常重要的意义。这不仅有助于了解他们的学习进展和心理状态，还能根据具体情况及时调整服务策略，从而提供更加精准和有效的支持。

首先，持续跟进有助于建立长期的关怀与支持机制。老年群体在接受心理辅导的过程中，往往需要一定的时间来适应和改变。持续跟进可以使服务提供者持续了解老年群体的需求，确保服务的连贯性和持续性。同时，这种长期的关怀和支持能让老年群体感受到社会的温暖和关怀，增强他们的归属感和安全感。

其次，定期评估有助于了解老年群体的学习进展和效果。心理辅导是一个渐进的过程，需要不断地学习和实践。通过定期评估，服务提供者可以了解老年群体在掌握新知识、新技能方面的进展，以及他们应对心理问题、改善心理状态的效果。这能够使服务提供者及时发现老年群体存在的问题和困难，从而调整服务策略，提供更加有针对性的支持。

最后，持续跟进和定期评估有助于服务提供者不断改进和优化服务内容和方法。收集反馈和建议可以使服务提供者了解老年群体对服务的满意度和期望，从而不断完善服务流程、提升服务质量。同时，服务提供者可以根据老年群体的学习进展和心理状态，调整服务策略，采用更加适合老年群体的方法和手段，帮助他们更好地应对心理挑战、提升生活质量。

在进行持续跟进和定期评估时，服务提供者还应注意以下几点：一是尊重老年群体的意愿和隐私，避免过度干涉和泄露个人信息；二是采用科学、客观、全面的评估方法，确保评估结果的准确性和有效性；三是将评估结果及时反馈给老年群体及其家属，共同商讨后续服务方案；四是保持与老年群体的良好沟通，建立良好的互动关系，增强他们的信任感和归属感。

总之，持续跟进和定期评估是心理辅导与咨询服务中不可或缺的重要环节。通过定期跟进和评估，服务提供者可以更加全面、深入地了解老年群体的需求和变化，提供更加精准、有效的支持，帮助他们更好地应对心理挑战、提升生活质量。

综上所述，开展心理辅导与咨询服务对于老年群体适应数字社会具有深远的影响。它不仅关注老年群体的心理状态和技能提升，还通过整合社区和家庭的资源，为老年群体提供全方位的支持和服务。这种综合性的服务方式有助于帮助老年人更好融入数字社会，享受更加便捷、丰富的生活。

第二节　建立老年人交流社区与网络平台

建立老年群体交流社区与网络平台，旨在提供一个安全、便捷、友好的在线环境，让老年群体能够轻松交流、分享经验、获取信息和寻求帮助。这样的平台不仅有助于丰富老年群体的精神生活，还能提升他们的生活质量和社会融入感。

一、建立老年人交流社区与网络平台的意义

建立老年人交流社区与网络平台，是信息时代为老年群体提供的一项创新服务。它顺应了老年群体对于社交、学习、娱乐等多方面的需求，也反映了社会对老年群体的关注和尊重。这样的平台不仅具有深厚的现实意义，还承载着丰富的社会和文化价值。

1. 从社会心理学的角度看

从社会心理学的视角深入探讨，老年人交流社区与网络平台不仅是老年群体获取信息、交流思想的场所，更是他们寻找情感寄托、建立归属感的重要载体。随着岁月的流逝，老年群体可能因身体机能的下降、社交圈子的缩小等原因，逐渐感受到社交孤立和孤独感。这种孤独感可能对他们的心理健康和生活质量产生负面影响。

老年人交流社区与网络平台的出现，为老年群体提供了一个打破时空限制的社交空间。他们可以通过网络平台，随时随地与同龄人交流，分享生活点滴、喜怒哀乐。这种交流不仅有助于缓解他们的孤独感，还能让他们感受到来自同龄人的理解和支持。

在交流过程中，老年群体可以回忆过去，分享经验，从而加深与同龄人之间的情感联系。这种联系不仅能帮助他们建立新的社交圈子，还能增强他们的社会认同感和归属感。同时，通过分享彼此的生活经验和感悟，老年群体能从中汲取力量，更加积极地面对生活的挑战。

此外，老年人交流社区与网络平台还能为老年群体提供心理支持。在面对生活中的困难和挑战时，他们可以在平台上寻求帮助和建议，从而得到来自同龄人的支持和鼓励。这种心理支持对于缓解老年群体的焦虑、抑郁等负面情绪具有重要意义。

老年人交流社区与网络平台从社会心理学的角度为老年群体提供了一个重要的情感寄托和归属感的来源。它们不仅有助于缓解老年群体的孤独感，还能增强他们的社会认同感和心理支持。因此，我们应该积极推动老年人交流社区与网络平台的建设和发展，为老年群体创造更加美好的晚年生活。

2. 从教育学的角度看

从教育学的视角来看，老年人交流社区与网络平台是一个不可或缺的终身学习工具。随着年龄的增长，老年群体可能会面临一些认知上的挑战，但这并不意味着他们应该停止学习。相反，持续的学习能够激发他们的思维活力，增强他们的自我价值感，提高生活质量。

首先，老年人交流社区与网络平台为他们提供了一个便捷的学习途径。无论是健康知识、科技动态还是社会新闻，老年群体都可以通过这些平台轻松地获取最新的信息。这种信息的获取不仅有助于他们了解社会动态，跟上时代的步伐，还能帮助他们更好地管理自己的身心健康。

其次，老年群体通过交流社区与网络平台学习新技能、新知识，可以进一步提高自我价值感。学习新东西总是令人兴奋的，它能够让人感受到自己的成长和进步。老年群体学习新技能，如使用智能手机、参与在线课程等，不仅能够提升自己的能力，还能增强自信心和自尊心。

最后，终身学习也是教育学中强调的重要理念，老年群体作为社会的一员，同样应该享有学习的权利和机会。通过交流社区与网络平台，他们可以与其他学习者互动，分享学习心得，形成学习共同体。这种共同体不仅能够促进知识的传播和共享，还能增强老年群体的社交互动和归属感。此外，老年群体通过交流社区与网络平台进行终身学习，还能够对社会产生积极的影响。他们的学习成果和经验可以传承给年轻一代，为社会的持续发展贡献力量。同时，他们的学习态度和精神也能够激励更多人参与到终身学习的行列中来。

老年人交流社区与网络平台作为教育学中的终身学习工具，对于老年群体的个人发展和社会发展都具有重要意义。我们应该积极推广这种学习方式，为老年群体提供更多的学习机会和资源，让他们在晚年生活中继续发光发热。

3. 从文化传承的角度看

老年人交流社区与网络平台不仅是一个连接老年人的纽带，更是传统文化得以延续和发扬的重要桥梁。在这个信息爆炸的时代，文化传承面临着前所未有的挑战和机遇，而老年人交流社区与网络平台正是应对这些挑战、把握这些机遇的重要工具。

老年群体作为历史的见证者和文化的传承者，他们身上承载着丰富的历史文化知识和生活经验。这些宝贵的财富，如若不加以挖掘和传承，就有可能随着时间的流逝而逐渐消失。老年人交流社区与网络平台则为他们提供了一个广阔的空间，让他们能够分享自己的传统文化知识和手艺，将这份深厚的文化底蕴传递给年轻一代。

在平台上，老年群体可以分享他们对传统文化的理解和感悟，讲述那些关于传统节日、民间故事、传统艺术等方面的故事和知识。他们的分享不仅让年轻一代能够更加直观地了解传统文化的魅力，还能够激发他们对传统文化的兴趣和热爱。同时，平台可以举办各种文化活动，如书法、绘画、诗词等，为老年群体提供一个展示才华、交流文化的舞台。这些活动不仅能够让老年群体感受到自己的价值，更能够让他们在传承文化的过程中找到归属感和成就感。

此外，老年人交流社区与网络平台还可以结合现代科技手段，创新文化传承的方式。例如，通过虚拟现实技术，让老年群体带领年轻一代穿越时空，亲身体验传统文化的魅力；通过大数据分析，让老年群体了解年轻群体对传统文化的需求和兴趣，从而更有针对性地进行文化传承和推广。

老年人交流社区与网络平台在文化传承方面发挥着举足轻重的作用。它们不仅为老年群体提供了一个展示和分享传统文化的平台，更为年轻一代打开了一扇了解、学习和传承传统文化的窗户。在未来的发展中，我们应该更加重视和发挥老年人交流社区与网络平台在文化传承中的作用，让传统文化在现代社会中焕发出新的生机和活力。

4. 从社会发展的角度看

从社会发展的视角来看，老年人交流社区与网络平台的建设不仅为老年人提供了更广阔的社交空间，更是推动社会和谐稳定、促进文明进步的重要举措。

首先，老年群体是社会的宝贵财富，积累了丰富的生活经验和智慧。通过老年人交流社区与网络平台，老年群体能够更便捷地参与到社会活动中来，分享他们的见解和经验，为社会发展提供有益的建议和意见，为社会的创新与发展注入新的活力。

其次，社会对老年群体的关注和尊重是构建和谐社会的重要基石。老年人交流社区与网络平台的建设，体现了社会对老年群体的关怀和尊重，有助于增强老年群体的社会认同感和归属感。当老年人感受到社会的温暖和包容时，他们更有可能以积极的态度面对生活，为社会和谐稳定贡献自己的力量。

再次，老年人交流社区与网络平台的建设有助于推动社会的文明进步。在平台上，老年群体可以接触到各种新知识、新观念，这有助于他们更新观念、拓宽视野，更好地适应现代社会的发展。同时，老年群体可以通过平台传播正能量、弘扬传统美德，为社会文明建设贡献自己的力量。

最后，从更长远的角度来看，老年人交流社区与网络平台的建设是实现社会可持续发展的必然要求。随着人口老龄化的加剧，如何更好地满足老年群体的需求、保障他们的权益，成为摆在我们面前的重要课题。老年人交流社区与网络平台作为一种创新的社会服务模式，有助于我们更好地应对这一挑战，实现社会的和谐、稳定和可持续发展。

综上所述，老年人交流社区与网络平台的建设是推动社会和谐发展的重要举措。我们应该高度重视这一领域的发展，加大投入力度，不断完善平台功能和服务。建立老年人交流社区与网络平台不仅有助于丰富老年群体的精神生活，提高他们的生活质量和社会融入感，还具有深刻的社会和文化价值。我们应该积极推动这一领域的发展，为老年群体创造更加美好的晚年生活。

二、建立老年人交流社区与网络平台的举措

1. 注重用户体验和界面设计

老年人交流社区与网络平台的用户体验和界面设计，是确保平台吸引力和实用性的关键因素。对于老年用户来说，这些因素尤为重要，因为他们对于新技术的接受程度不同，还可能面临视力下降、手部灵活度降低等身体变化，因此，平台的设计必须充分考虑到这些因素，以提供一个友好、易用且吸引人的环境。

第一，大字体和高对比度的界面设计是确保老年用户能够清晰阅读的关键。随着年龄的增长，老年群体的视力逐渐下降，对细节的识别能力也会减弱。因此，采用大号字体和明显的颜色对比，可以显著提高文字的可读性，减少用户因阅读困难而产生的不适感。

第二，简洁明了的界面设计对于老年用户来说非常重要。复杂的界面布局和过多的

功能选项可能会让他们感到困惑和不知所措。因此，平台应尽可能简化操作流程，减少不必要的选项和步骤，使用户能够快速找到所需的功能和信息。

第三，提供语音输入和输出功能是增强平台易用性的重要举措。对于那些视力不佳或手部灵活度降低的老年人来说，使用传统的键盘输入可能变得困难。而语音输入功能则允许他们通过简单的语音指令来完成操作，极大地提高了操作的便捷性。同时，语音输出功能可以将文字信息转化为语音，方便用户收听和理解。

除了以上提到的设计要素外，平台还应注重整体的用户体验。这包括确保平台的稳定性、响应速度和安全性等方面。老年群体可能对于新技术的稳定性和安全性存在一定的疑虑，因此平台应尽可能消除这些顾虑，提供稳定、快速且安全的服务。

老年人交流社区与网络平台在用户体验和界面设计方面需要充分考虑老年群体的特殊需求和身体变化。采用大字体、高对比度、简洁明了的界面设计以及提供语音输入和输出功能，确保老年用户能够轻松、愉快地使用平台，享受交流、分享和学习的乐趣。

2. 提供多样化的交流方式和内容

交流社区与网络平台为老年群体提供的多样化交流方式和内容，不仅满足了他们日常生活中的沟通需求，还在多个层面丰富了他们的精神生活，帮助他们更好地融入社会。

多样化的交流方式让老年群体可以根据自己的喜好和习惯选择最适合自己的。文字交流适合那些喜欢安静阅读、思考的老年人，语音交流则更适合听力较好、喜欢直接对话的老年人；而视频交流则可以让老年人在沟通中看到对方的表情和动作，增强交流带来的亲近感。这样的设计使得交流变得更加灵活和个性化，满足了不同老年人的需求。

平台提供的内容也极为丰富多样。老年群体可以分享自己的生活点滴，无论是日常琐事还是精彩瞬间，都可以在这里找到共鸣。同时，他们可以交流养生经验，分享健康饮食、锻炼方法等，相互学习，共同提高生活质量。此外，社会问题也是老年群体交流的重要内容之一，他们可以通过平台关注社会热点，发表自己的观点和看法，增强社会参与感。

除了个人之间的交流，平台还设置了专门的板块，为老年群体提供健康养生知识、政策法规解读、文化活动信息等。这些板块不仅提供了实用的信息，还帮助老年群体更好地了解社会动态，跟上时代的步伐。同时，文化活动信息的发布为老年群体提供了参与社会活动的机会，让他们能够走出家门，与他人互动，享受社交的乐趣。

总的来说，交流社区与网络平台通过提供多样化的交流方式和内容，为老年群体创造了一个全方位、多层次的社交环境。这样的平台不仅让老年群体能够轻松交流、分享经验、获取信息和寻求帮助，还让他们在互动中感受到社会的温暖和关怀，提升了他们的生活质量和社会融入感。

3. 保护隐私

保障老年群体的隐私和安全在交流社区与网络平台的运营中至关重要。这不仅是对老年群体的特殊关爱，更是平台运营的基本伦理和法律要求。为了构建一个安全、健康的在线交流环境，平台应采取一系列严格的隐私保护措施和有效的监管机制。

在隐私保护方面，平台首先应对用户的个人信息进行加密存储。通过采用先进的加密技术，确保用户数据在传输和存储过程中不被非法获取或篡改。同时，平台应建立完善的访问控制机制，限制应用对用户数据的访问权限，防止未经授权的访问和滥用。

除了技术手段外，平台还应加强内部管理，制定严格的隐私保护政策和操作规范。对员工进行隐私保护意识培训，确保他们在处理用户数据时能够遵守相关规定，不泄露用户隐私。

在监管机制方面，平台应建立高效的信息审核和过滤系统，对用户发布的信息进行实时监测和审核，及时发现并处理不良信息和行为。对于违法、违规或不良内容，平台应采取相应的措施，如删除、屏蔽或限制相关账号的权限，确保老年群体能够在一个健康、安全的环境中交流互动。

此外，平台还应建立用户举报和投诉机制，鼓励用户积极参与到平台的监管中来。对于用户的举报和投诉，平台应及时响应和处理，确保用户的权益得到保障。

所以，保护老年群体的隐私安全是交流社区与网络平台运营中的重要任务。采取严格的隐私保护措施和有效的监管机制，平台可以构建一个安全、健康、友好的在线交流环境，让老年群体能够放心地享受网络交流的乐趣。同时，这有助于提升平台的信誉和形象，吸引更多老年用户的加入。

4. 注重与线下服务的结合

构建老年人交流社区与网络平台，与线下服务的紧密结合显得尤为关键。这种线上线下相结合的模式，不仅能够丰富老年群体的生活体验，还能为他们提供更加全面、便捷的服务。

首先，平台定期组织线下活动，可以为老年群体提供了丰富的社交和娱乐机会。健康讲座可以让老年群体了解最新的健康知识和养生方法，增强保健意识；文化演出则让老年群体能够欣赏到传统与现代的艺术魅力，提升精神生活质量；而旅游观光活动能让老年群体在欣赏美景的同时，结交新朋友，拓展社交圈。这些线下活动不仅能够增进老年人之间的交流和互动，还能帮助他们拓宽视野，丰富生活体验。

其次，平台与医疗机构、社区服务组织等的合作，可以为老年群体提供便捷的医疗健康服务和社区服务信息。与医疗机构合作，平台可以为老年群体提供在线问诊、健康咨询、预约挂号等服务，解决他们在就医过程中的难题；同时，可以提供定期的健康检查服务，帮助老年群体及时发现潜在的健康问题。与社区服务组织合作，则可以为老年群体提供各类社区服务信息，如家政服务、养老服务、法律援助等，让他们能够更加方便地获取所需的服务和资源。

此外，线上线下相结合的模式还有助于提升平台的吸引力，增加用户黏性。老年群体通过线上平台交流互动，建立起一定的社交关系；而线下活动的参与则能够进一步加深他们之间的联系和感情。这种线上线下相互促进的模式，不仅增强了平台的凝聚力和影响力，还为老年群体提供了一个更加完整、立体的社交和娱乐空间。

老年人交流社区与网络平台与线下服务的结合，能够为老年人提供更加全面、便捷的服务和更加丰富的生活体验。这种线上线下相结合的模式，既符合老年群体的实际需求，也体现了平台对老年群体的关爱和尊重。未来，随着技术的不断进步和社会的发展，这种结合模式还将不断完善和创新，为老年群体创造更加美好的晚年生活。

总之，建立老年人交流社区与网络平台是一项有益的社会事业，它能够为老年群体提供一个便捷、安全、友好的在线交流环境，丰富他们的精神生活，提升他们的生活质量和社会融入感。通过不断优化平台功能和用户体验，结合线下服务，我们可以为老年群体创造更加美好的晚年生活。

第三节　鼓励社会各界关注与支持老年群体的数字融入

鼓励社会各界关注与支持老年群体的数字融入，是一个涉及大量社会议题的重要课题。这不仅是科技进步与社会发展带来的必然要求，也是社会公平、和谐与可持续发展的体现。

从科技的角度来看，数字化技术日益成为我们生活中不可或缺的一部分。无论是购物、社交、娱乐还是工作，数字化都为我们提供了极大的便利。然而，老年群体由于种种原因，在这一进程中往往显得滞后。因此，鼓励社会各界关注与支持老年群体的数字融入，实际上是在推动科技与社会各群体的深度融合，以确保老年群体能够充分享受到科技进步的红利。

从社会角度来看，老年群体是社会的宝贵财富，他们积累了丰富的社会经验和生活智慧。鼓励他们的数字融入，不仅是对他们基本生活需求的满足，更是对他们社会价值和地位的肯定。通过数字融入，老年群体可以更加便捷地获取信息、参与社会活动，与年轻一代进行跨代际交流，这对于促进社会和谐、增进代际理解具有重要意义。

此外，老年群体的数字融入也是推动社会文明进步的重要一环。随着数字化技术的普及，老年群体的生活方式、思维方式都将发生深刻变化。这将使他们更加开放、包容，以更加积极地参与到社会建设中来。这种变化不仅将影响老年人自身，也将对整个社会的文明程度产生积极影响。

因此，鼓励社会各界关注与支持老年群体的数字融入，是一个具有深远意义的社会议题。这需要我们政府、企业、社会组织以及个人共同努力，通过政策引导、教育培训、优化服务等多种措施，推动老年群体更好地融入数字社会，享受更加美好、便捷的生活。

下面将详细阐述其目的、意义、措施及注意事项：

一、支持老年群体的数字融入的目的

1. 消除"数字鸿沟"

消除"数字鸿沟"，使老年群体能够融入数字时代，是一个既具有现实紧迫性又充满深远意义的任务。科技的快速发展使得数字化技术已经深入到我们生活的每一个角落，从购物、社交到娱乐、工作，无处不在。然而，老年群体却往往在这一进程中显得滞后，与数字时代产生了明显的脱节。这种脱节不仅给老年群体的信息获取和社会参与带来了障碍，也限制了他们享受科技进步带来的便利和乐趣。

老年群体与数字时代的脱节有多方面的原因。首先，许多老年人在年轻时并未接触过数字化技术，随着年龄的增长，学习新技术的难度也在增加。其次，一些老年人可能因为视力、听力或操作能力的下降，而难以适应数字化设备。最后，还有一些老年人可能因为对新技术的不信任或抵触心理，而拒绝接触和使用数字化技术。

然而，消除"数字鸿沟"，让老年群体融入数字时代，对于老年群体的生活质量和社会地位的提升具有重要意义。首先，数字化技术的融入将使老年群体的生活更加便捷。例如，通过智能手机，老年群体可以方便地进行在线购物、支付账单、查看新闻等，避免了传统方式中可能遇到的诸多不便。其次，数字化技术还可以帮助老年群体更好地参与社会活动。通过社交媒体和在线社区，老年群体可以与亲朋好友保持更紧密的联系，分享生活点滴，也可以参与各种兴趣小组和讨论会，丰富自己的精神生活。此外，数字化技术还可以为老年群体提供更加个性化的服务，如智能家居控制、远程医疗咨询等，进一步提升他们的生活质量。

为了消除"数字鸿沟"，我们需要采取一系列的措施来支持老年群体的数字融入。首先，政府应该出台相关政策，鼓励和支持企业、社会组织等参与老年群体的数字融入工作。例如，可以设立专项资金用于支持开展老年数字教育，或者给予在老年数字服务领域有突出贡献的企业税收优惠等政策。其次，社会各界应该加强老年数字教育的普及和推广。可以通过开设老年数字课堂、举办数字技能培训班等方式，帮助老年群体掌握基本的数字技能。同时，可以利用媒体和网络平台广泛宣传数字技术的优势和应用场景，提升老年群体对数字技术的认知和兴趣。此外，各类服务提供者也应该针对老年群体的特点和需求，优化产品和服务设计。例如，可以开发适合老年群体使用的 APP 和界面设计，提供大字版、语音版等多种选择；还可以提升老年数字服务的用户体验和安全性保障，让老年群体能够更加放心地使用数字技术。

总之，消除"数字鸿沟"，支持老年群体的数字融入是一项重要而紧迫的任务。通过政府、社会、企业和个人等多方面的共同努力，我们一定能够帮助老年群体跨越"数字鸿沟"，让他们享受科技进步带来的便利和乐趣。

2. 提升生活质量

数字技术的融入为老年群体的生活带来了前所未有的便捷和舒适，极大地提升了他们的生活质量。这些技术不仅让老年群体的日常生活更加轻松，还丰富了他们的精神生活，使他们能够更好地享受晚年时光。

第一，在线购物为老年群体提供了极大的便利。通过智能手机或平板电脑，老年群体可以随时随地浏览和购买所需商品，无须再费力前往实体店。这种购物方式不仅节省了老年群体的时间和精力，还让他们有更多的选择和优惠。同时，一些电商平台提供了针对老年群体的专属服务和优惠，进一步提升了他们的购物体验。

第二，远程医疗咨询为老年群体提供了更加便捷和高效的医疗服务。通过视频通话或在线聊天等方式，老年群体可以与医生进行远程沟通，咨询健康问题或获取治疗建议。这种服务方式不仅避免了老年群体长时间排队等待或长途奔波的辛苦，还让他们能够在第一时间得到专业的医疗指导，有助于及时发现和解决健康问题。

第三，智能家居系统为老年群体的生活带来了极大的便利。通过智能设备，老年群体可以轻松地控制家中的灯光、空调、电视等设备，实现一键操作或语音控制。这种智能化的生活方式不仅让老年群体的生活更加舒适和便捷，还提高了他们的居家安全性。例如，智能门锁可以防止陌生人随意进入家中，智能烟雾报警器可以在火灾发生时及时发出警报，这都为老年群体的生命安全提供有力保障。

除了上述提到的应用外，数字技术还在其他方面为老年群体的生活提供了支持。例如，通过社交媒体和在线社区，老年群体可以与亲朋好友保持更紧密的联系，分享生活点滴；通过数字娱乐设备，老年群体可以观看电影、听音乐、玩游戏等，丰富自己的精神生活。

然而，我们需要注意到，数字技术的融入并非一蹴而就的过程。对于老年群体来说，学习和掌握这些新技术可能需要一定的时间和努力。因此，我们应该提供足够的支持和帮助，如开设培训课程、提供操作指南等，以便老年群体能够顺利地融入数字时代，享受科技带来的美好生活。

总之，数字技术的融入为老年群体的生活带来了诸多便利，极大地提升了他们的生活质量。我们应该积极推广和应用这些技术，为老年群体创造更加美好的晚年生活。

3. 促进社会和谐

促进社会和谐一直是社会发展的重要目标之一,而老年群体的数字融入则成为实现这一目标的重要途径。通过数字技术的融入,老年群体能够更好地与社会保持联系,减少孤独感,增强社会归属感,从而有助于社会的和谐稳定。

首先,数字技术的融入使老年群体能够更广泛地参与社会活动。借助社交媒体、在线社区等平台,老年群体可以随时随地与亲朋好友、邻居、社区成员进行交流互动。他们可以分享生活经历、交流兴趣爱好、讨论社会热点,从而增强彼此之间的联系和了解。这种跨地域、跨时间的交流方式,打破了传统社交的限制,使老年群体能够更加积极地参与到社会生活中来。

其次,数字融入有助于减少老年群体的孤独感。随着年龄的增长,老年群体的社交圈子可能会逐渐缩小,这会导致他们感到孤独和无助。数字技术的融入则为他们提供了更多的社交机会和渠道。通过在线交流、视频通话等方式,老年群体可以与远在他乡的亲人朋友保持联系,感受到彼此的关爱和支持。这种情感上的满足和归属感,有助于减轻老年群体的孤独感,提高他们的生活质量。

再次,数字融入还有助于增强老年群体的社会认同感。随着社会的快速发展,老年群体可能会感到自己与时代的脱节,对社会的认同感逐渐降低。然而,通过数字技术的融入,老年群体可以更加便捷地获取社会信息,了解社会发展动态,从而增强对社会的认知和理解。同时,他们可以通过数字平台参与到社会公益事业中来,为社会做出贡献,实现自己的价值。这种参与感和成就感,有助于提升老年群体的社会认同感,使他们更加积极地融入社会大家庭中。

最后,老年群体的数字融入有助于促进代与代之间的和谐共处。数字技术在老年人和年轻人之间搭建了一座沟通的桥梁,使他们能够跨越年龄、经验等方面的差异,进行更加深入的交流。通过数字平台,老年人可以了解年轻人的生活方式、思想观念和价值追求,年轻人也可以从老年人那里学习到丰富的历史文化和人生智慧。这种跨代际的交流和理解,有助于消除彼此之间的隔阂和误解,促进代与代之间的和谐共处。

综上所述,老年群体的数字融入对于促进社会和谐具有重要意义。我们应该积极推动数字技术在老年群体中的普及和应用,为他们提供更多更好的社交、学习和娱乐资源,让他们能够更好地享受到数字时代带来的便利和乐趣。

二、支持老年群体的数字融入的意义

1. 推动社会进步

推动社会进步是一个长期且持续的过程,它涉及多个方面,包括科技进步、文化繁荣、社会公正等。老年群体作为社会的重要组成部分,他们的数字融入不仅体现了社会的进步,还为年轻人树立了榜样,进一步推动了整个社会向更加包容、和谐的方向发展。

首先,老年群体的数字融入体现了社会科技发展的成果。随着信息技术的飞速发展,数字化已成为现代社会的重要标志。老年群体通过掌握和使用数字技术,能够更好地融入现代生活,享受科技带来的便利。

其次,老年群体的数字融入为年轻人树立了榜样。作为社会的未来和希望,年轻人需要承担起推动社会进步的责任。老年群体积极学习、适应新技术的态度,无疑为年轻人树立了榜样。他们用自己的行动告诉年轻人,学习新技术、适应新环境是一种积极的生活态度,是推动社会进步的重要力量。

再次,老年群体的数字融入有助于推动社会文化的繁荣。随着老年群体对数字技术的掌握,他们能够更加便捷地获取和分享各种文化资源,如观看网络视频、参与在线讨论等。这不仅丰富了老年群体的精神生活,也为社会文化的发展注入了新的活力。同时,老年群体通过数字技术与他人交流互动,有助于增进不同群体之间的理解和尊重,促进文化的多样性和包容性发展。

最后,老年群体的数字融入有助于推动社会公正的实现。在数字化时代,信息获取和传播的渠道更加多样和便捷,这为老年群体维护自身权益、参与社会事务提供了更多可能。通过数字技术,老年群体可以更加便捷地了解政策法规、表达个人诉求等,从而增强自身的社会影响力,推动社会公正的实现。

老年群体的数字融入是推动社会进步的重要力量。它体现了社会科技发展的成果,为年轻人树立了榜样,有助于推动社会文化的繁荣和社会公正的实现。我们应该积极支持和推动老年群体的数字融入,为构建更加包容、和谐的社会贡献力量。

2. 传承文化智慧

老年群体的数字融入不仅有助于他们自身更好地适应现代生活,更在文化传承方面发挥着不可估量的重要作用。他们拥有的丰富历史文化知识和生活经验,是社会的宝贵财富,而数字技术的融入则为这些财富的传承和发扬提供了全新的可能。

首先,老年群体通过数字平台可以更加便捷地分享和传播他们的知识和经验。过去,这些宝贵的文化智慧可能局限于在家庭、社区或特定的小圈子内传播,但如今,通过社交媒体、在线论坛、博客等平台,老年群体可以将自己的故事、见解和智慧分享给更多人。这不仅有助于年轻一代了解和尊重历史文化,还能为他们在面对生活挑战时提供宝贵的参考和启示。

其次,数字技术为老年群体提供了更多学习和交流的机会,使他们能够不断更新和丰富自己的知识体系。老年群体可以通过在线课程、远程教育等方式,学习新知识、新技能,与同龄人或其他文化背景的人进行交流,从而保持思维的活跃和开放。这种持续学习和交流的过程，有助于他们将传统文化与现代思想相结合，形成更加包容和多元的文化观念。

再次，老年群体的数字融入有助于保护和传承非物质文化遗产。许多传统文化和技艺面临着失传的风险，不少老年人是这些文化和技艺的最后一代传承者。通过数字技术，我们可以记录、保存和传播这些文化遗产，让更多人了解和欣赏。例如，通过数字影像记录手工艺制作过程，或者通过虚拟现实技术重现传统文化场景，我们都能让年轻一代更加直观地感受到传统文化的魅力。

最后，老年群体的数字融入还有助于构建跨代际的文化桥梁。通过数字平台，老年人和年轻人可以跨越年龄和经验的鸿沟，进行深入的对话和交流。这种跨代际的交流有助于增进彼此的理解和尊重，促进不同文化之间的融合和创新。老年人可以从年轻人那里学习到新的思维方式和生活方式，年轻人则可以从老年人那里汲取到丰富的历史文化知识和人生智慧。

老年群体的数字融入在传承文化智慧方面发挥着重要作用。我们应该积极支持和鼓励老年群体融入数字时代，为文化传承和发扬贡献自己的力量。同时，我们应该关注老年群体的数字素养教育，帮助他们更好地利用数字技术传播和分享自己的知识和经验。

3. 增强社会凝聚力

增强社会凝聚力是维护社会稳定和促进社会和谐发展的重要基石。在数字技术的推动下，老年群体可以通过数字平台跨越地域和时间的限制，与更多同龄人交流互动，从而进一步增强社会凝聚力。

首先，数字平台为老年群体提供了社交圈子和交流渠道。通过社交媒体、在线论坛、聊天群组等数字平台，老年群体可以与来自不同地区、具有不同背景的同龄人建立联系，分享彼此的生活经历、兴趣爱好和观点见解。这种跨地域的交流不仅拓宽了老年群体的社交视野，还让他们感受到社会的温暖和关怀，从而增强了对社会的认同感和归属感。

其次，数字平台的即时性和互动性使得老年群体能够更加积极地参与到社交活动中来。通过在线聊天、视频通话等功能，老年群体可以随时随地与同龄人进行沟通交流，分享生活中的喜怒哀乐，寻求帮助和支持。这种即时的互动不仅让老年群体感到被关注和尊重，也让他们能够更快地融入社会大家庭，增强社会凝聚力。

再次，数字平台为老年群体提供了兴趣交流社区，促进了他们志同道合的人之间的团结和合作。老年群体可以通过数字平台参与各种兴趣小组、志愿活动或社区项目，与志同道合的人一起为共同的目标努力。这种共同经历和合作体验不仅增强了老年人之间的友谊和信任，也让他们更加深入地参与到社会生活中来，为社会的发展贡献自己的力量。

最后，数字平台为老年群体提供了情感支持和精神慰藉。在数字世界中，老年群体可以找到与自己有着相似经历和情感需求的同龄人,通过倾诉、倾听和安慰等方式获得情感上的支持和帮助。这种情感上的联系和共鸣不仅有助于缓解老年群体的孤独、焦虑等情绪,还让他们感到自己不再孤单,增强了社会的凝聚力和向心力。

数字平台为老年群体提供了跨越地域和时间限制的交流互动机会,有助于增强社会凝聚力。我们应该积极推广和应用数字技术,为老年群体创造更加便捷、丰富的社交环境,让他们能够更好地融入社会大家庭,享受幸福晚年生活。

三、支持老年群体的数字融入的措施

1. 政策引导

政策引导在老年群体的数字融入工作中起着至关重要的作用。政府通过出台相关政策,可以有效地鼓励和支持企业、社会组织等各方力量积极参与,共同推动老年群体更好地融入数字时代。

首先,政府可以通过税收优惠来激励企业投入更多资源到老年数字产品的研发和推广中。例如,对于开发适合老年群体使用的智能手机、应用程序、智能家居设备等适老化产品的企业,政府可以给予税收减免或优惠,降低企业的研发成本,激发其创新活力。

其次,政府可以通过资金扶持来支持社会组织开展老年数字教育和培训工作。社会组织具有灵活性和创新性,能够针对老年群体的不同需求和特点,提供个性化的数字教育和培训服务。政府可以通过设立专项资金,支持社会组织开展相关活动,如开设数字课堂、举办数字技能竞赛等,提高老年群体的数字素养和操作技能。

再次,政府可以引导企业和社会组织加强合作,共同构建老年数字服务的生态系统。例如,企业可以开发适合老年群体使用的数字产品和服务,而社会组织则可以提供相关的教育和培训支持,帮助老年群体更好地使用这些产品和服务。企业和社会组织的合作可以形成资源共享、优势互补的局面,推动老年数字服务的普及和优化。

最后,政府在政策引导的过程中,需要注重政策的针对性和实效性。政府应该深入了解老年群体的需求和特点,制定符合实际情况的政策措施。同时,政府应该加强政策的监督和评估,确保政策能够真正落地生效,为老年群体的数字融入工作提供有力保障。

总之,政策引导是推动老年群体数字融入工作的重要手段。政府应该充分发挥其引导和支持作用,鼓励企业、社会组织等各方力量积极参与,共同为老年群体创造一个更加友好、便捷的数字生活环境。

2. 教育培训

开展针对老年群体的数字技能培训是帮助他们融入数字时代的关键一环。随着科技的进步，数字技能已经成为现代社会生活不可或缺的一部分，因此，为老年群体提供数字技能方面的教育和培训显得尤为重要，如图 6-1 所示。

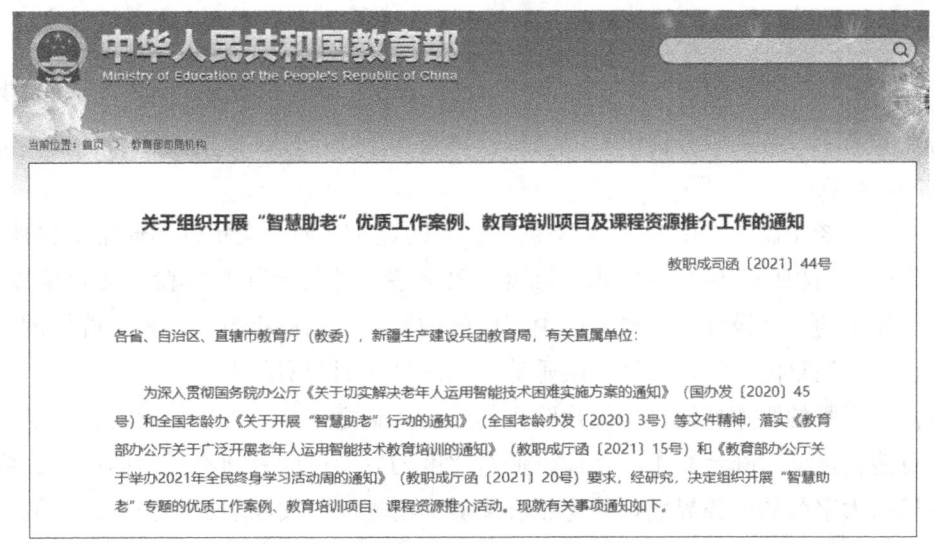

图 6-1 教育部针对老年群体培训的通知

首先，针对老年群体的数字技能培训需要充分考虑他们的学习习惯和认知特点。老年群体可能在学习速度、记忆力和理解能力上有所减弱，因此培训内容应该简洁明了，易于理解和操作。可以通过图文结合、视频教程等多种形式进行教学，使学习过程更加生动有趣。

其次，如何使用智能手机是老年群体数字技能培训的重要内容之一。智能手机作为现代通信和娱乐的重要工具，已经深入到人们生活的各个方面。对于老年群体来说，掌握智能手机的基本操作，如拨打电话、发送短信、使用社交软件等，将极大地便利他们的生活。此外，还可以教授他们如何下载和使用各种应用程序，如健康管理、生活助手等，以丰富他们的生活体验。

最后，网络安全知识是老年群体数字技能培训中不可或缺的一部分。随着网络技术的普及，网络安全问题日益突出。老年群体由于缺乏相关知识和经验，往往成为网络诈骗和恶意软件的受害者。因此，教育他们如何识别网络风险、保护个人信息、避免网络诈骗等至关重要。可以通过案例讲解、模拟演练等方式，增强老年群体的网络安全意识，提高他们的防范能力。

此外，数字技能培训需要注重实践操作和互动交流。老年群体学习新技能时，还需要通过实践操作来巩固所学内容。因此，可以组织一些实践活动，如数字技能竞赛、经验分享会等,让老年群体在轻松愉快的氛围中学习和交流。同时,可以通过社区、老年大学等渠道,为老年群体提供更多的学习机会和资源。

开展针对老年群体的数字技能培训对于帮助他们融入数字时代具有重要意义。通过精心设计培训内容、采用多样化的教学方法、注重实践操作和互动交流,可以有效地提升老年人的数字素养,让他们更好地享受科技带来的便利和乐趣。

3. 优化服务

在数字时代,优化服务对于老年群体的数字融入具有至关重要的意义。针对老年群体的特点和需求,各类服务提供者应当积极调整和创新,以确保他们能够轻松、舒适地享受数字化生活。

开发适合老年群体使用的 APP 是优化服务的重要一环。老年群体通常对操作简便、界面友好的应用程序有更高的需求。因此,开发者应当注重用户体验,简化操作流程,避免过于复杂的交互设计。同时,应用程序的内容和功能也应当符合老年群体的生活习惯和兴趣,如注重健康管理、社交娱乐等,以满足他们的实际需求。

提供大字版的服务界面也是优化服务的关键措施之一。随着年龄的增长,老年群体的视力可能会逐渐下降,对于小字体、低对比度的界面可能感到不适。因此,服务提供者应当提供大字版的服务界面,使老年群体能够清晰地阅读和理解相关信息。同时,界面的色彩搭配和排版也应当考虑老年群体的视觉特点,以提高他们的阅读体验。

除此之外,服务提供者还可以考虑增加语音交互、手势操作等辅助功能,以进一步方便老年群体的使用。语音交互可以帮助老年群体通过简单的语音指令完成操作,降低操作难度;手势操作则可以根据老年群体的习惯进行定制,使操作更加直观和便捷。

在优化服务的过程中,服务提供者还需要注重与老年群体的沟通和反馈。定期的调查和访谈可以了解老年群体的使用体验和需求变化,及时调整和优化产品和服务。同时,可以借助社交媒体、在线论坛等渠道,收集老年群体的意见和建议,为改进服务提供参考。

优化服务是帮助老年群体更好地融入数字时代的重要举措。各类服务提供者应当深入了解老年群体的特点和需求,通过开发适合他们使用的 APP、提供大字版的服务界面等措施,为他们创造更加友好、便捷的数字生活环境。这不仅有助于提升老年群体的生活质量,还体现了社会对老年群体的关爱和尊重。

四、支持老年群体的数字融入的注意事项

1. 尊重个体差异

尊重个体差异在老年群体的数字融入过程中显得尤为重要。每个老年人都有自己独

特的生活经历、教育背景、健康状况和兴趣爱好，这些因素都会影响他们对数字技术的接受程度和使用习惯。因此，在推动老年群体数字融入的过程中，我们必须充分认识到并尊重这种个体差异。

首先，尊重个体差异意味着我们需要理解并接受老年群体在数字技能上的不同水平。有些老年人可能从未接触过数字技术，需要从头开始学习；有些老年人则可能已经具备了一定的数字技能，只需要进行针对性的提升。因此，我们在提供数字教育和培训时，应该根据老年群体的实际情况，制订个性化的学习计划和教学内容，以满足不同水平老年人的需求。

其次，尊重个体差异要求我们在推动老年群体数字融入的过程中，给予他们足够的自主权和选择权。老年群体有权根据自己的兴趣、需求和健康状况，选择是否使用数字技术，以及使用哪些数字技术。我们不能强迫老年群体接受他们不愿意或不需要的数字技术，也不能忽视他们对数字技术的需求和期望。我们应该提供多样化的数字产品和服务，让老年人能够根据自己的喜好和需求进行选择。

最后，尊重个体差异需要我们关注老年群体的心理健康和情感体验。在数字融入过程中，老年群体可能会面临一些挑战和困难，如学习压力、技术恐惧等。我们应该耐心倾听他们的声音，理解他们的感受，并提供必要的支持和帮助。同时，我们也应该鼓励老年群体积极参与数字社交活动，与他人分享自己的经验和感受，以增强他们的社会归属感和幸福感。

总之，尊重个体差异是推动老年群体数字融入的重要原则之一。我们应该根据老年群体的实际情况和需求，制订个性化的数字融入方案，给予他们足够的自主权和选择权，并关注他们的心理健康和情感体验。只有这样，我们才能真正帮助老年群体享受到数字技术带来的便利和乐趣。

2. 保障信息安全

在推动老年群体数字融入的过程中，保障信息安全是不可缺少的一环。随着数字化生活的普及，老年群体的个人信息和隐私面临着越来越多的风险和挑战。因此，我们必须高度重视信息安全问题，采取有效的措施来保护老年群体的权益。

首先，要建立健全的信息安全管理制度。相关部门和企业应制定严格的信息安全标准和规范，明确信息收集和使用的范围、目的和方式，确保老年群体的个人信息不被滥用或泄露。同时，要加强内部监管，及时发现和纠正信息安全问题，防止信息泄露事件的发生。

其次，要采用先进的技术手段来保障信息安全。例如，可以通过加密技术来保护老年群体的个人信息在传输和存储过程中的安全；利用防火墙、入侵检测系统等网络安全设备来防范网络攻击和恶意软件的侵害；通过定期更新软件、修复漏洞等方式来降低技术风险。

再次，要加强老年群体的信息安全意识和技能培养。开展信息安全教育和培训活动，可以帮助老年群体了解信息安全的重要性和风险，掌握基本的保护信息安全知识和技能，提高他们的自我保护能力。例如，可以教授他们如何设置复杂的密码、如何识别网络诈骗、如何避免在不安全的网络环境下使用个人信息等。

最后，要建立健全的信息安全事件应急响应机制。一旦发生信息安全事件，相关部门和企业应迅速响应，采取有效的措施来防止事态扩大，并及时通知受影响的老年群体，协助他们采取必要的防范措施。同时，要对事件进行深入调查和分析，找出原因和漏洞，防止类似事件再次发生。

保障信息安全是推动老年群体数字融入不可或缺的一环。我们需要从制度、技术、教育和应急响应等多个方面入手，全面加强信息安全保障工作，确保老年群体的个人信息和隐私得到有效保护。

3. 持续关注反馈

持续关注反馈在推动老年群体数字融入过程中扮演着至关重要的角色。为了确保老年群体能够顺利、舒适地融入数字生活，我们必须定期收集他们的反馈意见，深入了解他们在数字融入过程中遇到的困难和需求，并根据这些反馈及时调整和优化相关措施。

首先，收集老年群体的反馈意见有助于我们全面了解他们的真实需求和体验。老年群体在数字融入过程中可能会遇到各种问题，如操作复杂、界面不友好、功能不符合需求等。通过定期与他们沟通交流，我们可以获得宝贵的反馈，为优化服务提供有力依据。

其次，根据老年群体的反馈调整和优化相关措施，可以确保我们的工作更加贴近老年人的实际需求。例如，如果老年人反映某款APP操作过于复杂，我们可以简化操作流程，优化界面设计，使其更符合老年人的使用习惯。如果老年人需要更多关于数字技能的培训，我们可以增加培训课程，提高培训质量，以满足他们的学习需求。

最后，持续关注反馈还有助于我们及时发现并解决潜在问题。在数字融入过程中，可能会出现一些我们未曾预料到的问题或挑战。通过及时收集老年群体的反馈，我们可以迅速发现这些问题，并采取相应的措施加以解决，避免问题扩大或影响老年群体的使用体验。

为了更有效地收集老年群体的反馈，我们可以采用多种渠道和方式。例如，可以设立专门的反馈渠道，如电话热线、电子邮箱或在线反馈平台，方便老年群体随时反馈意见。同时，我们可以定期组织座谈会或发放调查问卷，邀请老年群体直接表达他们的需求和建议。

总之，持续关注反馈是推动老年群体数字融入不可或缺的一环。通过深入了解老年群体的需求和体验，及时调整和优化相关措施，我们可以为老年人创造一个更加友好、便捷的数字生活环境。这不仅有助于提升老年群体的生活质量，还体现了社会对老年人的关爱和尊重。

综上所述,鼓励社会各界关注与支持老年群体的数字融入是一项具有重要意义的工作。通过采取切实有效的措施并注意相关事项,我们可以帮助老年群体更好地融入数字社会,享受更加便捷、丰富的生活。

第七章 案例分析与成功经验分享

在数字社会下,老年群体的"数字脱贫"是一个日益受到关注的议题。随着信息技术的飞速发展,数字化已经成为社会进步的重要标志。然而,老年群体由于年龄、教育水平、生活习惯等多种因素,往往面临"数字鸿沟",难以享受到数字化带来的便利。这不仅影响了老年群体的生活质量,也制约了他们在现代社会中的融入和发展。本章将分析案例并分享成功经验。

第一节　国内外成功推动老年群体"数字脱贫"的案例

一、"银龄跨越数字鸿沟"——智慧助老行动

《"银龄跨越数字鸿沟"科普专项行动方案（2022—2025 年）》旨在帮助老年群体提升数字技能，增强防范金融和电信诈骗的意识，由中国科学技术协会、中国银行、中国联通联合印发。方案提出，要切实解决老年人在高频生活场景中对智能应用的现实困难。为此，中国科学技术协会、中国银行、中国联通将选拔一批专业人员组建师资队伍，研发通用培训教材，丰富体验学习、尝试应用、经验交流、互助帮扶等数字技能培训形式和内容，让老年人能学有所得。三部门还将组建"银龄跨越数字鸿沟"科技志愿服务队伍，面向老年人特别是社区空巢老人、农村留守老人等特殊群体，开展科技志愿服务和情感支持。满足老年人对信息素养、数字技能和金融知识等方面的需求，切实解决他们在高频生活场景中智能应用的现实困难，助力老年人走进数字时代、享受智慧生活。

根据方案，科普专项行动重点围绕交通出行、看病就医、金融理财、购物、就餐等高频应用场景，面向老年人普及智能技术应用和金融常识，助力提升信息素养和数字技能。到 2025 年，初步构建起上下联动、多元参与、广泛覆盖的老年人科学素质提升服务体系，使老年人数字技能稳步提升，金融知识显著增加，防范金融和电信诈骗意识和能力明显增强。

依托老年科技大学等平台开设不同层次的培训班，开展精准服务。鼓励各地围绕智能手机常用软件和高频应用场景，开发具有地方特色的老年智慧生活全媒体课程和实用微课，切实帮助老年人提升智能技术运用能力。

同时，依托有条件的科技场馆、基层网点和营业厅举办讲座、沙龙等活动，开设金融知识、智能手机应用及智慧家庭等课程，编制发放知识手册。利用网络平台等加强金融和信息通信科普资源建设和宣传推广，生产、汇集一批数字化科普资源，推出一批适老化公开课，推广一批优秀案例。

案例

《西安晚报》2021 年 1 月 8 日的刊登了一篇西安银行全力帮助老年人跨越"数字鸿沟"的文章（https://epaper.xiancn.com/newxawb/pc/html/202101/08/content_63978.html）。

文章指出，面对移动支付、智能扫码等新技术，不少老年人显得无所适从。智能时代老年群体不能被边缘化，他们又该如何跨过"数字鸿沟"引起了社会的广泛关注。作为一家根植本土的地方商业银行，西安银行将传统服务与智能创新相结合，将普适性金融服务与老年客户特殊需求相结合，将线下柜面服务与线上渠道服务相结合，多措并举，为老年客户提供暖心服务。此外，西安银行还不断升级和完善对老年客户的服务体验，各营业网点均为老年客户等特殊群体设立了绿色通道、爱心座椅，并配备轮椅、老花镜、饮水机、医药箱等便民设施；为老年人制定了特殊业务操作规程，提供安全、人性化的金融服务。

案例通过一系列措施，帮助老年人跨越"数字鸿沟"，实现"数字脱贫"。内容包括提升老年人的数字素养、普及智能设备的使用、优化老年人友好的数字服务等方面。组织志愿者团队，深入社区、老年活动中心等场所，开展数字素养培训课程。针对部分老年人没有智能手机或设备陈旧的问题，开展智能设备捐赠和置换活动。同时，提供设备设置、软件安装等一站式服务，确保老年人能够顺利使用新设备。推动相关机构和企业开发适合老年人使用的 APP 和服务，如大字版界面、语音操作、一键求助等功能。同时，加强线上线下服务的融合，为老年人提供更加便捷、高效的服务。

通过实施以上措施，案例取得了显著的成效。老年人的数字素养得到了显著提升，能够熟练使用智能手机进行通信、购物、娱乐等活动。同时，智能设备的普及也极大地改善了老年人的生活质量，让他们能够享受到数字化带来的便利。此外，优化后的数字服务更加贴合老年人的需求，提高了他们的满意度和幸福感。

总的来说，提升老年人的数字素养、普及智能设备、优化数字服务等多种方式，能够帮助老年他们跨越"数字鸿沟"，实现"数字脱贫"。这不仅体现了社会对老年人的关爱和尊重，也为构建更加包容、和谐的数字社会奠定了坚实基础。未来，我们还需要继续探索更多有效的措施，推动老年人在数字社会中的全面发展。

二、乐享数字生活——社区老年人数字化能力提升项目

在信息化快速发展的今天，许多城市社区中的老年居民发现自己在享受现代科技带来的便利方面存在困难。他们渴望学习使用智能设备，以便更好地与家人朋友保持联系、享受便捷的在线服务，并融入数字社会。该项目旨在通过社区合作和志愿者支持，帮助老年人提升数字化能力，使他们能够自信、安全地享受数字生活。

该项目的实施过程如下：

需求调研与课程设计：项目团队首先进行了社区老年人的需求调研，了解他们在数字技能方面的需求和障碍。基于调研结果，设计了一系列针对老年人的数字化培训课程，内容包括但不限于智能手机基础操作、常用 APP 应用、在线支付安全、网络诈骗防范等。

志愿者招募与培训：招募了一批熟悉数字技术的志愿者，并对他们进行了专门的培训，以确保他们能够有效地向老年人传授数字技能。

社区数字化课堂：在社区活动中心或图书馆等场所开设数字化课堂，定期组织老年人参加培训课程。课堂上，志愿者采用图文并茂的教材、互动式的教学方式，确保老年人能够轻松学习并掌握数字技能。

"一对一"辅导与跟进：对于学习进度较慢或有特殊需求的老年人，项目团队提供一对一的辅导服务，帮助他们逐步掌握数字技能。同时，项目团队定期进行跟进，了解老年人的学习成果和遇到的问题，及时提供解决方案。

家庭支持与互助：鼓励老年人的家庭成员参与学习，提供家庭支持。同时，鼓励老年人之间的互助学习，形成社区内的数字技能学习氛围。

经过一段时间的实施，该项目取得了显著的成效。许多老年人掌握了基本的数字技能，能够独立使用智能手机进行通信、购物、娱乐等活动。他们的生活质量得到了提升，与社会的联系也更加紧密。同时，老年人的数字素养提高也带动了整个社区的数字化进程，形成了更加包容、和谐的社区氛围。

总的来说，通过社区合作、志愿者支持以及设计针对性的课程，该项目成功帮助老年群体提升了数字化能力，实现了"数字脱贫"。这一案例不仅展示了社区在推动老年群体数字融入方面的积极作用，也为其他社区提供了可借鉴的经验和模式。

案例

在陕西省西咸新区开发建设管理委员会官网上，有一篇文章《底张街道：幸福新征程 乐享幸福里》（http：//www.xixianxinqu.gov.cn：8001/xwzx/jzdt/6376ff1ef8fd1c4c212a625c.html）。

文章指出，西咸新区空港新城底张街道幸福里社区成功入选2022年全国示范性老年友好型社区，其经验极具借鉴意义。在创建过程中，社区充分发挥党组织领导核心作用，成立专项工作筹备小组，融合多方资源推进创建工作。在环境打造上，建立卫生整治专项制度，开展知识宣讲、安全授课，安装智能报警设备并排查水电暖设施，为老年人营造安全舒适的居住环境；出行设施方面，完善助老设施，建设"歇歇脚座椅"工程，电梯间加装座椅，保障老年人出行安全与便捷。

在服务供给上，社区服务优质高效，家庭医生签约、公建民营养老院、多样宣传教育活动以及各类志愿服务，满足了老年人的健康、娱乐、生活照料等需求。社区还积极为老年人提供施展舞台，通过"板凳会"听取意见，组建多个社团组织，利用党群服务中心开展活动，发挥老干部老党员模范带头作用，让老年人实现老有所为。此外，社区通过多种形式弘扬优良家风，传递家庭温暖与社会关爱；创新养老模式，利用智慧社区、网格数据库、知识讲座实现智慧助老；打造"幸福格格""嵌入式机制""幸福社团"等特色亮点，提升老年人的获得感与归属感。

三、智慧养老——社区老年人数字技能提升计划

随着信息技术的迅猛发展，数字化已经渗透到生活的方方面面。然而，对于许多老年人来说，他们由于年龄、教育水平等原因，往往面临"数字鸿沟"，难以享受到数字化带来的便捷与乐趣。因此，如何提高老年人的数字技能，帮助他们更好地融入数字社会，成为一个亟待解决的问题。

该计划旨在通过培训和辅导，提升老年人的数字技能，使他们能够自信地使用智能设备，享受数字化带来的便利和乐趣。

该项目的实施过程如下：

设立数字化学习中心：在社区内设立专门的数字化学习中心，提供智能手机、平板电脑等设备供老年人学习使用。学习中心配备志愿者或专业辅导员，随时为老年人提供指导和帮助。

定制化培训课程：根据老年人的需求和特点，制订了一系列定制化的培训课程。课程内容包括智能手机的基本操作、常用APP的使用、网络购物、在线支付等，以满足老年人在日常生活中的应用需求。

开展互动式教学活动：采用互动式的教学方式，如小组讨论、实践操作等，激发老年人的学习兴趣，提高学习积极性。同时，通过举办数字技能竞赛等活动，让老年人在轻松愉快的氛围中学习和交流。

建立互助学习小组：鼓励老年人建立互助学习小组，互相学习、互相帮助，共同提高数字技能水平。这种小组学习的方式不仅能够增加老年人的社交互动，还能够让他们在实践中不断巩固和提升技能。

经过一段时间的实施，该计划取得了显著的成效。老年人的数字技能得到了明显提升，他们能够熟练使用智能设备进行通信、购物、娱乐等活动。同时，老年人的生活质量得到了改善，他们能更加自信地融入数字社会，享受到了数字化带来的便捷和乐趣。

总的来说，该计划通过设立数字化学习中心、开展定制化培训课程、组织互动式教学活动以及建立互助学习小组等方式，成功帮助老年人提升了数字技能水平，实现了"数字脱贫"。这一案例为其他社区和机构提供了有益的借鉴和参考，有助于推动老年人在数字社会中的全面发展。

案例

在西咸新区沣东新城福湾生态康养中心的官网上，有一篇文章《西安智慧养老：创新科技助力老年人生活质量提升》（http://www.fuwankangyang.com/789/2161118.html）。

文章指出，西安智慧养老紧扣社会老龄化趋势，以创新科技、社区服务为抓手，切实提升老年人的生活质量。通过安装智能家居设备，从健康监测、照明调节到安全防护，全方位保障老年人生活的便捷与安全；将科技与健康深度融合，借助移动应用、可

穿戴设备提供健康知识与运动监测,远程医疗服务让老年人足不出户即可获得专业诊疗。同时,积极推进社区养老建设,打造集休闲娱乐、医疗护理于一体的社区养老中心和日间照料机构,组织文化活动与培训课程,志愿者队伍也为老年人提供贴心陪伴与帮助。

西安智慧养老的成功,关键在于科技创新与人文关怀并重。其经验表明,将智能设备、数字化服务融入养老场景,能有效解决老年人健康管理、医疗需求等实际问题;加强社区养老服务体系建设,重视老年人的精神文化需求,引入社会力量参与,可构建起多层次、全方位的养老服务网络。这种科技赋能与服务升级相结合的模式,为其他地区缓解养老压力、提升老年人的生活品质提供了可复制、可推广的范例。

四、国外相关案例

1. 英国:Age UK 的数字包容项目

Age UK 是一个致力于帮助老年人的英国慈善机构。他们推出了一项数字包容项目,旨在为老年人提供数字技能培训和支持,帮助他们跨越"数字鸿沟"。该项目通过开设课程、提供"一对一"辅导以及制作易于理解的教程材料,帮助老年人学习使用智能手机、平板电脑和电脑等设备。此外,Age UK 还与地方政府和企业合作,推动公共场所提供老年人友好的数字服务,如大字版界面和语音辅助等。

2. 美国:AARP 的技术培训和资源中心、合作推广

AARP(America Association of Retired Persons,美国退休人员协会)为老年人提供了一系列的技术培训和资源中心。这些中心为老年人提供课程,涵盖从基础计算机操作到高级在线技能。这些中心还通过在线平台提供远程教学,方便更多老年人参与学习。此外,AARP 还与科技公司合作,推广适合老年人使用的技术和设备,并倡导在产品和服务中融入更多老年人友好的设计元素。

3. 澳大利亚:Seniors Online 的培训、在线社区

Seniors Online(老年人在线)是一个专为澳大利亚老年人提供数字技能培训和支持的机构。他们通过线上和线下相结合的方式,为老年人提供基础计算机操作、网络安全、在线购物等方面的培训。此外,Seniors Online 还建立了一个在线社区,让老年人能够互相交流学习经验,分享数字生活中的点滴。

4. 荷兰:"Senioren op het Net"项目

在荷兰,"Senioren op het Net"(老年人上网)项目旨在帮助老年人掌握数字技能,

以便更好地融入数字社会。该项目为老年人提供了一系列的培训课程，包括基础计算机操作、电子邮件使用、社交媒体互动等。此外，该项目还组织志愿者团队，为老年人提供"一对一"的辅导和支持。通过这些措施，"Senioren op het Net"项目成功帮助许多荷兰老年人跨越了"数字鸿沟"。

5. 瑞典：市政部门的免费的数字事务咨询服务

瑞典的哥德堡市政部门为老年人提供了一项免费的数字事务咨询服务。老年人可以随时通过电话向市政工作人员寻求关于网络和数字工具使用方面的帮助。这种服务确保老年人在遇到数字问题时能够迅速获得解答，有效地提升了他们在数字社会中的融入度。

6. 西班牙：科技企业专门针对老年人的视频通话应用程序

西班牙的一家科技企业开发了一款专门针对老年人的视频通话应用程序。这款应用程序简洁易用，老年人只需输入姓名即可登录使用。这种定制化的服务使得老年人能够更轻松地进行视频通话，与远方的亲朋好友保持联系。目前，已有众多养老院申请使用该软件，显示了其广泛的应用前景。

7. 法国：政府部门免费的培训券与数字中心

法国南特市政府为老年人等特定群体发放了免费培训券，用于教授他们如何注册电子邮箱、安装打印机、在线填表等数字技能。每张券包含5节课，价值10欧元。此外，法国的政府部门还建立了多个老年人数字中心，配备电脑设备，教授老年人如何上网、处理个人数据以及编辑文本和表格等。这些措施旨在帮助老年人提升数字素养，更好地融入数字社会。

8. 新加坡：数字办公室的协同性政策与数字技能培训

新加坡数字办公室推出了一系列面向老年群体的政策，包括设立数码服务柜台、数码大使和数字超市之旅等。此外，他们还为近10万名老年人提供了智能手机视频通话、政府数字服务访问、在线支付等数字技能培训服务。这种综合性的政策与培训模式有效地提升了老年人的数字技能水平，帮助他们更好地享受数字社会带来的便利。

这些案例展示了国外在推动老年群体"数字脱贫"方面的多样化举措和创新实践。通过提供咨询服务、定制化应用程序、免费培训券和判定综合政策等，这些国家成功地帮助老年人提升了数字技能，跨越了"数字鸿沟"，享受到了数字社会带来的红利。这些成功案例对于其他国家来说具有重要的借鉴意义，有助于推动全球范围内的老年数字包容性发展。

第二节 各类组织与机构在推动过程中的角色与贡献

各类组织与机构在推动老年群体"数字脱贫"过程中扮演着关键角色，并作出了显著贡献。以下是一些主要组织与机构及其在老年群体"数字脱贫"中的具体作用：

1. 政府部门

（1）政策制定与资金支持

政府负责制定相关政策，如提供资金支持、税收优惠等，以鼓励企业和社会组织参与老年群体"数字脱贫"项目。

（2）基础设施建设

政府投资建设公共数字设施，如社区电子阅览室、数字培训中心等，为老年群体提供学习数字技能的场所。

（3）跨部门合作

政府促进不同部门之间的合作，确保各项政策和服务能够相互衔接，形成合力，共同推动老年群体"数字脱贫"。

案例

以西安市为例，西安联通深入贯彻落实党的二十大报告中的"实施积极应对人口老龄化国家战略"要求，践行"以人民为中心"的发展理念，在人口老龄化与社会数字化的双重形势下，持续开展"科技助老"银龄关爱活动，切实助力老年群体用户跨越"数字鸿沟"。

西安联通积极推进智慧助老服务，从多方面助力老年人融入数字生活。在服务体验与线下帮扶上，已授牌 23 家自有营业厅为"智慧助老服务体验中心"且计划拓展，开展超 270 场银龄大讲堂，发放大量讲解单页，深入社区帮老人下载国家反诈中心 APP、教生活小常识，完善营业厅无障碍设施并配备助老设备，还为不便出行老人上门服务。在产品供给方面，推出孝心卡、畅听卡、银龄卡、联通看家等适老宜老通信产品，2022 年服务 3.5 万户老年人用户。在精神关怀层面，中国联通 APP 推出"关怀版"，联通 ITV 平台免费提供丰富娱乐内容，提升老年人的幸福感。

西安联通的成功经验在于其全方位的适老化服务布局。一方面，注重线下服务的延伸与细化，从营业厅设施完善到社区帮扶、上门服务，切实解决老年人的实际困难；另一方面，精准推出多样化适老通信产品，满足不同老年人的需求，并通过数字化平台的适老化改造，丰富老年人的精神生活。这种将服务、产品与精神关怀相结合，以用户需求为导向，充分发挥央企担当的做法，为其他企业在助力老年人共享数字生活方面提供了良好示范，值得借鉴推广。

2. 社区组织

（1）组织培训活动

社区针对老年群体举办了智能手机培训班，每周一次，持续两个月。培训班邀请了具有多年教学经验的信息技术讲师，详细讲解智能手机的基本操作，如打电话、发短信、使用微信、拍照等。讲师还重点强调了网络安全知识，教授老年人如何识别网络诈骗、设置安全密码、保护个人隐私等。培训班结束后，许多老年人表示收获满满，现在能够更自如地使用智能手机，与家人朋友保持更紧密的联系。

案例

西安新闻网有一篇文章《社区开展智能手机培训课助老年人智享生活》（https://www.xiancn.com/content/2023-05/30/content_6735007.htm）。文章提到，2023年5月29日，西安市雁塔区杜城街道融创宸院社区新时代文明实践站举办智能手机培训活动，吸引众多老年居民参与。

活动中，社区邀请大学生志愿者借助PPT，系统地为老年人演示讲解智能手机基本功能、微信使用、视频剪辑发布等内容，并进行一对一实践指导。老人们在学习过程中收获颇丰，纷纷表达了掌握新技能后的喜悦。社区负责人也表示，未来会持续关注老年人的需求，推动社区共建服务，增强老年人的获得感与幸福感。

融创宸院社区的经验在于精准把握老年人融入数字生活的迫切需求，通过整合外部资源，邀请大学生志愿者提供专业指导，以理论讲解结合实操的方式，帮助老年人快速掌握智能手机使用技能。这种依托新时代文明实践站，聚焦民生需求、调动社会力量参与社区服务的模式，既解决了老年人面临的"数字鸿沟"问题，也为其他社区开展助老服务、提升老年人的生活质量提供了思路，展现出社区服务的温度与共建共享的积极意义。

（2）提供互助支持

社区成立了字技能互助小组，鼓励老年人之间互相帮助学习。小组内有几位数字技能较强的老年人担任"导师"，他们会在固定时间解答其他成员的问题，分享自己的经验和技巧。小组成员之间还建立了微信群，方便随时交流学习心得和遇到的问题。通过这种互助，许多原本对数字技能感到陌生的老年人逐渐掌握了使用方法，提高了自己的技能水平。

案例

《陕西老年健康报》刊登了一篇关于开展"老年人学习小组"活动的文章（http://

www.sxlnbs.com/NewsDetail/4524814.html)。文章指出，2023年，10月26日，西安市莲湖区土门街道工农社区以"老有所乐，动手有益"为主题组织开展老年人智能手机学用活动。

此次活动为老年人量身定制，志愿者"面对面、手把手"进行实操互动型教学，为老年人演示微信加好友、微信视频、发朋友圈、美团买药、定位、缴付医保等功能。

面对老年人提出的个性化问题，志愿者"一对一"耐心指导，反复讲解步骤，确保老年人掌握操作方法。活动切实解决了老年人使用智能手机的难题，获得居民好评，工农社区也表示将持续探索更多契合老年人需求的服务。

工农社区的实践经验表明，精准聚焦老年人实际需求是助老服务成功的关键。通过定制化的活动设计，围绕老年人高频使用的生活场景开展教学，以"一对一"实操指导、耐心答疑的方式，帮助老年人跨越"数字鸿沟"。这种立足社区、发动志愿者力量、注重互动体验的服务模式，不仅让老年人享受到智能生活的便利，还增强了他们的幸福感和获得感，为其他社区开展适老化服务提供了可借鉴的范例，有助于推动形成全社会敬老、爱老、助老的良好氛围。

（3）开展实践活动

社区为了检验老年人的学习成果，组织一场数字技能竞赛。竞赛内容包括手机操作速度测试、网络安全知识问答、线上支付模拟等。参赛的老年人都表现出色，展现了自己学习数字技能的成果。竞赛结束后，社区还为获奖者颁发了证书和奖品，激励更多老年人学习数字技能。社区还定期举办线上社区活动，如线上书法展、线上歌唱比赛等，老年人需要利用自己的数字技能，如拍照、上传照片、参与线上投票等，参与这些活动。这些活动不仅丰富了老年人的精神生活，也让他们在实践中不断巩固和提升数字技能。

以上案例展示了社区组织如何通过各种方式推动老年人"数字脱贫"，帮助他们更好地融入数字社会。通过组织培训活动、提供互助支持和开展实践活动，社区组织成功地提升了老年人的数字技能水平，增强了他们的数字素养。

3. 非政府组织

（1）项目设计与实施

非政府组织（NGO）根据老年人的需求和特点，设计并实施针对性的"数字脱贫"项目。某NGO推出了"智慧助老"计划，旨在为老年人提供个性化的数字技能辅导。他们首先通过问卷调查了解老年人的数字技能水平和需求，然后制订个性化的辅导方案。辅导内容包括但不限于电脑基本操作、如何网络购物、如何在线支付等，并根据老年人的掌握情况灵活调整教学进度。通过这个计划，许多原本对数字技能感到畏惧的老年人逐渐建立了信心，并能够在日常生活中自如地运用数字技能。

案例

在西安文明网，有一篇文章《优秀志愿服务项目线上交流展示："青伴夕阳"大学生智慧助老项目》（http://xa.wenming.cn/zyfwxin/202211/t20221107_7857570.html）。文章指出，西安市退役大学生士兵红十字"三献"志愿服务队推出"青伴夕阳"大学生智慧助老项目，聚焦老年群体电子设备使用难题，采用线上线下结合的方式助力老人跨越数字鸿沟。项目自2020年启动，在多部门支持下，依托高校优势，充分发挥退役大学生士兵志愿者力量。团队每两周开展一次线下课堂，通过丰富形式讲解电子设备使用与防诈知识，并进行一对一答疑。截至2022年，项目已在8个社区建立定点教学中心，开展42场活动，服务时长超3000小时，服务3700余人次，形成了完善的教学场景与课程体系。

该项目的成功经验在于整合多方资源与发挥群体优势相结合。通过联动政府部门、高校等，为项目开展提供有力支持；以退役大学生士兵为主体的志愿者队伍，保障了服务的专业性与持续性。在服务模式上，创新采用多元教学场景与方式，针对老年人的特点设计丰富课程内容，实现精准帮扶。未来计划完善课程资源库、开设云课堂等举措，更是体现了项目与时俱进、持续优化的发展理念，为社会力量参与智慧助老、推动老年人融入数字生活提供了可复制的范例。

（2）资源链接与整合

非政府组织积极链接政府、企业和社会各界的资源，为老年"数字脱贫"项目提供必要的资金、技术和人力支持。非政府组织联合了多家企业、政府机构和高校，共同开展"数字无障碍"合作计划，共同研发适合老年人使用的数字产品。企业提供了技术支持和产品开发，政府提供了政策指导和资金支持，高校则提供了人才储备和研究成果。通过这种合作模式，项目团队成功地开发出了一系列深受老年人喜爱的数字产品，并有效地推动了老年人"数字脱贫"的进程。

案例

中国劳动保障报刊登了一篇关于西安破解老年人智能化设备应用难题的文章《坚持民生至上，专区服务暖人心》（https://www.mohrss.gov.cn/SYrlzyhshbzb/ztzl/rsxthfjszl/jyjl/202204/t20220402_442084.html）。文章指出，面对智能化应用给老年人群体带来的困难和不便，西安市各级人社部门以数字化改革为抓手，积极打造"适老化"服务新模式，助力老年人群体跨越"数字鸿沟"，享受"指端幸福"。

西安市人社部门围绕老年人办事需求，多举措提升服务质量。设立"助老服务专区"，提供全程帮办、"线上线下"联动服务，配备专职帮办人员，以多媒体、语音指南等方式辅助老年人办事，打造24小时自助服务模式；推进业务下沉，建设"15分钟便民服务圈"，为老龄群体开设"绿色通道"，深入老年公寓、家庭等提供"一对一"认证指导；针对旅居海外退休人员资格认证难题，创新采用视频连线方式，已为18人完成认证，切实解决了群众实际困难。

西安市人社部门的经验在于始终坚持以人民为中心，从老年人需求出发，将传统服务与智能化服务有机结合。通过设立专区、业务下沉、创新认证方式等举措，西安市构建起多层次、全覆盖的适老化服务体系。其既注重硬件设施配备和服务模式创新，又强调主动服务、精准服务，用实际行动让老年人感受到政务服务的温度。这种聚焦民生痛点、持续优化服务的做法，为其他部门提升适老化服务水平、增强群众获得感提供了有益借鉴。

此外，非政府组织可以发起相关宣传活动，提高社会对老年"数字脱贫"问题的关注度。通过举办讲座、展览、社区论坛等形式，向公众普及老年"数字脱贫"的重要性和紧迫性。同时，他们可以发布一系列研究报告和案例分享，展示老年"数字脱贫"的成功经验和做法。这些活动可以促使更多的人开始关注老年"数字脱贫"问题，并愿意为解决这个问题贡献自己的力量。

总之，案例展示了非政府组织在推动老年人"数字脱贫"方面的积极作用和创新实践。通过设计并实施针对性的项目、链接整合各方资源以及倡导宣传，非政府组织有效地推动了老年人"数字脱贫"的进程，并促进了社会的和谐发展。

4．企业

（1）技术研发与创新

企业针对老年人的需求，研发适合他们使用的数字产品，如大字版手机、语音控制设备等，提高老年人使用数字设备的便利性。

（2）提供优惠服务

企业为老年人提供优惠的数字服务，如免费或低价的上网套餐、数字技能培训课程等，降低老年人使用数字技术的门槛。

（3）参与公益活动

科技企业积极参与政府和社会组织举办的老年"数字脱贫"公益活动，为老年人提供技术支持和志愿服务，为贫困地区的老年人捐赠智能手机，并提供技术支持和志愿服务。他们帮助老年人学习如何使用手机进行通信、娱乐和获取信息，让他们感受到数字时代的温暖。他们还走进社区为老年人提供数字技能培训和设备操作指导。志愿者们耐心解答老年人的问题，帮助他们更好地适应数字生活。

案例

在腾讯网，有一篇文章《新时代文明实践｜智能手机应用培训进社区帮助老人跨越"数字鸿沟"》（https：//news.qq.com/rain/a/20220623A0A54Y00）。文章指出，西安市莲湖区枣园街道利君西社区党总支联合西安市虹之悦社会工作服务中心，开展"君乐满堂——智善慧老"科技助老活动。培训老师借助PPT，围绕"微信的应用"和"守护你的安全"两大主题，向老年人讲解智能手机操作知识，并指导老年人在微信小程序上练习生活缴费、就医挂号等实用操作。经过一个多小时的培训，在场的老年人掌握了新的手机应用技能，收获满满。社区党总支部书记表示，后续将持续征集民意，邀请专业人士开展更多培训，充实"君乐满堂"系列活动，助力老年人融入数字时代。

科技企业和利君西社区的成功经验在于充分整合多方资源，通过与社会工作服务中心合作，引入专业培训力量。活动内容紧密贴合老年人的日常生活需求，以实用操作指导为主，帮助老人切实解决使用智能手机的实际问题。同时，科技企业和社区重视倾听老年人的意见和需求，以持续优化服务内容和形式，形成了"需求收集—精准服务—活动拓展"的良性循环模式。这种以需求为导向、多方联动、注重实效的科技助老方式，为其他科技企业、社区帮助老年人跨越"数字鸿沟"、享受智慧生活提供了可借鉴的范例。

案例展示了科技企业在参与推动老年人"数字脱贫"方面的积极贡献和创新实践。通过技术研发与创新、提供优惠服务以及参与公益活动等方式，企业为老年人提供了更便捷、更实惠的数字产品和服务，帮助他们跨越"数字鸿沟"，享受数字时代的便利和乐趣。

5. 教育机构

(1) 开设相关课程

教育机构在课程设置中纳入数字技能相关内容，为老年人提供系统的数字技能培训。如某老年大学开设了专门针对老年人的数字技能课程，包括智能手机基础操作、网络安全知识、常用 APP 使用等内容。课程采用小班化教学，注重实践操作，确保老年人能够真正掌握所学技能。通过学习这门课程，许多老年人成功掌握了数字技能，能够更自如地与他人沟通、获取信息，享受数字生活带来的便利。社区学院为老年人开设了数字素养提升班，课程内容包括数字设备基本操作、电子邮件和社交媒体使用、在线购物等。学院还邀请了专业讲师进行授课，并提供实际操作指导。通过这些课程，老年人不仅提升了数字技能，还拓宽了社交和娱乐渠道，提高了生活质量。

案例

在华商网，有一篇文章《智慧助老：高新社区教育学院智能手机公开课在西安老年开放大学开讲》（https：//edu.hsw.cn/system/2021/0930/138689.shtml）。文章提出，西安社区大学（西安老年开放大学）邀请高新社区教育学院（西安老年开放大学高新学院）举办智能手机应用公开课，在西安老年开放大学长兴校区多功能报告厅开讲，崔玲主持，胡宏力出席，钱丹主讲。40多位老年市民现场听课，超1万多位线上学习。崔玲强调解决老年人运用智能技术困难的重要性，肯定此次公开课的公益示范意义。公开课上，钱丹老师从基础设置、桌面整理等方面精彩讲授智能手机基础应用技巧，讲课图文并茂、耐心细致，互动性强，把难懂技巧讲得通俗易懂，老年学员兴趣浓厚、反馈良好。高新社区教育学院表示将以此次公开课为契机，加大老年教育教研力度，开发更多高质量课程，助力解决老年人运用智能技术的困难。

(2) 研究与实践

教育机构进行老年"数字脱贫"方面的研究和探索，提出有效的解决方案和策略，为实践提供理论支持。某高校教育学院开展了一项关于老年"数字脱贫"的研究项目，旨在探索有效的解决方案和策略。项目团队通过问卷调查、深度访谈等方式收集了大量数据，分析了老年人在数字技能方面的需求和障碍。基于研究结果，他们提出了一系列针对性的建议和措施，如优化数字产品设计、提供个性化辅导等。这些研究成果不仅为实践提供了理论支持，还为政策制定提供了科学依据。

某教育机构建立了数字技能实践基地，为老年人提供实际操作和学习的场所。基地配备了各种数字设备和应用软件，老年人可以在这里进行实践操作、交流学习经验。同时，基地还定期举办数字技能比赛和展示活动，激发老年人的学习兴趣和积极性。通过这一实践基地的建设，老年人能够更好地将理论知识与实际操作相结合，提高数字技能的应用能力。

案例一

"西理微学工"公众号发布了一篇文章《社会实践｜"数济暮年 微光入银"社会实践服务队开展老年人融入数字化时代状况实践调研》（https：//mp.weixin.qq.com/s?__biz=MzIzODA3Nzc2NA==&mid=2247538461&idx=2&sn=7bd1c5fdc34220a8dea3453b738390a0&chksm=e93cc536de4b4c20587771228697f24d91be75dda057f322b2440656562b7614d8843d85c579&scene=27）。文章提到，西安理工大学"数济暮年 微光入银"社会实践服务队针对老年人难以融入数字化时代的问题，在老师带领下于西安市四区开展专题调研。团队通过实地走访兴庆宫公园、小区等多地，采访300余人，发放并回收311份有效调查问卷，深入了解老年群体职业、年龄、经济收入及网络购物等情况，获取丰富一手资料。

调研发现，约三分之二的老年人仍依赖"线下"生活方式，数字化时代在带来便利的同时，也给老年人造成诸多不便。此次实践为解决问题提供方向：一是全社会需凝聚合力，助力老年人学习线上支付、购物等APP使用；二是青年一代应主动作为，积极向老年人普及网络直播、小程序等新媒体平台操作方法，帮助其享受数字医疗、消费等便民服务。

该团队以实际行动关注社会热点，为推动老年人融入数字化时代贡献青春力量，其调研策划、执行与总结的全过程，为开展相关实践活动提供了有益借鉴。

案例二

西安文理学院服务地方工作办公室的官方网站发布了工作动态《我校托管的西安高新社区教育学院开展智慧助老活动受到社会广泛关注》（https：//fwdfyjy.xawl.edu.cn/info/1037/9748.htm）。该工作动态提到，西安文理学院经济管理学院托管的西安高新社区教育学院联合华为及志愿者团队，在枫林绿洲社区和西安市老年开放大学开展"智慧助老——数字坦途"《带你走进数字生活系列之手机安全》培训活动，获八家主流媒体报道。西安高新社区教育学院依托"政府主建，文理主办、社会协同"模式，以教育部实践创新项目为载体开展培训。课程围绕手机安全使用展开，涵盖快速定位手机、检测手机安全性、重要信息存储及防范流氓软件安装等内容，有效提升老年人的手机安全设置能力与用机安全意识，助力其畅享智慧生活。

高新社区教育学院院长胡宏力教授表示，此类培训旨在提升老年人的知识应用能力，切实解决智能手机使用难题。未来将持续开展系列培训活动，帮助老年人跨越数字鸿沟，融入智能时代，共享美好生活。该活动通过多方协作、聚焦实用内容、依托项目载体的模式，为推动老年人数字素养提升提供了可借鉴的实践经验。

以上这些案例展示了教育机构在推动老年人"数字脱贫"方面的积极尝试和有效实践。通过开设相关课程和研究与实践相结合的方式，教育机构为老年人提供了系统的数字技能培训和支持，帮助他们跨越"数字鸿沟"，享受数字时代的便利和乐趣。

综上所述，各类组织与机构在推动老年人"数字脱贫"过程中各有侧重，但都在不同程度上为老年人提供了学习数字技能的机会和平台。这些组织与机构之间的合作与协同也是推动老年人"数字脱贫"工作取得成功的关键。

第三节　老年群体自身在"数字脱贫"过程中的成长与变化

老年群体在"数字脱贫"过程中的成长与变化是显著的，这主要体现在他们数字技能的提升、生活方式的改变以及社交互动的增加等方面。

一、数字技能

在数字技能方面，老年群体通过参与数字技能培训和学习，逐渐掌握了智能手机、电脑等数字设备的基本操作。他们学会了如何上网浏览信息、使用社交媒体与家人朋友保持联系、进行在线购物和支付等。这些技能的掌握不仅提升了他们的数字素养，也让他们能够更好地适应现代社会的数字化发展，有助于老年群体更好地融入现代社会，享受数字化带来的便利。

1. 设立专门的数字技能培训课程

为了有针对性地提升老年群体的数字技能，许多社区、老年大学或教育机构都设立了专门的数字技能培训课程。这些课程的内容涵盖了从基础的电脑操作、网络浏览到更复杂的社交媒体使用、在线支付等各个方面。

如老年大学开设了"智能手机应用与网络安全"课程,通过系统的理论教学和实践操作,帮助老年人掌握智能手机的基本操作,并了解网络安全知识。课程结束后,许多老年学员表示,他们的数字技能得到了显著提升,生活也因此变得更加便捷。

2. 提供个性化辅导和支持

由于老年群体在学习数字技能时可能面临各种困难,因此提供个性化的辅导和支持至关重要。这包括一对一的教学、定期的复习和答疑,以及针对老年群体特点的教学材料和工具。

某团队开展了"一对一数字技能帮扶"活动,志愿者们与老年群体结对子,根据老年群体的需求和兴趣,提供个性化的数字技能辅导。通过这种方式,许多原本对数字技能感到畏惧的老年人逐渐建立了信心,并掌握了基本的数字技能。

案例

在大河网,有一篇文章《漯河:"一对一"精准服务 助力老人跨越"数字鸿沟"》(https://4g.dahe.cn/city/202311241337457)。文章指出,漯河市政务服务中心积极解决老年人办事难题。面对异地就医无法报销、孤立无援的老年人,帮办人员主动查询医保信息,跨地区对接业务,快速完成异地就医备案。近年来,该中心通过开设"绿色通道",组建"漯政帮"帮办代办服务团队,为老年人提供从取号到办结的"一对一"全流程陪同服务,服务涵盖咨询、指引、填表等多项内容,解决老年人智能设备使用及办事流程不熟等问题。同时保留传统线下渠道,优化办事流程,推出就近办理、上门服务等举措,切实提升老年人办事的幸福感与安全感,其以主动服务、双线并行的方式助力老年人跨越"数字鸿沟"的经验值得借鉴。

3. 利用社交媒体和在线平台

随着科技的飞速发展,互联网已经渗透到我们生活的方方面面。然而,许多老年人可能对这些高科技产品并不熟悉,也可能因为种种原因无法享受到科技带来的便利。社交媒体和在线平台为老年群体提供了学习和交流的新渠道。老年群体可以通过这些平台获取学习资源、分享学习心得,并与同龄人或其他学习者进行互动。

活到老,学到老。学习不仅可以让我们保持大脑活跃,延缓衰老,还可以让我们更好地融入社会,与他人交流。对于老年群体,学习更是一种生活态度,一种对知识的渴望和对生活的热爱。通过学习,他们可以拓宽视野、增长见识、结交新朋友,提升生活的质量和幸福感。

下文将介绍一些适合老年群体的免费学习平台,让他们也能跟上时代的步伐,享受科技带来的乐趣。

(1)老年大学网

老年大学网是一个专门为老年群体打造的学习平台,涵盖了各种课程,如书法、绘画、音乐、舞蹈等。这个平台不仅提供了丰富的学习资源，还可以让老年群体结交更多的志同道合的朋友，一起学习、一起进步。

(2) 网易公开课

网易公开课是一个涵盖了各种领域知识的在线学习平台，包括历史、哲学、科学、艺术等。这个平台不仅有国内外知名专家的精彩课程，还有许多实用的生活技巧和健康养生知识。对于想要拓宽视野、增长见识的老年群体来说，这是一个非常不错的选择。

(3) 慕课网

慕课网是一个专注于信息技术技能学习的在线平台，涵盖了各种编程语言、软件开发、网络安全等课程。虽然这个平台主要面向年轻人和职场人士，但老年群体也可以通过这个平台学习到一些实用的计算机技能，更好地融入数字时代。

(4) 喜马拉雅

喜马拉雅是一个在线音频分享平台，涵盖了各种领域的知识和娱乐内容。老年群体可以通过这个平台听取各种有声书籍、讲座、相声、评书等，不仅可以学习知识，还可以进行娱乐活动。此外，这个平台还有许多健康养生类的音频内容，可以帮助老年群体更好地关注自己的身体健康。

(5) 微信读书

微信读书是一个在线阅读平台，涵盖了各种类型的书籍和期刊。老年群体可以通过这个平台阅读自己感兴趣的书籍和文章，不仅可以拓宽视野、增长见识，还可以提高阅读能力和文化素养。此外，这个平台还有许多社交功能，可以让老年群体与朋友分享阅读心得和感受。

(6) 微信群

退休教师李先生利用社交媒体 APP 微信创建了一个"老年数字学习交流群"，邀请有兴趣的老年人加入。在群里，他分享了自己学习数字技能的经验和资源，并与其他成员一起讨论遇到的问题。微信群不仅为老年群体提供了一个学习交流的场所，还让他们感受到了彼此的支持和鼓励。

4. 家庭与社会的共同参与

提升老年群体的数字技能不仅仅是老年群体的事情，也需要家庭和社会共同参与。家庭成员可以给予老年群体更多的关心和支持，帮助他们克服学习过程中的困难；社会则可以提供更多的资源和机会，让老年群体能够更方便地学习和使用数字技能。

某社区组织了一场"家庭数字技能挑战赛"，邀请家庭成员与老年人一起参加。比赛中，家庭成员帮助老年人完成了一系列数字技能任务，如设置手机闹钟、发送电子邮件、数码摄影、数字知识问答等。这种有趣的活动形式，不仅增强了家庭成员之间的沟通和互动，也让老年人更加积极地参与到数字技能的学习中来。

综上所述，提升老年群体的数字技能是一个需要多方面参与和共同努力的过程。通过设立专门的课程、提供个性化辅导、利用社交媒体和在线平台以及家庭和社会的共同参与，我们可以帮助老年群体更好地掌握数字技能，享受数字化带来的便利和乐趣。

二、生活方式

在生活方式上，老年群体数字技能的提升带来了诸多便利。他们可以通过网络获取各种信息，包括健康养生、旅游出行、文化娱乐等方面的内容，丰富了他们的晚年生活。同时，在线购物和支付让他们能够更加便捷地购买所需商品和服务，提高了生活质量。

1. 信息获取更加便捷

随着数字技能的提升，老年群体现在能够更轻松地通过互联网搜索和获取各种信息。无论是健康养生知识、旅游目的地推荐，还是社会新闻和时事动态，老年人都能够迅速找到所需信息，避免了传统方式下信息获取的不便和延迟。

案例：王奶奶之前总是通过报纸和电视了解新闻，但自从学会了使用智能手机和互联网后，她能够实时查看新闻推送，随时了解社会动态。这不仅让她的信息来源更加广泛，也让她更加积极地参与到社会生活中。

2. 社交互动更加频繁

数字技能的提升使得老年群体能够更频繁地与家人、朋友和同龄人进行社交互动。通过微信、QQ等社交软件，老年群体可以随时随地与远方的亲人保持联系，分享生活点滴。同时，他们可以加入各种兴趣小组和社区论坛，与志同道合的人交流心得，拓宽社交圈子。

案例：李爷爷在学会使用微信后，经常与远在外地的孙子视频聊天，分享生活。他还加入了一个老年摄影爱好者群，与其他摄影爱好者交流作品和技巧，丰富了自己的晚年生活。

3. 购物与支付更加便捷

随着电子商务的普及，老年群体也能够享受到线上购物的便利。通过电商平台，他们可以方便地购买日常用品、服饰鞋帽、保健品等商品，并享受送货上门的服务。同时，数字支付方式的普及让老年群体的支付过程更加便捷和安全。

案例：张阿姨现在习惯在网上购买日常用品和食品，她发现这样不仅节省了去实体店的时间和精力，还能享受到更多的优惠和促销活动。她还学会了使用支付宝进行支付，避免了携带现金的不便和风险。

4. 娱乐生活更加丰富

数字技能的提升为老年群体提供了更多的娱乐方式。他们可以通过智能手机或平板电脑观看电影、电视剧、短视频等内容，也可以通过在线游戏和棋牌应用与他人进行互动娱乐。这些数字娱乐方式不仅丰富了老年群体的精神生活，也提高了他们的生活质量。

案例：赵叔叔学会使用视频 APP 后，经常观看各种戏曲和电影节目。他还通过在线游戏与老朋友一起下棋、打牌，享受到了数字娱乐带来的乐趣和刺激。

综上所述，老年群体数字技能的提升带来了生活方式的便利与改变。这些变化不仅让老年人的生活更加便捷和高效，也让他们更加积极地参与到社会生活中，享受数字时代带来的美好。

三、社交互动

在社交互动方面，数字技能的提升让老年群体能够更广泛地参与社交活动。他们可以通过社交媒体与家人朋友保持联系，分享生活点滴和心情感受。这种跨越地域的社交方式不仅增强了他们与家人朋友的联系，也让他们感受到了更多的关爱和支持。同时，老年群体可以通过参加在线社区活动、加入兴趣小组等方式，结识更多志同道合的朋友，扩大社交圈子。

总的来说，老年群体在"数字脱贫"过程中的成长与变化是积极的、显著的。他们通过学习和实践不断提升自己的数字技能，享受数字化带来的便利和乐趣，也为社会的数字化发展做出了贡献。

第八章
结论与展望

展望未来老年群体"数字脱贫"工作,我们可以看见一个更加包容、便捷和智能的老年数字生活环境。

随着技术的不断进步和社会对老年群体数字需求的深入理解，老年群体在数字领域的融入和参与将更为顺畅和高效。同时，他们将能够更好地享受数字化带来的便利和乐趣，提升生活质量和社会参与度。

首先，未来老年群体的数字技能将得到显著提升。通过持续的数字教育和培训，老年群体将能够熟练掌握智能手机、平板电脑等数字设备的基本操作，并能够自主进行在线购物、社交交流、信息查询等日常活动。他们的数字素养将不断提升，使他们能够更好地适应数字时代的发展步伐。考虑到部分老年人普通话水平有限，可以制作方言版的数字教育视频、音频或手册，帮助他们更好地理解和学习。

其次，数字产品和服务将更加符合老年群体的需求和习惯。未来的数字产品将更加注重老年群体的使用体验，包括界面设计、操作方式、字体大小等方面的优化。同时，针对老年群体的特殊需求，还将开发出更多具有健康监测、紧急求助、智能家居控制等功能的数字产品，为老年群体的生活提供更加全面的支持。在数字教育内容中融入老年群体熟悉和喜爱的传统文化元素，如书法、京剧、民间故事等，可以增加学习的趣味性和吸引力。在老年群体使用的数字产品中加入语音助手功能，可以让他们可以通过语音指令完成操作，降低操作难度。在数字产品上设置一键求助按钮，老年群体在遇到问题时可以迅速获得帮助，增强使用的安全感。

再次，社会将更加关注老年群体的数字安全和隐私保护。随着老年群体数字活动的增加，如何保障他们的数字安全和隐私将成为一个重要的问题。未来，相关政策和法规将更加完善，加强对老年群体数字信息的保护，防止数据泄露和滥用。数字产品和服务也将加强安全措施的设计，确保老年群体的数字活动安全可靠。

最后，跨部门合作和资源整合将为老年群体的"数字脱贫"工作提供更强有力的支持。政府、企业和社会组织将加强合作，共同推进老年群体的"数字脱贫"工作。整合各方资源，提供多样化的数字技能培训、产品体验和文化活动等服务，可以为老年群体创造更加丰富的数字生活体验。

此外，对于老年群体"数字脱贫"工作实际应用场景的期望如下：

一、数字医疗与健康管理

1. 推广健康监测应用

在数字技术的驱动下，健康监测应用逐渐受到人们的关注，尤其是老年群体。这类应用与智能手环、智能手表等设备结合，能够实时监测并收集老年群体的心率、血压、睡眠质量等健康数据，为他们提供一个全面、便捷的健康监测解决方案。

首先，健康监测应用有助于老年群体更好地了解自己的身体状况。通过实时数据反馈，老年群体可以更加直观地掌握自己的心率、血压等关键指标的变化，及时发现异常情况，从而采取相应的措施。

其次，这类应用还可以为老年群体提供个性化的健康建议。基于收集到的健康数据，应用可以分析老年群体的身体状况，为他们推荐合适的饮食、运动等健康生活方式，帮助他们改善身体状况，提高生活质量。

最后，健康监测应用可以与医疗机构进行对接，实现远程诊疗和健康管理。当老年群体的健康数据出现异常时，应用可以及时通知医生或家人，以便他们迅速采取措施。同时，医生可以通过查看老年群体的电子健康档案，了解他们的病史和用药情况，为诊疗提供更加全面、准确的信息。

在推广健康监测应用时，我们需要关注老年群体的使用习惯和需求。应用界面应简洁明了，操作便捷。我们还需要提供详细的使用说明和客服支持，帮助老年群体更好地使用这类应用。

2. 建立电子健康档案

电子健康档案是数字化时代下的产物，它为老年群体提供了更加便捷、高效的医疗服务。与医疗机构合作，为老年群体建立电子健康档案，可以记录他们的病史、用药情况、检查结果等关键信息，为医生的诊疗和健康管理提供有力支持。

首先，电子健康档案有助于医生更加全面、准确地了解老年群体的身体状况。通过查阅档案，医生可以迅速掌握老年人的病史和用药情况，提高诊疗效率。

其次，电子健康档案可以为老年群体提供更加个性化的医疗服务。医生可以根据档案中的信息，为老年群体提供更加合适的诊疗方案和生活建议，帮助他们更好地管理自己的健康。

最后，电子健康档案可以实现跨机构、跨地区的医疗信息共享。当老年群体需要转诊或异地就医时，医生可以通过查阅电子健康档案，了解他们之前的诊疗情况和用药记录，提高医疗服务的连续性和质量。

在建立电子健康档案时，我们需要注重数据的安全性和隐私保护。医疗机构应采取严格的数据加密和访问控制措施，确保老年群体的个人信息和医疗数据不被泄露或滥用。我们还需要建立完善的数据备份和恢复机制，确保数据的可靠性和完整性。

二、智能出行与安全保障

1. 推广电子支付与交通卡

随着科技的发展，电子支付和交通卡已经逐渐渗透到我们生活的各个方面，为我们的生活带来了极大的便利。对老年群体而言，电子支付和交通卡不仅可以避免携带现金和实体卡片的不便，还能享受到更多的优惠和便利。

一方面，电子支付具有方便、快捷的特点。老年群体可以通过手机或智能设备轻松完成支付操作，无须担心现金丢失或找零的问题。此外，电子支付还可以记录消费明细，帮助老年群体更好地管理财务。

另一方面，交通卡的推广能为老年群体带来诸多便利。老年群体可以通过刷卡乘坐公交、地铁等交通工具，避免了排队购票或携带多张实体卡片的麻烦。而且，交通卡往往还享有票价优惠，为老年群体的出行节省了不少费用。

在推广电子支付和交通卡的过程中，我们还需要关注老年群体的接受度和使用能力。可以通过举办培训班、提供"一对一"辅导等方式，帮助老年群体了解和使用这些新型支付方式。此外，还可以与商家合作，为老年群体提供更多的优惠和便利，激发他们的使用热情。

2. 开发紧急求助应用

随着老龄化社会的到来，老年群体的安全问题日益受到关注。开发具有定位、一键求助功能的手机应用，可以在老年人遇到紧急情况时提供及时有效的帮助。

这种紧急求助应用通常具备实时定位功能，可以准确显示老年人的位置信息。当老年群体遇到紧急情况时，只需按下应用中的一键求助按钮，即可迅速联系家人或救援机构。家人或救援机构可以通过应用查看实时位置，及时赶赴现场进行救助。

此外，这种应用还可以提供其他辅助功能，如健康监测、安全提醒等。通过监测老年群体的身体状况和日常活动，应用可以及时发现异常情况并提醒他们注意。同时，应用还可以为老年群体提供安全出行建议、预防诈骗等方面的知识，帮助他们提高自我保护能力。

在开发紧急求助应用时，我们需要注重用户体验和隐私保护。应用界面应简洁明了，易于操作；同时，需要确保用户的个人信息和位置信息得到严格保护，防止信息泄露和滥用。此外，我们还需要与应用商店、手机厂商等合作，将这类应用推广给更多的老年用户，让更多的人受益。

三、智能家居与便捷生活

1. 推广智能家居设备

智能家居设备作为现代科技与生活结合的产物，为老年群体提供了更为便捷、舒适的生活体验。这些设备不仅能够帮助老年群体解决日常生活中的一些困扰，还能提升他们的生活质量。

首先，智能家居设备的设计通常需要考虑老年群体的使用习惯和生理特点。例如，智能音箱可以通过语音指令来控制家中的各种设备，这对于视力不佳或行动不便的老年人来说非常实用。他们只需说出自己的需求，智能音箱便能迅速响应，调整灯光、温度或播放音乐等。

其次，智能家居设备具有自动化和智能化的特点。智能照明系统可以根据时间或环境自动调节光线亮度和色温，为老年群体创造更加舒适的视觉环境。智能家电则可以通过手机应用进行远程控制，老年群体在外出时也能随时查看家电的工作状态，确保家中的安全。

最后，智能家居设备能为老年群体提供更为个性化的服务。比如，一些高级的智能系统可以根据老年群体的生活习惯和喜好，自动调整家居环境，如自动调节室内温度、湿度和空气质量等，为老年群体创造一个更加健康、舒适的生活环境。

在推广智能家居设备时，我们需要关注老年群体的接受度和使用能力。我们可以通过举办培训班、提供上门指导等方式，帮助老年群体了解和使用这些设备。同时，设备的设计应尽量简洁明了、易于操作，让老年群体能够轻松享受科技带来的便利。

2. 提供定制化生活服务

定制化生活服务是根据老年群体的个性化需求和习惯，为他们提供精准、便捷的生活服务。这种服务模式能够更好地满足老年人的多样化需求，提升他们的生活质量。

首先，定制化生活服务能够考虑到老年群体的身体状况和健康状况。比如，针对行动不便的老年人，可以提供家政预约服务，让他们能够在家中享受到专业的清洁和护理服务。对于需要特殊饮食的老年人，可以提供定制化的餐饮外卖服务，确保他们的饮食健康和安全。

其次，定制化生活服务能够根据老年群体的兴趣和爱好进行个性化推荐。比如，可以根据老年人的阅读习惯和喜好，为他们推荐适合的电子书或有声书资源；根据他们的旅游偏好和身体状况，为他们定制合适的旅游线路和服务。

最后，定制化生活服务能够提供更为便捷的购物体验。老年群体可以通过在线购物平台，随时随地进行购物，并享受到送货上门的服务。这不仅避免了他们外出购物的不便和风险，还让他们能够更加方便地获取到所需的商品。

在提供定制化生活服务时，我们需要充分了解老年群体的需求和习惯，通过数据分析和人工智能技术，为他们提供精准的服务推荐。我们还需要关注服务的质量和安全性，确保老年群体能够享受到高品质、安全可靠的服务。

四、数字娱乐与文化生活

1. 推广数字阅读

随着科技的进步，数字阅读已经逐渐渗透到人们的日常生活中。对老年群体而言，数字阅读不仅可以满足他们的阅读需求，还能帮助他们跟上时代的步伐，让他们享受科技带来的便利。

一方面，数字阅读资源丰富多样。电子书、有声书等形式的数字阅读资源，涵盖了文学、历史、科普、养生等多个领域，为老年群体提供了更大的选择空间。这些资源可以随时随地被人们获取，不受时间和地点的限制，为老年群体的阅读带来了极大的便利。

另一方面，数字阅读还具有个性化设置的优势。老年群体可以根据自己的阅读习惯和视力状况，调整阅读器的字体大小、背景颜色等设置，以获得更加舒适的阅读体验。此外，一些阅读应用还提供了语音朗读功能，使得老年群体即使视力不佳也能轻松享受阅读的乐趣。

在推广数字阅读的过程中，我们需要关注老年群体的数字素养和技能提升。举办数字阅读培训班、提供"一对一"辅导等方式，能够帮助老年群体掌握数字阅读的基本操作和技能，使他们能够更好地享受数字阅读带来的乐趣。

此外，我们还需要关注数字阅读内容的质量和版权问题。确保为老年群体提供的数字阅读资源是合法、健康、有益的，避免不良内容对老年群体的身心健康造成负面影响。

2. 开展线上文化活动

线上文化活动是近年来随着互联网的普及而兴起的一种新型文化形式。对老年群体而言，开展线上文化活动不仅可以丰富他们的精神生活，还能帮助他们拓展社交圈、增强社会参与感。

线上文化活动的形式多种多样，包括线上书法、线上绘画、线上摄影比赛、线上讲座、线上文化展览等。这些活动可以通过网络平台进行组织和展示，让老年群体在家中就能参与其中。通过线上平台，老年群体可以展示自己的作品，与其他文化爱好者进行交流和互动，分享彼此的经验和心得。

开展线上文化活动不仅可以满足老年群体的文化需求，还能带来一系列积极的影响。首先，线上文化活动可以打破地域限制，让老年群体能够接触到更广泛的文化资源和信息。其次，线上文化活动可以促进老年群体的思维活跃和发挥创造力，有助于延缓认知衰退和保持身心健康。最后，线上文化活动还能增强老年群体的社交能力和社会适应能力，帮助他们更好地融入社会大家庭。

在组织线上文化活动时，我们需要注意确保活动的质量和安全性，选择正规、可靠的平台进行组织和展示，避免不良信息和网络诈骗对老年群体造成损害。同时，我们需要关注老年群体的参与程度和反馈意见，及时调整活动内容和形式，以满足他们的需求和期望。

总之，推广数字阅读和开展线上文化活动是提升老年群体精神生活品质的有效途径。我们应该充分利用现代科技手段，为老年群体提供更加多元化、个性化的文化服务，让他们享受到更加丰富多彩的晚年生活。

五、加强跨部门合作与资源整合

1. 建立跨部门协作机制

跨部门协作机制在老年群体"数字脱贫"工作中具有至关重要的作用。这一机制强调政府、企业和社会组织之间的紧密合作，共同制定和执行相关政策与项目，以推进老年群体的数字融入。

政府在这一机制中起到核心和主导的作用。政府负责提供政策支持，为老年群体的"数字脱贫"工作提供资金、技术和人才保障。同时，政府需要制定相关法规和标准，确保数字产品和服务的安全性和可靠性，保护老年群体的合法权益。

企业是数字技术和产品的提供者。企业可以通过研发适合老年群体的数字产品、提供优质的数字服务等方式，积极参与老年群体的"数字脱贫"工作。此外，企业还可以与政府和社会组织合作，共同开展数字技能培训、产品体验等活动，帮助老年群体更好地掌握数字技能。

社会组织可以在这一机制中发挥桥梁和纽带的作用。社会组织可以深入了解老年群体的需求和问题，向政府和企业反馈相关信息，推动相关政策和产品的改进和优化。同时，社会组织可以开展各种形式的数字教育活动，提高老年群体的数字素养和信心。

通过跨部门协作机制，政府、企业和社会组织可以形成合力，共同推进老年群体的"数字脱贫"工作。这种机制不仅可以实现资源共享和优势互补，还可以提高工作效率，为老年群体创造更加美好的数字生活。

2. 整合社会资源

在老年群体"数字脱贫"工作中，整合社会资源是提升工作效果的关键。社会资源包括各种公共设施、文化机构、企业资源以及社区力量等，它们可以为老年群体提供数字技能培训、产品体验和文化活动等多种服务。

首先，社区服务中心、公共图书馆、博物馆等公共设施可以成为老年群体学习数字技能的重要场所。这些场所通常拥有完善的设施和资源，可以为老年群体提供安全、舒适的学习环境。同时，这些场所还可以与社区组织合作，开展各种形式的数字教育活动，如讲座、培训班、体验活动等，帮助老年群体掌握数字技能。

其次，企业资源是推动老年群体"数字脱贫"的重要力量。企业可以提供先进的数字技术和产品，为老年群体提供更加丰富和便捷的数字服务。同时，企业还可以与社区、政府等合作，共同开展数字技能培训、产品推广等活动，提高老年群体对数字技术的接受度。

此外，社区力量也是不可忽视的社会资源。社区工作人员、志愿者等可以与老年群体建立紧密的联系，了解他们的需求和问题，为他们提供个性化的数字服务和支持。同时，社区可以组织各种形式的数字文化活动，如数字摄影比赛、网络书法展等，激发老年群体对数字技术的兴趣和热情。

通过整合社会资源，我们可以为老年群体提供更加全面、多元的"数字脱贫"服务，这不仅可以提高老年群体的数字素养和信心，还可以促进社会的和谐与发展。因此，我们应该充分利用各种社会资源，共同推动老年群体的"数字脱贫"工作。

这些实际应用建议旨在帮助老年群体更好地融入数字生活，享受数字化带来的便利和乐趣。通过推广数字医疗、智能出行、智能家居、数字娱乐等服务，以及加强跨部门合作与资源整合，我们可以为老年群体的"数字脱贫"工作提供更为全面和有效的支持。

未来老年群体"数字脱贫"工作需要全社会的共同努力和参与，通过加强教育培训、优化产品与服务、建立支持网络、加强政策引导与投入以及关注心理健康等措施，推动老年群体更好地融入数字时代，享受数字化带来的美好生活。

参考文献

[1] 盛雪峰. 弥合数字鸿沟[M]. 上海：同济大学出版社，2023.
[2] 谢湖伟. 数字鸿沟与数字机遇[M]. 浙江：宁波出版社，2021.
[3] 胡延平. 跨越数字鸿沟：面对第二次现代化的危机与挑战[M]. 北京：社会科学文献出版社，2010.
[4] 吴国庆. 网络信息安全与防护策略研究[M]. 北京：中国原子能出版社，2021.
[5] 周裕琼. 数字弱势群体的崛起：老年人微信采纳与使用影响因素研究[J]. 新闻与传播研究，2018，25(7):66-86.